Henan: A Perspective of Regional Studies

河南地域研究

牛建强 著

江苏人民出版社

图书在版编目(CIP)数据

河南地域研究/牛建强著.--南京:江苏人民出版社,2021.12
 ISBN 978-7-214-26616-3

Ⅰ.①河… Ⅱ.①牛… Ⅲ.①河南省-地方史-研究 Ⅳ.①K296.1

中国版本图书馆 CIP 数据核字(2021)第 213644 号

书　　　名	河南地域研究
著　　　者	牛建强
责 任 编 辑	汤丹磊
装 帧 设 计	许文菲
责 任 监 制	王　娟
出 版 发 行	江苏人民出版社
地　　　址	南京市湖南路 1 号 A 楼,邮编:210009
照　　　排	江苏凤凰制版有限公司
印　　　刷	江苏凤凰数码印务有限公司
开　　　本	652 毫米×960 毫米　1/16
印　　　张	18.75
字　　　数	243 千字
版　　　次	2021 年 12 月第 1 版
印　　　次	2021 年 12 月第 1 次印刷
标 准 书 号	ISBN 978-7-214-26616-3
定　　　价	78.00 元

(江苏人民出版社图书凡印装错误可向承印厂调换)

本书获得

教育部普通高等学校人文社会科学重点研究基地
河南大学黄河文明与可持续发展研究中心

出版资助

目 录

编辑说明 　1

战国时期魏都迁梁述论 　1

战国时期魏都迁梁年代考辨 　8

从中都(燕京)到南京(汴京)：金王朝的最终覆亡 　29

于谦与明宣德、正统间的河南地方社会 　54

明人王祖嫡行实考述 　91

居阁期间的高拱与河南地方政治 　135

明万历二十年代初河南的自然灾伤与政府救济 　161

明代黄河下游的河道治理与河神信仰 　196

明代开封城市生活的若干侧面：源自诗章的构拟 　237

开封历史文化资源调查与开发利用 　249

历史时期豫南泌阳文化的初步认识 　259

附录:李长傅先生学术活动的基石　272

论文初出一览　287

后记　289

编辑说明

河南地处中原,是古代中国的文化发祥地和政治核心区。随着历史过程的演进,至近世后,河南地域所扮角色和历史地位呈现出"边缘化"倾向。然而,因其固有文化积累的深厚、所处九省通衢区位的优势、与国家政治核心区域的毗邻,在明清时期该地域仍具有值得关注和研究的一些内容和特点。

本书共收论文12篇。如书末所附"论文初出一览"所示,大抵完成于20世纪最初10年。除个别篇目属于上古和中古时段外,多数系明清时期。议题或就河南地方社会、政治,或就开封城市文化生活,或就自然灾害与应对,或就黄河泛滥与治理等方面展开。在地域上皆与河南相关,故名之曰《河南地域研究》。其他有关河南地域的论文,如《明末流贼劫掠与河南地方社会发展的阻断:兼及特别时期地方政府和士绅群体的危机应对》等,已收入上海人民出版社出版的《明代社会研究》中,可一并参看。

本书所收论文,在最初发表时虽标版本,但未必最善,页码也未列出。为便读者检索和与现行学术规范接轨,此次合集时尽量选择完善之本,每篇首次征引时注出,后面重出时略去。一些常用的大型丛书,因学者所悉,故为避免过分注释,对其出版时地一概从略。对文中征引史料也予核实,并添加了页码。

　　著名历史地理学者李长傅先生早年侧重于南洋地理和华侨史研究,晚年任教河南大学,借助地缘便利,运用所掌握的地理学理论和方法,对开封历史地理、历史时期河南半干旱地区气候等问题进行了富有创见的研究,对当今河南地域研究仍有借鉴价值,故把对他的学术活动探讨一文作为附录收入。

战国时期魏都迁梁述论

由于更为久远的历史载籍的缺佚,开封城市发展的源头无法确定。然而,魏国迁都于此使其一下子由重镇攀升为全魏的政治中心,这在开封城市发展史上无疑是一个里程碑,是开封成为七朝古都的起点。

一 大梁线索钩沉

梁,又称大梁,是开封城市的较早称谓。其出现的具体时间无法确指。见诸司马迁《史记》中记载的最早年代是战国时楚悼王十一年,"(悼王)十一年,三晋伐楚,败我大梁、榆关"①。该年为公元前391年。可见,在楚悼王十一年时大梁属于楚国,在楚的版图之内。

大梁之外还有南梁和少梁。唐人司马贞《索隐》在注释"(齐宣王)二年,魏伐赵。赵与韩亲,共击魏。赵不利,战于南梁"句时,征引《晋太康地记》云,"战国谓梁为南梁者,别之于大梁、少梁也"。唐人张守节《正义》引述唐太宗贞观十二年(638年)由魏王李泰奏请编纂的《括地志》的

---

① 司马迁:《史记》卷四〇《楚世家》,百衲本二十四史本,商务印书馆影印南宋庆元间建安黄善夫家塾刻本,第23a页。

记载说,"故梁,在汝州西南二百步。《晋太康地记》云,战国时谓南梁者,别之于大梁、少梁也。古蛮子邑也"①。这里所说的故梁,指的是位于汝州的南梁,当时属于韩国。

少梁,是魏国的河西重镇。张守节《正义》在注释"(赵成侯)十二年②,秦攻魏少梁,赵救之"句时说,"少梁故城,在同州韩城县南二十二里,古少梁国也"③。据载,魏惠王九年(秦献公二十三年,公元前362年),魏与秦战于此地,败绩,魏将公孙痤被掳。④ 魏惠王十七年(秦孝公八年,公元前354年),魏与秦先是战于元里(今陕西澄城县境),继而少梁被秦攻取。⑤

由上论述可知,位于现在开封地方的大梁是和南梁、少梁相区别而存在的。从这几个相区别的地名的叫法上不难看出,大梁在当时诸梁中拥有首屈一指的规模和地位。

战国时期,诸侯纷争,分合不定,胜负之局变动,其控制范围随之迁移。原来属于楚国的大梁,后来转移到了魏国手中。据孙膑本传知,孙膑和庞涓都习兵法,后庞涓被魏惠王用为将军。庞心知才不及孙,私下派人把他召至魏,然心胸狭窄,不能容贤,借故"以法刑断其两足而黥之",企图使他从此永远隐居下去。齐国使者来访,孙私下与之接触。齐使发现他的才华非同一般,便"窃载与[舆]之齐"。齐国大将田忌善待之,后又荐给齐威王,威王遂以为师。⑥ 孙膑被庞涓骗至的地方未做交代,但从齐使出使和搭救的地点来看应在魏国的梁地。这个事件的发生时间也未明说,然从魏惠王十七年攻赵邯郸,赵向齐求救,次年齐威王派大将田忌和军师孙膑救赵而败魏于桂陵知,庞涓诱孙入梁至迟应在魏惠

---

① 司马迁:《史记》卷四六《田敬仲完世家》,第126页。
② 按,据司马迁《史记》之《六国表》和《魏世家》记载,此年应为赵成侯二十年之误。该年对应的魏纪年为魏惠王十六年,即秦取少梁之前一年。
③ 司马迁:《史记》卷四三《赵世家》,第176页。
④⑤ 司马迁:《史记》卷四四《魏世家》,第76页。
⑥ 司马迁:《史记》卷六五《孙子列传》附孙膑传,第2a页。

王十八年(公元前353年)之前。由此间接得知,在魏惠王十八年之前,魏已拥有了楚的梁地。也就是说,梁地由楚转属于魏的过程当在公元前391年到公元前353年这38年间完成。

大梁,和魏国河西重地少梁一样,是其固守东部地区的都会①。作为与宋、卫等小国和秦、赵、齐、韩等大国为邻的魏国,为了扩展自己势力和抵制对方发展,与周边国家发生的多次战争都是以这一东方重镇为轴心展开的。较大的战役有魏惠王十八年的桂陵之战和三十年的马陵之战。

魏惠王十七年(公元前354年),魏围赵都邯郸,赵向齐求救。齐国大臣段干朋主张不直接抵赵赴援,而是先攻魏之襄陵②(今河南睢县),迫使魏军回救,从而达到破赵弊魏的双重目的。次年十月③,邯郸被魏军攻破。④ 齐威王从本国利益考虑,派田忌为大将、孙膑为军师相救。孙膑在段干朋思路的基础上,分析了魏国"轻兵锐卒必竭于外、老弱罢于内"的具体情况,使用"批亢捣虚"的战术,制定了"疾走大梁,据其街路,冲其方虚"的作战方策,大张声势,使魏军迅速撤兵回救。齐军则以逸待劳,于

---

① 按,大梁此时是作为都会抑或是都城存在,牵涉到魏国迁都的时间问题。就迁都时间而言,主要有两种说法:一为《古本竹书纪年》之魏惠王六年说,一为司马迁《史记》之魏惠王三十一年说。就此问题,笔者倾向后说。具体论证,见本书所收《战国时期魏都迁梁年代考辨》一文。清康熙间学者阎若璩也主司马迁说,所以他在《四书释地又续》(南城吴照听雨斋清乾隆五十三年《四书释地》本,第68b页)"齐击魏破其军"条中说,"尔时(惠王三十年齐魏马陵之战),魏虽未徙大梁,要屋其一都会,若韩之南阳"。而主张魏惠王六年说者,除根据《竹书纪年》记载的表层因素外,恐怕还有一些潜在因素,即他们认为与魏相关的重大战役如桂陵之战、马陵之战,皆发生在魏国东部大梁的邻近区域。特别是孙膑被齐使偷渡走的时间,肯定是在魏惠王十八年桂陵之战之前。如果都城不在大梁,如何会有这些事情发生?其实,这也不难理解。因为大梁为魏国的东方都会,是魏巩固东部地区的重镇和向东拓展的堡垒,相对于远在西部的都城,它其实已经扮演着副中心的角色,所以在这里发生的一切军事、外交行动也都在情理之中。
② 张守节《正义》说襄陵故城在兖州邹县(司马迁《史记》卷四六《田敬仲完世家》,第116页)。此说恐误,因为桂陵和襄陵的南北位置大体应在一条线上。若襄陵为山东邹县,偏东太多。若是河南睢县,则庶几近之。
③ 按,《战国策·齐策·邯郸之难赵求救章》则云七月,中华再造善本,影印南宋绍兴间刻本,第3b—4a页。
④ 司马迁:《史记》卷四六《田敬仲完世家》,第12a页。

赴梁途中的桂陵①设伏,击败了撤退中的魏军。②

魏惠王三十年③(公元前341年),魏命太子申为上将军、庞涓为大将攻韩,韩向齐求救。④ 齐王接受孙膑建议,不即出兵,坐视双方消耗实力。韩与魏五战皆败,此时齐国方派田忌、田婴、田朌⑤为大将,孙膑为军师,采用与13年前攻魏救赵的类似策略,"直走大梁"。魏将庞涓闻讯,赶紧"去韩而归"。孙膑于是命军撤退,采用渐次减灶的办法制造齐军怯懦、中途逃跑的假象,使庞涓上当而轻敌深入。孙膑则在本国"道狭而旁多阻隘"的马陵⑥设伏,令"善射者万弩夹道"而待,日暮时魏军追至,齐军"万弩俱发",魏军顿时大乱,相失践蹂。庞涓见中计难脱,乃自刭而死。

---

① 张守节《正义》在注释"(赵成侯)二十二年,魏惠王拔我邯郸,齐亦败魏于桂陵"句时,引《括地志》云,"故桂城,在曹州乘氏县东北二十一里,故老云此即桂陵也"(见司马迁《史记》卷四三《赵世家》,第18b页)。
② 司马迁:《史记》卷六五《孙子列传》附孙膑传,第3b页。
③ 按,关于马陵之战发生的时间,颇有歧异。据司马迁《史记》卷一五《六国表》为魏惠王三十年。另有魏惠王二十七年和二十八年说。如司马贞《索隐》在注释"后十五年"句时,转引王劭按语所引《纪年》的说法,"(魏惠王)二十七年十二月,齐田朌败梁马陵"(见司马迁《史记》卷六五《孙子列传》附孙膑传,第3b页)。他在注释"太子果与齐人战,败于马陵"时,又引《纪年》的另一说法,"(魏惠王)二十八年,与齐田朌战于马陵"(见司马迁《史记》卷四四《魏世家》,第8b页)。清人朱右曾认为魏惠王二十八年说是被司马贞"改算为周正"的,其实是魏惠王二十七年(见朱右曾辑《古本竹书纪年》,《王国维遗书》第12册,第19b页)。此种解释恐未必然,因辗转传抄致《竹书纪年》错简而引发的年代抵牾之处不一而足。
④ 按,关于这场战争的攻击对象,记载颇异。据司马迁《史记》卷四四《魏世家》载,"(魏惠王)三十年,魏伐赵,赵告急齐"。即云魏攻赵,赵求救于齐。唐人张守节在《正义》中对这种说法提出质疑,认为这是和魏惠王十八年魏攻赵,赵求救于齐之事混淆所致。又据司马迁《史记》卷四六《田敬仲完世家》载,"魏伐赵,赵与韩亲,共击魏……韩氏请救于齐"。此谓魏伐赵,赵、韩联合击魏,韩向齐求救。又,司马迁《史记》卷六五《孙子列传》附孙膑传云,"魏与赵攻韩,韩告急于齐"。此谓魏、赵联合攻韩,韩求救于齐。后两说虽有分歧,但其中所说的魏攻韩则是共通的和可以确定的。
⑤ 西晋人徐广说,"婴"一作"朌",乃谓田婴即田朌(见司马迁《史记》卷四六《田敬仲完世家》,第13a页)。司马迁《史记》卷一五《六国表·齐宣王二年》将田忌、田婴、田朌并书,徐广在此处又注道,"楚世家云,田朌者齐之将,而齐世家不说田朌,或者尔时三人皆出征",又不排除田朌和田婴为两人之可能。说法前后不一,自相矛盾。
⑥ 张守节《正义》在注释"败于马陵"句时引《虞喜志林》云,"马陵在濮州鄄城县东北六十里,有陵,间[涧]谷深峻,可以置伏",认为庞涓即败于此地,而不是徐广所认为的"在魏州元城县东南一里"的说法(见司马迁《史记》卷四四《魏世家》,第8b—9a页)。

齐军乘胜大破魏军,魏太子申被掳。①

二 魏都迁梁过程

秦孝公元年(公元前361年),秦献公死,年仅21岁的儿子秦孝公继立,开始了富国强兵、思谋恢复的改革。秦孝公颇有作为,对不被河山之东的齐、楚、魏等诸侯国认可和看重的处境深感愤激,于是"布惠振孤寡,招战士,明功赏",下令国中招纳贤才,以夺取被三晋占据的河西之地、改变"诸侯卑秦"的局面为目标,希图再造春秋秦穆公时之辉煌。② 卫鞅(姓公孙,因系卫人称卫鞅,因秦封之商地又称商鞅)闻讯入秦,得孝公重用。孝公接受卫鞅的观念和设想,力排守旧派之阻挠,从三年起到二十四年他去世前,积极支持卫鞅进行了一系列带有里程碑意义的改革,"内务耕稼,外劝战死之赏罚",最终出现"秦民大说[悦],道不拾遗,山无盗贼,家给人足,民勇于公战、怯于私斗,乡邑大治"③的理想结果,国力因而大增,在与邻国的对抗中处于主动和优势的位置。魏国是秦向东发展从而跻身于诸侯强国之列的主要障碍,因而自然就成为首要的攻击对象。

秦孝公八年(即魏惠王十七年),秦国首先夺取了魏在河西地区的重镇少梁。秦孝公十年,又东跨黄河,围困了魏国都城安邑。如前所述,魏惠王三十年(即秦孝公二十一年),魏军在桂陵和齐军的战役中损兵折将,元气大伤,为邻国觊觎和蚕食提供了可乘之机,于是赵、齐、秦从北、东、西三面向魏展开攻势。魏惠王三十一年(公元前340年),卫鞅利用这一向东发展的大好时机,向秦孝公描绘了夺取魏地、称霸诸侯进而成就帝业的蓝图和实现步骤:

> 秦之与魏,譬若人之有腹心疾,非魏并秦,秦即并魏,何者?魏

---

① 司马迁:《史记》卷四六《田敬仲完世家》,第13a页;卷六五《孙子列传》附孙膑传,第3b页。
② 司马迁:《史记》卷五《秦纪》,第23a页。
③ 司马迁:《史记》卷六八《商君列传》,第4b页。

居岭厄之西,都安邑,与秦界河而独擅山东之利。利则西侵秦,病则东收地。今以君之贤圣,国赖以盛。而魏往年大破于齐,诸侯畔[叛]之,可因此时伐魏。魏不支秦,必东徙。东徙,秦据河山之固,东乡[向]以制诸侯,此帝王之业也。①

秦孝公深以为然。于是,卫鞅率领秦军东向伐魏,而魏国派公子卬率军迎击。卫鞅利用先前和公子卬的旧谊,设下会盟聚饮的圈套,轻易地将魏公子虏获,接着"袭夺其军破之"②。秦的这一奇巧诈战对魏来说无疑是雪上加霜,军力进一步受到损耗,但对秦国而言,这则为其涉足河东扫除了障碍,同时也意味着魏在河东西地区的存在面临着威胁和挑战。

魏国继魏惠王三十年遭受与齐的马陵之战的重创后,次年(即公元前340年)在与秦的较量中也惨遭失败,从而丧失了如卫鞅所说的玩弄"利则西侵秦,病则东收地"故伎的条件。摆在魏国面前必须正视的是"魏惠王兵数破于齐、秦,国内空,日以削"③的现实。在国力衰减、西侵无缘的情况下,魏国不得不采取退却收缩的策略,派使者以割河西地为代价与秦求得和解,以换取西部的安定环境,集中全力经营东方。这年,魏国做出了把都城从安邑(今山西夏县北)迁到大梁的抉择,而魏的东方重镇大梁已经营有年,早已具备了储都的条件。这样,大梁就很自然地实现了由区域中心向全魏政治中心的角色转换。客观地审视,魏国的无奈迁都实与秦国变法后力量的壮大和向东方扩张的现实有着密切的关系,诚如史籍所言,"安邑近秦,于是徙治大梁"④。

对于魏国弃安邑而徙大梁的这一选择,清代学者阎若璩认为,这是最大的战略失误,"魏之失计,未有如都大梁之甚者也。去河山之险而就平衍四达之地,弃文侯、武侯两代之霸迹而为新造之邦"。"惟安邑既去后五十四年,遂献安邑于秦。未几而秦兵至大梁矣,又未几而秦伐我、围

---

①③ 司马迁:《史记》卷六八《商君列传》,第5b页,第6a页。
②④ 司马迁:《史记》卷四四《魏世家》,第9a页。

大梁矣。""盖始也,不过偷旦夕之安,卒不振以底于亡。我故于魏号为梁之日,即谓毕万(晋献公时魏之祖先)之后已灭,不待征诸河水灌、王假(魏之末王)降之日矣。"①从都城应具备的形势和魏国的整体发展而言,迁都大梁或许是缺乏长远眼光的举措和走向衰落的起点,但对开封城市发展史而言,这则是一个重要历史阶段的开端。

---

① 阎若璩:《四书释地又续·都大梁》,南城吴照听雨斋清乾隆五十三年刻本,第66b页。

战国时期魏都迁梁年代考辨

战国时期,开封称谓为梁或大梁。初为楚国掌握,约公元前4世纪前中期转移到了魏国手中。当时魏国都城远在西部的安邑,而安邑之东为群山环绕之区①。作为魏的东方都会大梁,实际上已起着镇守魏的东部地区的堡垒作用。后因形势变化,魏将都城东迁,使大梁从一个较大都会一跃攀升为全魏的政治中心。这一事件成为开封城市史上的一块重要界碑,开启了拥有"七朝古都"之誉的开封的辉煌历史起点。② 关于魏都迁梁年代有诸种说法,尚有讨论的必要。以往所涉开封城市的著述中,人们只是采纳魏惠王六年、九年和三十一年等说法中的一种,并未就所依循或者拒绝的某说提出确凿之依据,展开详细之论证。③ 然此问题

---

① 按,唐人司马贞《索隐》在解释司马迁《史记》(百衲本二十四史本)卷六八《商君列传》中"魏居岭厄之西,都安邑"句时说,"盖安邑之东山岭险厄之地,即今蒲州之中条已[以]东,连汾、晋之崄嶫是也,陿阻也"(第5b页)。

② 见本书所收《战国时期魏都迁梁述论》一文。

③ 按,杨宽经过论证和对照天文史上战国时期日食推算的结果认为,《古本竹书纪年》中魏惠王元年即公元前369年是正确的,而司马迁《史记》中魏惠王的纪年则提前了一年(杨宽:《战国史》,上海人民出版社1980年修订版,第588页)。他在第276页说,"在公元前三六一年魏惠王就迁都大梁了"。据他建立的对应纪年关系推算,魏都迁梁时间应在魏惠王九年。李长傅在《开封城市地理》中说,"公元前四世纪中叶,魏国一方面想要控制中原,一方面要避秦国的武力威胁,魏惠王九年(公元前362年)便把首都从山西高原的安邑迁到这里的新里(转下页)

在开封城市史的探讨中不容回避。如,魏国都梁以何年为起点,将影响到这段时间长短的确定;从大梁作为一个都会或是一个都城的视角,切入与魏直接相关的桂陵之战、马陵之战等问题的认识,其结果可能大不相同;作为开封全部历史源头的具体时间虽难以把握,但作为七朝古都的开封的历史起点则可借此相对推定。

一 四种说法

关于魏都迁梁的年代,不同史籍,记载有异。现将魏都迁梁的各种代表说法和出典胪列于下。

第一种说法:魏惠王六年说

北魏人郦道元《水经注》在注文中引《竹书纪年》云,"梁惠成王六年四月甲寅,徙都于大梁"①。唐人颜师古在注释班固《汉书·高帝纪一》中"丰,故梁徙也"句时,转引西晋人臣瓒(或称薛瓒、傅瓒)引《汲郡古文》

(接上页)
城附近,命名大梁"(商务印书馆1958年版,第8页)。其实,这里的大梁称谓在魏国迁都前即已存在,不是成为都城后始有。李氏虽也主张魏惠王九年,但因其采用的是司马迁的魏纪年体系,故实际上较杨氏的公元纪年提早一年。单远慕在《开封史话》中虽未直接交代惠王迁都大梁的年代,但他在书中说,"梁惠王迁都大梁以后,于公元前361年又开始在大梁附近开凿了一条运河,这就是历史上有名的鸿沟"(中华书局1983年版,第5页);又据郦道元《水经注》(四部丛刊本)卷二二《渠》注文中引《竹书纪年》"梁惠成王十年,入河水于甫[圃]田,又为大沟而引甫[圃]水"的记载知,因单氏采用的是司马迁的魏纪年体系,他的意思是说,在魏迁都后,魏惠王十年即公元前361年,开凿并引河水通过圃田泽注入运河。就此而言,他也可能主张魏惠王九年(公元前362年)说。开封旅台同乡会编纂的《河南开封志》中说,"开封古名大梁。魏惠王三十一年迁都,改魏为梁,乃称大梁"(台北正中书局1986年版,第1页)。这里称魏国迁都后才称大梁,刚好把史实颠倒了,实则是先有大梁,在魏迁都于此后才将国号改为梁的。屈春山主编的《开封》中说,"魏惠王六年(公元前364年)因避秦国武力的威胁和实现控制中原,将国都由山西安邑(今山西夏县北)移此,扩建城池,仍袭名大梁。开封作为城市的可考历史就是从这个时候开始的"(中国建筑工业出版社1993年版,第8页)。

① 郦道元:《水经注》卷二二《渠》,第32a页。按,清人沈炳巽《水经注集释订讹》卷二二引《竹书纪年》文云,"梁惠成王六年四月甲寅,徙邦于大梁"(文渊阁四库全书,第574册,第397页)。文中"徙邦",与郦氏所引"徙都",字异而意同。

中语,"惠王之六年,自安邑迁于大梁"。这里的《竹书纪年》和《汲郡古文》均指的是《古本竹书纪年》①。西晋武帝时,因位于汲郡的魏王墓被盗,《竹书纪年》得以面世;因其无具体题名,有时又被称为《汲郡古文》。陈梦家②、方诗铭③赞同此说,前举屈春山主编的《开封》也主此说。

第二种说法:魏惠王九年说

南朝宋人裴骃在集解司马迁《史记·魏世家》中"安邑近秦,于是徙治大梁"句时,引《汲冢纪年》云,"梁惠成王九年四月甲寅,徙都大梁"。北宋真宗、仁宗年间学者孙奭在疏释《孟子·梁惠王章句上》时所引《汲冢纪年》文同此。④ 这里的《汲冢纪年》和上面的《竹书纪年》《汲郡古文》系同书异名。前举杨宽、李长傅的看法与此相近或相同。所谓相近,即是如前所说,因采用的纪年体系不同,虽然从表面上看所主都是魏惠王九年,其实两者对应的公元纪年相差一年。

第三种说法:魏惠王二十九年说

唐人司马贞在注释司马迁《史记·魏世家》中"(惠王)三十一年,秦、赵、齐共伐我"句时,引《纪年》文"二十九年五月,齐田肦伐我东鄙。九月,秦卫鞅伐我西鄙。十月,邯郸伐我北鄙。王攻卫鞅,我师败绩"之后,接着说,"然言二十九年,不同"。言下之意,他主张二十九年说。在注释《史记·商君列传》"魏遂去安邑,徙都大梁"句时,于征引《纪年》"梁惠王二十九年,秦卫鞅伐梁西鄙"后,干脆说"则徙大梁在惠王之二十九年也"。在注释该传中"卫鞅既破魏还,秦封之于商"句时,他又引《纪年》"秦封商鞅在惠王三十年",且说"与此文合",意谓魏惠王二十九年秦魏

---

① 清代学者和今人的大量研究表明,直至北宋时,汲冢出土的《古本竹书纪年》尚未失传。
② 见缪文远:《战国史系年辑证》,巴蜀书社 1997 年版,第 56 页。
③ 见方诗铭、王修龄:《古本竹书纪年辑证》,上海古籍出版社 1985 年版,第 111 页。
④ 孙奭:《孟子注疏》,文渊阁四库全书,第 195 册,第 17 页。

战争中魏国失败而迁都,次年卫鞅因战功而封商地,以示他找到了支持二十九年说的另一根据。

第四种说法:魏惠王三十一年说

西汉中期司马迁在《史记·魏世家》中云,"(魏惠王)三十一年,秦、赵、齐共伐我。秦将商君诈我将军公子卬,而袭夺其军破之。秦用商君,东地至河,而齐、赵数破我。安邑近秦,于是徙治大梁"。北宋中期司马光等人编纂的《资治通鉴》沿用此说,在周显王二十九年条下写道,"魏惠王恐,使使献河西之地于秦以和。因去安邑,徙都大梁"①。司马迁《史记·六国年表》纪年体系中的周显王二十九年和魏惠王三十一年相对应,可见二司马在魏都迁梁年代的看法上是一致的。清光绪二十四年纂修的《祥符县志》卷三二《杂事志·辩误》中列出专条对该问题加以讨论,也明确主张周显王二十九年说。前举开封旅台同乡会编纂的《河南开封志》也持此说。

就第三种说法而言,司马贞《索隐》所引的《纪年》文字中并没有关于迁都的直接内容,所谓迁都云云完全是他的臆断。此说只有套用到周王纪年上才不会有扞格。若参看司马迁《六国年表》的纪年,周显王二十九年恰好是魏惠王三十一年。或许是在文献理解和流传的过程中误把周显王二十九年当成是魏惠王二十九年了,也未可知。

第一种说法和第二种说法同出《竹书纪年》。在同种载籍中年代相距甚近的两个时间点上发生同样的迁都之事是不能成立的,其中必有一说为误。方诗铭在《古本竹书纪年辑证》中对此做了专门分析:共和以后年历较明,而西晋人杜预在《春秋经传集解后序》中指出的《纪年》系采用夏正也属可信。据此推算,魏惠王六年夏正四月朔日为丙午,甲寅为九日,与《水经注》中所引《纪年》迁都条的年月日均合;而九年四月朔日为

---

① 司马光:《资治通鉴》卷二《周纪二》,中华书局1956年版,第61页。

己未,该月有甲子、甲戌、甲申而无甲寅,据此排除了九年说。① 这样,依据《纪年》的迁都记载就只剩下魏惠王六年说了。

经过上面的初步分析和排除,魏都迁梁时间的辨析范围就缩小到了司马迁《史记》中的魏惠王三十一年和《古本竹书纪年》中的魏惠王六年两说,因此对这两种说法的辨析就成为解决问题的关键。

二 具体考辨

《史记》是身为太史公(或称太史令)的司马谈、迁父子于西汉武帝时完成的,其所载魏国的历史当有自己的根据。然该段历史对他们来说是非直接经历的,只具间接意义。而《竹书纪年》成书于紧接魏惠王之后的"今王二十年",书中把惠王在位的时间记作由 35 年(始壬子,终丙戌)和后元 16 年(始丁亥,终壬寅)凡 51 年组成。② 而司马迁《史记》中《六国年表》和《魏世家》却是另一种记载,魏惠王在位只 36 年(始辛亥,终丙戌),无《竹书纪年》中所说的后元 16 年,而这 16 年恰是另一位魏王即襄王在位的时间。襄王之后是哀王,共 23 年(始癸卯,终乙丑)。这样,把两种记载对照着看,《竹书纪年》因有属于魏惠王的后元 16 年,在 70 多年时间里就只能有包括惠王在内的两个魏王,而《史记》的记载在相同的时间内则有三位魏王,即惠王、襄王和哀王。惠王是相同的,那么"今王"要么是襄王,要么是哀王,这样就引发出后来研究者的不同推测③。不管今王为谁,如果《竹书纪年》的谱系在出土之后的整理中未出问题,都不影响

---

① 见方诗铭、王修龄:《古本竹书纪年辑证》,第 111 页。
② 按,该处魏惠王元年的起点和年世是杨宽和方诗铭的意见。详情参见杨宽:《战国史》,第 585—589 页;方诗铭:《中国历史纪年表》,上海辞书出版社 1980 版,第 27—28 页。
③ 晋人杜预根据《竹书纪年》的年代和《史记》的魏王谱系判定今王为哀王,说他总共在位 23 年,当《纪年》写到二十年时他仍健在,故称今王(杜预:《春秋经传集解后序》,四部丛刊本,第 2a 页)。而晋人荀勖在《穆天子传序》中和南朝宋人裴骃在注解《史记·魏世家》"十六年,襄王卒,子哀王立"句时,根据《世本》惠王生襄王而无哀王的记载,比附《竹书纪年》的惠王年世,主张今王为襄王。

得出作史者生活的时代距魏惠王不远的结论,正是从这种意义上,杜预在《春秋经传集解后序》中称之为"魏国之史记""国史策书"。依常理言,当代人记本国事的史书当是较为可信的和可靠的,然而这样是否就可毋庸置疑地尊信《纪年》的记载了呢？事情并非如此之简单,尤其在治上古史中对待长期靠传写方式流传下来的文献更应持谨慎态度,有时必须要求我们超越具体的文献本身,对影响史料真实性的其他因素进行考察,以更为开阔的视野进行综合性的把握。

(一) 从司马迁和《史记》的角度分析

司马迁之所以能以《史记》闻名,和他作为史家的责任、治史的态度、天才的表述以及对历史的敏感等因素是分不开的。其父司马谈在汉武帝时任太史公,以撰著国史为职。司马迁出身于如此家庭,自幼便受濡染。年方20岁时,便"南游江、淮,上会稽,探禹穴,窥九疑,浮于沅、湘,北涉汶、泗,讲业齐、鲁之都,观孔子之遗风,乡射邹、峄,厄困鄱、薛、彭城,过梁、楚以归"。稍后,在为郎中之职时奉使外出,西至巴、蜀,南到邛、筰、昆明。① 这些广泛的亲历考察,使他获取了大量补充、印证文献的传说材料,也直接感受了各地的山川地貌和风土民情,从而实现了积累素材、验证记载、增强史感的目的。这种谨严的治史态度一直贯串于他继承父业后的修史活动之中。

司马迁的修史活动汲取了其父的撰史经验,也有其父准备著述的基础,从其父临终前嘱咐他"无忘吾所欲论著"来看,其父必对修史体例有所谋划和对材料有所积累。父子先后任太史公,接触了国家当时所有的藏书和档案,如迁所云"䌷史记石室金匮之书"②。唐人司马贞对此概述道,"代为史官,亲掌图籍。慨《春秋》之绝笔,伤旧典之缺文,遂乃错综古今,囊括纪录,本皇王之遗事,采人臣之故实","渔猎则穷于百氏,笔削乃

---

①② 司马迁:《史记》卷一三〇《太史公自序》,第7a—8b页。

成于一家"。①

那么,有人会提出异议:秦灭六国、实现一统后,鉴于"战国从[纵]衡[横],真伪纷争。诸子之言,纷然淆乱"②,为提防思想异趣、纷言造谤和师古非今,实行焚书坑儒。始皇三十四年(公元前213年),接受丞相李斯建议,"史官非秦记皆烧之。非博士官所职,天下有敢藏《诗》、《书》、百家语者,悉诣守、尉杂烧之。有敢偶语《诗》《书》者弃市。以古非今者族。吏见知不举者与同罪。令下三十日不烧,黥为城旦。所不去者,医药、卜筮、种树之书";三十五年,坑埋诸生460余人。③ 除秦国的史记和一些实用性书籍外,包括《尚书》《诗经》在内的先秦文献皆在禁毁之列,连用头脑记忆典籍的诸生也遭到坑杀的厄运,司马迁关于先秦历史的纂修不是缺乏资料根据了吗?其实,当时的问题不像通常想象的那样严重。从这段文字中不也可以看出,在始皇左右以备顾问的博士(有70位)不是照样可以例外地拥有这些本应焚毁的典籍吗?尽管禁绝先秦典籍的政令犹如雷厉,但在执行中未必风行,有些诸生还是冒着性命危险,或将典籍藏于复壁之中④,或依口耳师承传递⑤,使大量先秦经史典籍的一线命运延续下来。到了汉初,政府"大收篇籍,广开献书之路"。特别是武帝时,颇感慨于"书缺简脱"的现实,于是"建臧[藏]书之策,置写书之官。下及诸子、传说,皆充秘府"⑥。这样,先秦的许多典籍重又浮出,并得到广泛整理,因以保存流传。景帝年间河间献王刘德(景帝子)着意网罗古文典籍就是一个典型例子。据载,他"修学好古,实事求是。从民得善书,必

---

① 司马贞:《补史记序》,司马迁:《史记》附录,第1a页。
②⑥ 班固:《汉书》卷三〇《艺文志》,中华书局1964年版,第1701页。
③ 司马迁:《史记》卷六《秦始皇本纪》,第23b页。另,司马迁:《史记》卷一五《六国年表》序说:"秦既得意,烧天下《诗》《书》,诸侯史记尤甚。为其有所刺讥也。"(第15a页)
④ 按,司马迁在《史记·六国年表》序中云:"《诗》《书》所以复见者,(以)多藏人家。"(第15a页)
⑤ 按,《隋书》卷三二《经籍志一》中载:"秦政奋豺狼之心,铲先代之迹,焚《诗》《书》,坑儒士,以刀笔吏为师,制挟书之令。学者逃难,窜伏山林,或失本经,口以传说。"(中华书局1973年版,第905页)

为好写与之，留其真，加金帛赐以招之。由是四方道术之人不远千里，或有先祖旧书，多奉以奏献王者，故得书多，与汉朝等"。同时的淮南王刘安也好书如癖，然所"招致率多浮辩"不实用之书。而河间献王的追求与他不同，"所得书皆古文先秦旧书《周官》《尚书》《礼》《礼记》《孟子》《老子》之属，皆经传说记、七十子之徒所论"①。东汉人班固在西汉末年刘向、刘歆父子总群书、述要旨的《七略》基础上所成之《汉书·艺文志》中的六艺、诸子、兵书、方技等类书目，其中的相当部分当是西汉初年广搜书籍的成果。现代西汉墓葬考古发掘中出土的某些先秦文献也证明了这一看法。1972年在山东临沂县银雀山发掘的两座汉墓，M1出土竹简4942枚，M2出土竹简32枚。其中M1出土的大多为春秋、战国时期的兵书，如《六韬》《尉缭子》和孙子、孙膑两部《兵法》等。1973年在湖南长沙马王堆发掘的M3中更有惊人的文献发现，其中的甲本《老子》（后附佚书四种）、乙本《老子》（前附《经法》《十大经》《称》《道原》四种）、《战国纵横家书》（《战国策》的别本，有16篇超出今本之外）、《春秋事语》等则是汉代尚在流传的先秦典籍。② 从所发现的典籍与今流行本间篇章的多少和文字的差异上可以看出，当时的某些先秦典籍由于简札错乱、传说相异之故，常常是以多种本子同时并存的方式流传。

所以，结合司马迁认真严谨的精神和不懈追求的态度，他在修史过程中当会充分翻阅和利用政府典藏的各类文献，决不会去凿空杜撰，所记史实应有所本。设есть有矛盾和抵触之处，他也会反复比较，斟酌取舍，臻于善美而后已。他曾说："余所谓述故事，整齐其世传，非所谓作也。"③在这里他虽只是就本朝的明君、功臣和贤大夫事迹的处理方法亮明了自己"述而非作"的原则，但同时也表明了他一贯强调的言必有据、尊重历

---

① 班固：《汉书》卷五三《景十三王传·河间献王》，第2410页。
② 刘起釪：《西周春秋战国史史料》，陈高华、陈智超等：《中国古代史史料学》第2章，北京出版社2016年版，第53页。
③ 司马迁：《史记》卷一三〇《太史公自序》，第12a页。

史的修史态度,因此这也应是他处理其他任何一段历史的法则和指南。

当然,《史记》也存在着一些不足。如班固在《汉书》司马迁本传中云,"司马迁据《左氏》《国语》,采《世本》《战国策》,述《楚汉春秋》接其后事,迄于大汉。其言秦、汉详矣"。"至于采经摭传,分散数家之事,甚多疏略,或有抵牾",这是"涉猎广博""驰骋古今上下数千载"的缘故。① 由于年代悠远,无载籍可稽;简册残缺,只能仰赖异闻弥缝,因此作为一部通史著作出现疏漏是难免的,班固所欲指出的正是这样一个道理。从这个论断出发,班固真正要说明的则是在这种批评背后的另外一种事实,那就是时间愈近,可资利用和比较的文献愈丰富,纂修的史实也就愈加翔实可靠,如秦、汉部分的内容即是。西汉末年以"博极群书"著称的学者刘向和扬雄啧啧称道,"迁有良史之材。服其善序事理,辨而不华,质而不俚。其文直,其事核。不虚美,不隐恶,故谓之实录"②,此乃的实之论,而非虚托之语。那么,他对与秦代紧接的战国时代的史实撰述的价值也应作如是观。

(二) 从《古本竹书纪年》的角度分析

接着再来剖析《竹书纪年》。西晋武帝太康初年③,汲郡人不(读作biāo,音"彪")准盗掘魏王冢墓,得数十车古文竹书经、史。《晋书·束皙

---

①② 班固:《汉书》卷六《司马迁传》,第2737—2738页。
③ 按,关于盗掘汲冢竹书的年代,有三种说法:一说咸宁五年(279年),根据是《晋书》卷三《武帝纪》载:"咸宁五年十月,汲郡人不准盗魏襄王冢,得竹简小篆古书十余万言,藏于秘府。"其中所说小篆有误,应为古文。一说太康元年(280年),根据是《晋书》卷三六《卫瓘传》卫恒附传中所载当事人卫恒的说法。一说太康二年(281年),根据是当事人荀勖为《穆天子传》(四部丛刊本,第1a—2a页)所作序和《晋书》卷五一《束皙传》中记载。当时人杜预在《春秋经传集解后序》中说:"太康元年三月,吴寇始平,余自江陵还襄阳,解甲休兵,乃申抒旧意,修成《春秋释例》及《经传集解》。始讫,会汲郡汲县有发其界内旧冢者,大得古书,皆简编科斗文字。"据此可知,发冢的时间当在太康元年三月之后,实际上否定了咸宁五年的说法。钱大昕在《廿二史考异》(丛书集成初编本)卷一八《晋书一·武帝纪》中认为,宋人赵明诚《金石录》据《太公庙碑》和荀勖的《穆天子传序》判断为太康二年是正确的。太康元年说和二年说均为当事人或当时人提出,之间相差一年,两说皆有可能,所以这里姑称"太康初年"。

传》详细胪列了诸种经、史书籍的名称，《纪年》即为其中一种。因系盗墓取宝而非计划发掘，盗墓者视简策为废物，用作进入墓室的照明材料，造成竹书的严重破损。"及官收之，多烬简断札。文既残缺，不复诠次。"①时人杜预在《春秋经传集解后序》中也说，"发冢者不以为意，往往散乱"②。《纪年》是其中篇卷较多者，自然也不能幸免。

包括《纪年》在内的竹书原系用古文写成，给辨识解读和取得一致带来一些困难。古文，当时俗称科斗（蝌蚪）文字。唐初人孔颖达在为杜预《左传后序》作正义时描述道，"科斗文者，周时古文也。其字头粗尾细，似科斗之虫，故俗名之焉"③。当时曾参与汲冢竹书整理并对古文颇有造诣的卫恒④解释说，古文是周宣王之前的一种更早文字的写法。宣王时史籀著《大篆》15篇，因史籀所创，又称"籀书"，即今天所说的大篆。其写法"或与古同，或与古异"，看来是古文的变体，总体上还较接近古文。周平王东迁后，"诸侯力政，家殊国异，而文字乖形"，即后来西汉末王莽时所谓的"古文而异者"的"奇字"，出现了古文地方化现象，地区间的古文差异拉大。所以，当秦始皇兼并天下后，丞相李斯建议"罢不合秦文者"，并和赵高、胡毋敬一起对文字书写进行改革，以史籀大篆为基准，"或颇省改"，制成小篆。然而由于改革力度太大，也给文化传承带来了一些负面影响，如云"爰暨暴秦，滔天作戾，大道既泯，古文亦灭"。秦既改用篆字，然因专制体制决定，诸事皆需请命，这样"奏事繁多，篆字难成，即令隶人佐书，曰隶字"。正因为从古文到大篆，进而小篆以至隶、草的这种变化路径，卫恒恰切地比喻为"籀、篆盖其子孙，隶、草乃其曾玄"，揭明了

---

① 《晋书》卷五一《束皙传》，中华书局1974版，第1433页。
② 按，四部丛刊所收杜预《春秋经传集解》虽为影印宋刊巾箱本，然其《后序》系据明覆宋阮仲猷本影印补充。
③ 孔颖达：《春秋左传正义》，中华再造善本，影印宋庆元六年绍兴府刻本元递修本，第4b页。
④ 卫恒在《四体书势》中说，他的祖父卫觊（因谥"敬"，故尊为敬侯）在三国魏时从著名古文家邯郸淳研习古文。他模仿邯郸淳书写的《尚书》极为逼真，以至邯郸氏本人莫辨（《晋书》卷三六《卫瓘传》卫恒附传，第2061页）。可见，卫恒爱好古文与他的家学相关。

它们和古文间的关系。到了汉初,除符、印玺、幡信和题署仍用篆字外,其他日用文字基本沿用秦法,采用比较快捷的隶字书写。由此不难看出汉代继秦行用的隶字与古文之间在书写上的距离和因此造成的辨识上的难度。所以,当汉景帝①时鲁共[恭]王从孔子废宅中发现了用古文书写的《尚书》《论语》和《孝经》时,人们已"不复知有古文"。加上西汉一代今文经学地位的显赫,古文经学不被看重,古文经书成为"汉世秘藏,希[稀]得见之"②,更加重了这种古文不辨的趋向。进至西晋初年,若是没有专门的师承授受,欲辨识古文将是极其困难的,何况汲冢古文还是一种地方化的变体古文。事实也正如此。西晋太康初,汲冢竹书发现后,晋武帝命中书监荀勖与中书令和峤主持竹书的"校缀次第,寻考指归"③事宜。因"武帝以秘书并中书省,其秘书、著作之局不废"④,所以原由秘书丞和著作郎掌管的事务也归到了中书监名下。上面提及的古文家卫恒此时担任秘书丞,即参与了"考正汲冢书"的计划。据载,卫恒从事的这项工作持续了很久,"未讫而遭难"⑤。据考,卫恒所罹之难为楚王之乱。晋武帝死后,惠帝即位,卫恒父卫瓘时为太保,和太宰、汝南王司马亮共同辅政。此前在武帝时,卫瓘因时为太子的惠帝性格纯质,不适理政,曾欲奏启废之,时为王妃的贾后因此怨之。惠帝即位次年,即永平元年(291年),太宰司马亮建议来朝的诸王还藩,卫瓘赞同此事,因而又得罪了诸王。六月,贾后见机会到来,矫诏让生性"轻险"的楚王司马玮发

---

① 按,此点可于东汉人王充的《论衡》(中华书局 1979 年版)卷二八《正说篇》的记载中求之,"至孝景皇帝时,鲁共王(景帝子刘余)坏孔子教授堂以为殿,得百篇《尚书》于墙壁中。武帝使使者取视,莫能读者,遂秘于中,外不得见"。卫恒云,鲁恭王在孔废宅中得古文诸书为武帝时,误。应以"景帝时"近是。清人阎若璩在《尚书古文疏证》(钱塘汪氏振绮堂清同治六年刻本)卷一《第一》中已详细辨正,可从。第 1b—3a 页。
② 按,此段概述中的引文,除注明出处外,皆据《晋书》卷三六《卫瓘传》卫恒附传中所载卫恒的《四体书势》。
③《晋书》卷五一《束皙传》,第 1433 页。
④《晋书》卷二四《职官志》,第 735 页。
⑤《晋书》卷五一《王接传》,第 1436 页。

18

动变乱,杀死了卫瓘和司马亮。在这次事变中卫瓘一家九口罹难,子卫恒即其一。① 若从武帝太康初年开始整理时算起,到此时已历十年,还未结束。接着,佐著作郎束皙"随疑分释,皆有义证"②,继而完成。当时任东莱太守的陈留人王庭坚对整理物提出质疑,也有证据。当束皙向他释疑时,王庭坚已故。在散骑侍郎潘滔的建议下,学者王接"详其得失",对两人的看法做出评判,时称"博物多闻"的挚虞、谢衡"咸以为允当"。③ 经历了颇长时间的耐心辨识和推寻,通过众多学者的参与、问难和释疑,才达成稍微理想的结果,其解读难度之大可以想见,这就印证了时人杜预的"科斗书久废[费]推寻,不能尽通",中"多杂碎怪妄,不可训知"的说法。尽管杜氏说其间的《纪年》和《周易》"最为分了",恐怕只是相对而言。因为同样用古文书写,也难保证这些典籍在辨识和解读的过程中不出现歧义和差池。

《竹书纪年》发现后,即不断地被学者所援用。从作于太康三年(282年)的《春秋经传集解后序》④知,自称有"《左传》癖"的杜预,非常敏锐地注意到这一新材料的发现,并及时利用其中与春秋时期相对应的记载,使用比较方法去深化他的《左传》研究。三国魏时,学者谯周认为,司马迁"多采俗语、百家之言,不专据正经"而完成的周、秦之前的记载有误,依凭"旧典"作成《古史考》25篇。后主要活动于西晋武帝、惠帝时的宗室学者司马彪(卒于惠帝末),认为谯氏《古史考》多有未当,根据《汲冢纪年》驳正其误多达122处。⑤ 师事过杜预,活动于西晋、后赵间的续咸,曾撰《汲冢古文释》10卷行世。⑥ 北魏人郦道元为《水经》作注,据清代乾隆

---

① 《晋书》卷四《惠帝纪》,第91页;卷三六《卫瓘传》,第1059页。
② 《晋书》卷五一《束皙传》,第1433页。
③ 《晋书》卷五一《王接传》,第1436页。
④ 杜预在该序中称,"推校哀王二十年,太岁在壬戌","下去今太康三年五百八十一岁",故据此认定该序作于太康三年。第1b—2a页。
⑤ 《晋书》卷八二《司马彪传》,第2142页。
⑥ 《晋书》卷九一《续咸传》,第2355页。

初年学者徐文靖的统计,共引《竹书纪年》76次。① 南宋孝宗年间罗泌刊刻《路史》(乾道六年自序,淳熙三年费辉序),其子罗苹作注,在"国名纪"和"发挥"等部分屡引《纪年》之文。清乾隆间四库馆臣对《路史》中的《纪年》引文与《今本竹书纪年》做了比较,认为罗氏用的是原本。② 嘉庆五年至七年间,清代学者洪颐煊在"历证群书所引"的基础上对《今本纪年》做了全面检讨。如他在"(周)桓王十二年秋,秦侵芮。冬,王师、秦师围魏,取芮伯而东之"条中注道:该条在郦道元《水经·河水注》中所引为晋武公八年,为晋国纪年;而罗泌《路史》注中所引作周桓王十二年③,系周纪年。周桓王在周幽王和平王后,按古本此时应为晋纪年,而《路史》注文所引纪年非但古本,且后半句除一"冬"字外和《今本纪年》文字全同,据此洪氏认为"是罗泌已见今本也"④。桓王十二年后的"桓王十七年,楚及巴伐郑"条,据《路史·国名纪》卷戊《周之余族》"巴"条注文云引《纪年》,和桓王十二年条性质相同,也用的是周纪年,显然所据为今本。洪氏云,该条虽不见于《今本竹书》,疑为后世刻本遗漏,应据《路史》补入。按洪氏的说法,至迟在罗泌《路史》成书的南宋孝宗时《今本纪年》已经出现⑤。某些人对今本卷帙变化的探讨从侧面也给我们以启发,按此线索找寻到了《今本竹书》大体出现时间的根据。嘉庆十五年,清代学者雷学淇云:

---

① 徐文靖:《竹书纪年统笺·杂述》,清乾隆十六年序刻本,第4b—5a页。
② 《四库全书总目》卷四七《史部三·编年类·竹书纪年》,中华书局1965年影印浙江刻本,第418页。按,当代学者方诗铭依照王国维《今本竹书纪年疏证》的方法,对《路史》中所引标为《纪年》之文逐一疏证,印证了清人朱右曾的结论,认为罗氏父子未见《竹书纪年》原本,所引之文系转自他书(见方诗铭、王修龄《古本竹书纪年辑证》,第170—187页)。若此,《古本竹书纪年》的失传时间将会提前。
③ 该条见罗泌《路史·国名纪》卷戊《周之余族》"魏"条注文,明天启六年五桂堂据万历三十九年广陵乔可传本重刊,第44a页。
④ 洪颐煊:《校正竹书纪年》卷下《桓王》,清光绪十一年吴县朱记荣槐庐校刊新斠平津馆丛书本,第166页。
⑤ 当然,结论也不能如此草率,因为罗氏父子所征引的《纪年》条目,除在转引时错误当成《纪年》的条目外,大都系古本中之文字(或佚文),只有此两条(严格来说只有前一条)属于《今本纪年》内容。现在能够看到的《路史》的较早本子有明万历本、天启本和崇祯本,其中的今本内容会否系后人在从南宋淳熙初刊本至明刊诸本的这段时间里窜入,也不是没有这种可能。

《纪年》原书13卷,"周宣王后用晋、魏之年纪事,非如今之二卷终纪周年也"。"《太平御览》引之,已有幽王八年、隐王二年等文,然则今之所传,其宋本之残缺者欤?"①在雷氏看来,《古本竹书》自周宣王以后即用晋、魏纪年,而当时的2卷《今本竹书》始终是用周纪年的;北宋太宗太平兴国二年(977年)三月至八年(983年)十二月间编纂的《太平御览》已经有今本的影子。如《御览》在不同部类中引《纪年》道,"(周)幽王八年,立褒姒之子曰伯服为太子"②。"周隐王二年,齐地暴长,长丈余,高一尺。"③除幽王八年和隐王二年条外,还有引自《竹书纪年》的幽王十年条,"(周)幽王十年九月,桃、杏实"④。这些引文无疑都是《今本竹书》的内容,是否据此即可断定它就产生于北宋初年呢?也不能贸然。因为今天所能看到的《御览》的最早本子是南宋宁宗庆元五年(1199年)七月序刊本,距初修时间已有216年,不能排除在这期间《今本竹书》内容增入的可能。如前所说,《路史》初刻本未能见到,我们还无法据其有无今本内容来断定今本究否在迟至孝宗时已经出现,然从庆元刻本《太平御览》中所涉及的今本的某些条目则可断言,今本至迟应在南宋宁宗时出现。清代学者钱大昕忽说今本系"宋以后人伪托",又说"必明人所茸",不能肯定断言,但他关于今本的"书法"分析为我们深入认识上面的论断提供了新的视角。他说:"盖古者列国各有史官,纪年之体各用其国之年。孔子修《春秋》,亦用其法。今俗本《纪年》改用周王之年,分注晋、魏于下。此例起于紫阳(朱熹)《纲目》。唐以前无此式也,况在秦、汉以上乎?"⑤他肯定地认为,唐以前不会出现以周王为统系来记录各诸侯国历史的史书体例,而

---

① 雷学淇:《竹书纪年义证》卷首《竹书纪年义证序》,修绠堂铅排本,第1a页。
② 该条见《太平御览》卷一四七《皇亲部十三·太子二》,四部丛刊三编本,影印日本帝室图书寮、京都东福寺所藏蜀南宋庆元五年序刊本,并用日本静嘉堂文库所藏闽刻本影补卷四二至六一、一一七至一二五。第5b页。
③ 该条见《太平御览》卷八八〇《咎征部七·土踊》,第9a页。
④ 该条见《太平御览》卷九六八《果部五·杏》,第1a页。
⑤ 钱大昕:《十驾斋养新录》卷一三《竹书纪年》,四部备要本,据《潜研堂全书》本校印,第117页。

这种做法始作于朱熹的《纲目》。其实,早在北宋中后期司马光等编纂《资治通鉴》时,已经实践了正统纪年、宗法中心的理念,不过当时贯彻得不太彻底罢了。《古本竹书》中的记载,和儒家的三代王位禅让说相反,对统治阶层内部的残酷争斗如实披露,与宋代理学家所张扬的君纲臣纪的封建伦理观抵触,因此其有关内容遭到删改,伪造出一部在关键处与封建伦理相符合、从周宣王后(或自周幽王起)一直到魏国"今王"皆用周王统系纪年的今本来,就成为一种需要和必然。朱熹有感于司马光等所纂《资治通鉴》卷帙烦冗、纲目缺乏和书法不严、褒贬不明的不足,遵循封建正统观念,取用《春秋》笔法,借助同志之力,对之櫽栝改造,于南宋孝宗乾道八年(1172年)编成了《资治通鉴纲目》。此后直到淳熙九年(1182年),还在书信往还,商讨修改和完善。① 该年十一月,他在给孝宗的奏状中表明了自己纂述此书的动机和心迹:

> 臣旧读《资治通鉴》,窃见其间周末诸侯僭称王号而不正其名,汉丞相亮出师讨贼而反书入寇,此类非一,殊不可晓。又凡事之首尾详略,一用平文书写,虽有《目录》,亦难检寻。因窃妄意,就其事实别为一书,表岁以首年,而因年以著统;大书以提要,而小注以备言。至其是非、得失之际,则又辄用古史书法,略示训诫。②

其中对《通鉴》中于"周末诸侯僭称王号而不正其名"的做法不可理解,且愤愤不平,可见其正统意识之浓厚。另外,他为了落实《汲冢竹书》中使用夏正建寅之月为岁首的问题,还曾让林用中(择之)向林之奇(拙斋)打听过该书,"若有此书,借录一两年示及"③。所以,以他绝对不能容忍周末诸侯各自称王、紊乱宗藩秩序之态度和其在当时学者圈中之影响,其亲自操刀,或命学生、同志别裁此书,完全在情理之中。若再将此书的成

---

① 王懋竑:《朱子年谱及考异》卷一,乾道八年,四十三岁,文渊阁四库全书,第447册,第273页。
② 朱熹:《晦庵先生朱文公文集》卷二二《辞免江东提刑奏状三》,四部丛刊本,第276页。
③ 朱熹:《晦庵先生朱文公文集》卷四三《答林择之》第12书,第24b页。

书时间和上所述包含有《今本纪年》内容的《太平御览》的刊刻时间联系起来思考,朱熹及其学生成为作伪者的人选大有可能。正是由于这种主导思想在当时的深固,尽管当时雕版工艺已很成熟,印刷业也堪称发达,然《古本纪年》终未能获得广泛刊刻和流传的机会。

但无论如何还是应当承认,《古本纪年》在北宋中期前依然存在,有关著录线索也可证明此点。唐代贞观十年(636年)命修的《隋书》卷三三《经籍志二》中载为12篇,贞观二十年命修的《晋书》卷五一《束晳传》中载为13篇,五代后晋时所修的《唐书》卷四六《经籍志上》和北宋仁宗年间命欧阳修等重修的《唐书》卷五八《艺文志二》均载为14卷,前后篇卷基本相同。

该书在从西晋面世后到北宋的这一阶段,和其他保留下来的先秦书籍一样,以辗转传抄的写本形式流传。在流传过程中,由于传抄的弱点,造成传播书籍卷篇的差异、段落的错置、文字的衍脱、后人的增删等不可避免的弊病,应是具有普遍性的。如司马迁《史记》卷一一七《司马相如传》赞语,在说明华丽的赋体导引节俭的作用时,援引了汉末扬雄的"靡丽之赋,劝百而讽一"之句。在卷一一二《公孙弘传》中又增入了汉平帝元始年间王元后赐公孙弘子孙爵位诏和班固称语,南朝宋人徐广注谓"后人写此以续卷后"。作为生活在西汉中期武帝时代的司马迁,是不可能在他身后补入这些属于西汉末年的内容的,前者中的扬雄语和后者中的班固语分别见于《汉书》卷五七下和卷五八的传赞中,这些内容均为"后人剿入"①,与司马迁无干。再如,卷六《秦始皇本纪》后"太史公曰"中所引贾生(贾谊)的文字,据清代学者王鸣盛的考证,应为贾谊《新书》中"过秦论"上、中、下三篇中的后两篇,其中的上篇应在卷四八《陈涉世家》后的赞论中。然而,在《始皇本纪》后,非但被人添加了上篇的内容,且将三篇次序弄乱,变成了下篇(自"秦并兼诸侯山东三十余郡"至"而社稷安矣")在上、上篇(自"秦孝公据殽、函之固"至"攻守之势异也")居中、中篇

---

① 周密:《齐东野语》卷一〇《史记多误》,中华书局1983年版,第173页。

（自"秦并海内、兼诸侯，南面称帝"至"是二世之过也"）殿后的布局。王氏解释说，上篇的那段文字"乃魏、晋间妄人所益"①。在班固所纂《汉书》中，凡是从汉初到中期的当代人物传记，大抵沿袭司马迁的《史记》之文；若将两者比勘，两书在文字上颇有明显的歧互之处，其中有些是后人在辗转传抄中所造成。《竹书纪年》在流传过程中所导致的某些错误也与此相类。下面举数例以为证明。

前面提到的关于魏都迁梁的记载，同一本《纪年》，却有魏惠王六年和九年的两种说法。此其一例。

《古本纪年》有若干记载与经传的差异甚大，其中一条云"夏年多殷"②，即谓夏代的年世比商多。而南朝宋人裴骃在注释"桀走鸣条，遂放而死"句时，先是引徐广的话"从禹至桀十七君，十四世"，接着引《汲冢纪年》云，"有王与无王，用岁四百七十一年矣"③。在注释"封纣子武庚禄父以续殷祀"句时，先是引谯周的话"殷凡三十一世，六百余年"，接着引《汲冢纪年》云，"汤灭夏以至于受［纣］二十九王，用岁四百九十六年也"④。唐人李善在注释南朝梁萧统所编《文选》中曹冏所作《六代论》时引《纪年》云，"凡夏自禹以至于桀，十七王。殷自成汤灭夏以至于受，二十九王"⑤。这些《纪年》文字的据引皆在宋代之前，故为古本应是可信的。从这些引文所透露出的信息看，商的王数、年世都比夏多，和晋人所见《纪年》中"夏年多殷"的情形不相一致。两者均为《古本竹书》内容，为何会出现这种矛盾？显系传抄所致。此其二例。

如前所述，杜预较早地接触和利用《竹书纪年》一书材料来研究《春秋左传》，应该说他对《纪年》一书的纪年结构是熟知的。他说："哀王于

---

① 王鸣盛：《十七史商榷》卷二《史记二·始皇本纪赞后人所乱》，清乾隆五十二年洞泾草堂刻本，第2b页。
② 《晋书》卷五一《束晳传》，第1432页。
③ 司马迁：《史记》卷二《夏本纪》，第24b页。
④ 司马迁：《史记》卷三《殷本纪》，第13b页。
⑤ 萧统：《文选》卷五二《论二》，上海古籍出版社1986年版，第2273页。

《史记》襄王之子、惠王之孙也,惠王三十六年卒而襄王立,(襄王)立十六年卒而哀王立。古书《纪年篇》惠王三十六年改元,从一年始,至十六年而称惠成王卒,即惠王也。疑《史记》误分惠成之世以为后王年也。"①我们姑且撇开《史记》和《纪年》在魏惠王年世问题上哪个更加可靠的问题纠缠,单就杜预看到的《纪年》中惠王的纪年构成来说,惠王三十六年改元称一年,即所谓后元,又持续了 16 年,此前应为 35 年,两项之和为 51 年。裴骃在注解"(魏襄王)十六年,襄王卒,子哀王立"句时,引《古文》云:"惠成王立三十六年改元,称一年。改元后十七年卒。"司马贞在解释此句时也云:"《纪年》说,惠成王三十六年又称后元一,十七年卒。"②裴氏和司马氏所引均云惠王三十六年改元,这点和上面杜氏所见是一致的。所不同的是,他们所见《纪年》中惠王后元为 17 年,与改元前惠王年数累计共 52 年,和杜氏所见相左。此其三例。

郦道元在《水经·河水注》中引《纪年》云,"齐田朌及邯郸韩举战于平邑。邯郸之师败逋,获韩举,取平邑新城",把此条记事的年代作晋烈公十年。司马贞在《索隐》中则怀疑此说:《纪年》载齐败韩举之事值韩威王八年(公元前 327 年),和晋烈公十年(公元前 406 年)相距 78 岁(应为 79 岁),不应前后有两田朌、两韩举。清人朱右曾又根据《赵世家》中"肃侯二十三年,韩举与齐、魏战,死于桑邱"的记载,结合《纪年》的纪年体系,确定赵肃侯元年对应魏惠王二十二年,那么下推魏惠王后元十年当为赵肃侯二十五年,进而考定《赵世家》误"五"为"三",《水经注》误惠成王后元十年为晋烈公十年③。郦氏将应为《纪年》的惠成王十年的记载误为晋烈公十年,绝非草率所致,应是其所据本子有异的结果。此其四例。

裴骃在注解"(秦昭王)十八年,错攻垣、河雍,决桥取之"句时,转自

---

① 杜预:《春秋经传集解后序》,第 2a 页。
② 司马迁:《史记》卷四四《魏世家》,第 11a 页。
③ 朱右曾辑,王国维校:《古本竹书纪年辑校·梁惠成王后元十年》,上海古籍书店影印《王国维遗书》第 12 册,第 20b 页。

徐广所引《汲冢纪年》说,"魏哀王二十四年,改宜阳曰河雍,改向曰高平"①。《纪年》止于"今王二十年",未有"哀王"这一明确字样。西晋的某些学者推定"今王"为魏哀王,如杜预即是其一,更有人倾向于把今王看作是魏襄王。姑依前说,既然《纪年》止于二十年,也就不会有所谓的魏哀王二十四年,显然徐广所引的《汲冢纪年》的文字有误。王国维在校补清人朱右曾辑录的《古本竹书纪年》时加按语道,"《纪年》终于今王二十年,不得有二十四年。'二十'字衍"②。此其五例。

  《纪年》从西晋时发现起,到唐初也经历了三百多年的时间。孔颖达在解释杜预《左传后序》时说,"差为整顿"的《周易》《纪年》《琐语》和《周王游行》(即《穆天子传》)等四部书,在整理之初"即已不能尽识其书","今复缺落,又转写益误"③。唐人李绰在利用汲冢经、史书籍的过程中,也发现其"与今本校验,多有异同"④。这里所说的今本,意为唐时的通行本,并非后来有所指的今本。可见,《纪年》在流传中确实造成了一些错误,甚至如上所示的特别严重的年代错误。

  综合上述从历史文献学角度的剖析和比较论证,可以认为司马迁的看法应有所据,不能轻率否定,除非那些特别有力的反对材料从地下发掘并科学地解读出来。而通过对与《史记》记载相反的《竹书纪年》发现时的致残、解读时的歧义以及流传中的改动等情形的分析,使我们确信,对该书中具体载记的年代不能不加深究地任意盲从。这就要求我们必须超越有分歧年代的记载本身,从更为宏观的角度去分析与这两个年代相关的大背景和系列事件间的联系,比较这两种说法可能系数的大小,从而大体把握魏都迁梁的可能时间。这种做法类似于校勘中的理校法,

---

① 司马迁:《史记》卷五《秦本纪》,第30b页。
② 朱右曾辑,王国维校:《古本竹书纪年辑校·今王四年》,第21a页。
③ 孔颖达:《春秋左传正义》,第4b页。
④ 李绰:《尚书故实》,文渊阁四库全书,第862册,第473页。

虽然危险,但也有效。①

秦孝公元年(公元前361年),年仅21岁的秦孝公于父亲秦献公死后继立,开始了富国强兵的改革。秦孝公颇有作为,对不被河山之东的齐、楚、魏等诸侯国认可而深感愤激,于是"布惠振孤寡,招战士,明功赏",下令国中招纳贤才,以夺取被三晋占据的河西之地、改变"诸侯卑秦"的局面为目标,希图再造春秋秦穆公时之辉煌。② 卫鞅(即商鞅)闻讯入秦,得到重用。孝公接受卫鞅的观念和设想,力排守旧派阻挠,从三年起到二十四年他去世前,支持卫鞅进行了一系列重大改革,"内务耕稼,外劝战死之赏罚",最终取得了"秦民大说[悦],道不拾遗,山无盗贼,家给人足,民勇于公战,怯于私斗,乡邑大治"③的理想结果,国力大增,在与邻国的对抗中处于优势地位。魏国是秦向东发展从而跻身于诸侯强国之列的主要障碍,自然也就成为首要的攻击对象。

秦孝公八年(公元前354年),即魏惠王十七年,秦国在改革的基础上首先夺取了魏的河西重镇少梁。秦孝公十年,秦又东跨黄河,围困了魏国都城安邑。魏惠王三十年(公元前341年),魏国在与齐的桂陵之战中损兵折将、元气大伤,为邻国觊觎和蚕食提供了可乘之机,赵、齐、秦从北、东、西三面对魏展开攻势。秦孝公二十二年(公元前340年),卫鞅利用这一大好时机,向孝公描绘了夺取魏地、称霸诸侯,进而成就帝业的计划和步骤:

> 秦之与魏,譬若人之有腹心疾,非魏并秦,秦即并魏,何者? 魏居岭厄之西,都安邑,与秦界河而独擅山东之利。利则西侵秦,病则东收地。今以君之贤圣,国赖以盛。而魏往年大破于齐,诸侯畔[叛]之,可因此时伐魏。魏不支秦,必东徙。东徙,秦据河山之

---

① 按,以下两段文字与收入本书的《战国时期魏都迁梁述论》一文的最后部分雷同,因系该文的有机组成部分,无法割舍,从完整性的角度考虑继续保留,特此说明。
② 司马迁:《史记》卷五《秦本纪》,第23a页。
③ 司马迁:《史记》卷六八《商君列传》,第4b页。

固,东乡[向]以制诸侯,此帝王之业也。①

秦孝公也以为然,于是卫鞅率领秦军伐魏,魏派公子卬率魏军迎击。卫鞅利用和公子卬的旧谊,设下会盟聚饮圈套,轻易地骗取了魏公子的信任,乘其不备,"袭夺其军破之"②。这一奇巧诈战对秦国而言扫除了涉足河东的障碍,对魏国来说无疑雪上加霜,军力进一步受到损耗,丧失了如卫鞅所说的玩弄"利则西侵秦,病则东收地"故伎的条件。摆在魏国面前、必须正视的是"魏惠王兵数破于齐、秦,国内空,日以削"③的现实。在国力衰减、西侵无缘的情况下,魏国不得不采取退却策略,派使者以割河西地为代价与秦求得和解,集中全力经营东方。这年,魏国做出了把都城从安邑迁到大梁的抉择。而魏国的东方重镇梁地经营有年,早已发挥着储都的作用,这样便很自然地实现了由区域中心向全魏的政治中心的转换。可见,魏国的无奈迁都实与秦变法后力量壮大和向东发展有着密切关系,诚如史载"安邑近秦,于是徙治大梁"④。清代学者阎若璩从这种总体情势出发,高屋建瓴,对魏惠王九年说,同时也可以说是对六年说提出了否定的看法:

> 或曰《竹书纪年》彼既魏史,所书魏事。司马公以为必得其真,故从焉。余曰不然,《纪年》云惠成王九年四月甲寅徙都大梁,不知是年秦孝公甫立,卫公孙鞅未相,魏公子卬未虏。地不割,秦不逼,魏何遽徙都以避之邪?⑤

这一结论是符合当时魏国及其邻国的历史实际的,因而也是可以遵信的。所以,立足于通盘考虑,魏惠王三十一年说即便存在着某种程度上的问题,想与实际不会差得太远。

---

① 司马迁:《史记》卷六八《商君列传》,第5b页。
②④ 司马迁:《史记》卷四四《魏世家》,第9a页。
③ 司马迁:《史记》卷六八《商君列传》,第6a页。
⑤ 阎若璩:《孟子生卒年月考》,南城吴照听雨斋清乾隆五十三年刊刻《四书释地》诸编附,第4a—4b页。

从中都(燕京)到南京(汴京):
金王朝的最终覆亡

我是治明清史的,现在来做与金史、元史都有关系的13世纪前期的一个题目,不免有些为难。事情原本是这样的,国际旅行社开封分社要接待一位名叫Gisela Forth的德国学者,她预先用传真件提出了十几个有关13世纪开封历史的问题,希望给予解答。好在作为14世纪起点的明清史与这些问题所处的年代相接,这样我就勉强应承下来,于是就有了接触这个题目的机缘。

她所提出的问题大都颇为具体,有的还饶有兴趣,透露出西方人对元史的热忱和他们对历史问题思考的视角。譬如,13世纪开封周围有哪些地方种植葡萄?率领蒙古军南下攻金的将领拖雷的衣着、生活和侍卫的情况如何?蒙古军是如何进入金的南京(汴京)的?当时在围困汴京时,蒙古军是否受到鼠疫的波及?金皇室成员是如何被掳走的,其最终命运如何?等等。他们在掌握一定历史的基础上,以对历史的特有感受提出了上述问题,虽然多少透露出他们对中国传统历史描述方法缺乏更多了解,但是同时也反映出现代人对鲜活历史追求的普遍性愿望。

所有这些问题,都与蒙古国的成长和金王朝的衰落这样两个共时交叉的具体问题相关。将有关资料按照长编方式排比之后发现，金王朝最终衰亡过程中的两个关键点便是中都的沦丧和南京的陷落，而这些事件的发生也从侧面反映出蒙古国对中原地区占有欲望日渐增强的推进过程。

一　中都沦丧

金灭辽后，基本沿袭了辽的多京体制，如东、西京依然未变，但也有所更革，如把发祥地的会宁府（今黑龙江省哈尔滨市阿城区南）升为上京。贞元元年（1153年），海陵王迁都燕京，称之为中都大兴府（今北京市西南），削去了原都城上京的称号，同时称汴京为南京，这样就形成了金的五京体制，即中都大兴府、北京大定府（今内蒙古宁城县西南）、西京大同府、东京辽阳府和南京开封府。自此之后，中都便成为金朝中期后对全国特别是对中原地区加强统治的政治中心。它的攻破是金朝迅速走向衰亡的重要标志，而蒙古人对中都的攻取经历了一个过程。

位于漠北的各支蒙古部落最初是隶属于金人的。从13世纪开始，蒙古尼伦部的铁木真（即成吉思汗。元世祖时被追谥，庙号为太祖，以下称太祖）便开始了统一蒙古尼伦部内诸小部和其他蒙古诸部的事业。从1201年联合位于土拉河、鄂尔浑河与杭爱山之间的克烈部，打败同属尼伦蒙古的泰赤乌部起，到1204年摧垮了位于杭爱山和阿尔泰山之间的乃蛮部后，基本上征灭了所有强大的蒙古部落。随后，其他小部和残部，或前来归顺，或不堪一击，蒙古高原各部迅速实现了统一。1206年，太祖被推为大汗。这年，正值金章宗泰和六年。从这时起，太祖便确定了进攻金朝的重大战略方针。此前，金人曾杀死他的宗亲咸补海罕，此时强大后，强烈的复仇意识无法抑制，恰好又从金的降俘那里获知金章宗"肆行暴虐"、背离人心的情形，便"定议致讨"。但金朝为一大国，控制着广大的中原地区，国力强盛，非一般部落可比，贸然行动便会招来不祥，所以也"未敢轻动",将这一宏图暂且藏至内心深处。①

到了太祖三年(1208年,金泰和八年),蒙古南下进攻西夏,取得了很大进展。十一月,金章宗死,遗诏传位给叔父卫王完颜永济②。金大安二年(1210年,太祖五年)初,这一消息由金使带至蒙古。先此,太祖与卫王打过交道,蒙古定期于净州向金进贡岁币,金方由卫王负责此事,可能是卫王"柔弱、鲜智能"③的弱点被经验老到的太祖一眼看穿,当见到他时不与为礼,以致卫王气急,"欲请兵攻之"。此时,当太祖得知卫王继位的消息后便说,原先还以为处于中原的金帝是"天上人做"的,现在像卫王这样的庸懦之徒也可为之,这有什么值得敬拜的?于是对金更加轻蔑,"遂与金绝,益严兵为备"④,走上了与金公开对抗的道路。

此时,蒙古力量已大为增强。太祖六年(1211年,金大安三年)二月⑤,蒙古大军对金发起正式进攻,在野狐岭打败金将定薛。七月,蒙古大将遮别拔掉金的乌沙堡和乌月营。八月,蒙古军在宣平(位于今张家口市西南21公里处的会河川)大败金将千家奴和胡沙。⑥ 九月,蒙古军攻克德兴府(今河北省涿鹿县),距中都北面重要关口居庸关只有70公里。当金守将闻讯后,吓得慌忙遁去,蒙古大将遮别轻易入关,逼近中都。中都戒严,"禁男子不得辄出中都城门"⑦。同时,太祖诸子术赤、察合台、窝阔台和其他军队在中都东西两翼纷纷攻陷城池,如西边的云内州、东胜州,大同南偏的武州、朔州,再向南的代州、忻州,中都东的滦州、抚州,再向南的清州、沧州等地。由于中都城池的坚固和各地援军到来,

---

① 《元史》卷一《太祖本纪》,中华书局1976年版,第13页。
② 按,永济原名允济,与章宗之父、后被追封为显宗的允恭为兄弟辈。章宗执政时,为避章宗父讳,故改易名字。
③⑦ 《金史》卷一三《卫绍王本纪》,中华书局1975年版,第290页,第294页。
④ 《元史》卷一《太祖本纪》,第15页。
⑤ 按,《金史》卷一三《卫绍王本纪》将此事系于四月(第293页),《元史》卷一《太祖本纪》系于二月(第15页)。《元史》对此事记载较详,故依之。
⑥ 按,《金史》卷一三《卫绍王本纪》将此事系于九月(第294页)。

31

蒙古军撤去了中都之围。太祖七年(1212年,金崇庆元年)秋,金的西京大同也受到围困,只因太祖中了流矢,才暂时撤离。

崇庆二年①(1213年,太祖八年),对金朝来说可谓多事之秋。八月,金中都发生了军事政变。原留守西京大同、后弃城逃到中都,被任命为右副元帅、权尚书左丞的纥石烈胡沙虎(即纥石烈执中),凭借手中掌握的屯驻在通玄门的三千武卫军突然发动政变,囚系卫王,让内侍把他害死。② 接着,到彰德府迎立完颜珣,于九月即位,此即金宣宗。十月,元帅右监军术虎高琪又将胡沙虎杀死。③ 金统治集团内部的混乱,直接影响了对蒙古人的防御。蒙古军抓住这一有利时机,对金的中原统治区发动大规模攻击。这年冬④,蒙古军队分三路出击,一直持续到次年三月。蒙古军队势如破竹,所到之处摧枯拉朽,戈矛所向无不披靡。黄河以北地区除中都、顺州、通州、清州、德州、大名、东平等未下外⑤,其他皆被攻取。这次出兵,虽未长期占领,但遭洗劫后,被攻陷区的元气已经大伤。

太祖九年(1214年,金贞祐二年)三月,上年冬季各自行动的蒙古三路大军陆续还师。当时,太祖驻跸于中都北郊,一些将领请求乘胜取之。他未采纳这一建议,而是使用了攻心战术,遣使者对金宣宗亮明自己的态度,说:你的山东、河北郡县全被我攻取,所守之地唯有燕京。这是上天要削弱你的结果。你处于危难之时,我再迫你陷入绝境,也有悖上天的宽大之怀。我欲还师,你难道不能厚犒我师,而弥息我的众将之怒吗?⑥ 这其实是在公开地以兵诈财。宣宗在大兵压境之时也无力拒绝这

---

① 按,崇庆二年五月,卫王改元至宁。八月,纥石烈胡沙虎发动军事政变,卫王被弑。九月,金宣宗继立后改元贞祐。故此,崇庆二年和至宁元年、贞祐元年为同年。
② 《金史》卷一三《卫绍王本纪》,第296—297页。
③ 《金史》卷一四《宣宗本纪上》,第301—302页。
④ 按,《元史》卷一《太祖本纪》云为该年秋(第17页)。征之《金史》卷一四《宣宗本纪上》中的一系列战事记载,似应以冬月为是。
⑤ 《元史》卷一《太祖本纪》,第17页。按《金史》卷一四《宣宗本纪上》也云:"时山东、河北诸郡失守,惟真定、清、沃、大名、东平、徐、邳、海数城仅存而已,河东州县亦多残毁。"(第304页)
⑥ 《元史》卷一《太祖本纪》,第17页。

种要求,只得遣都元帅兼平章政事承晖(即完颜福兴)请和,把卫王的女儿歧国公主和大量金帛、500名童男女和3000匹马奉献给太祖。因担心蒙古人无厌再求,承晖还假意把太祖送出了居庸关外。①

  蒙古军队在金的腹里地区如入无人之境的攻掠行动,使金中都沦为一座孤立无援的危城。这不能不对宣宗有所震撼,使他重新考虑中都作为政治中心的存在价值和意义,在继续保留还是彻底放弃之间做出抉择。经过权衡之后,宣宗选择了后者。宣宗做出的这一决定,恐怕与南京留守仆散端等人的怂恿也有关系。史载,仆散端与河南统军使长寿、按察转运使王质一起上章请求南迁,"凡三奏,宣宗意乃决"②。接着,宣宗便开始着手迁都前的准备工作。贞祐二年(1214年)五月九日,尚书右丞相承晖加金紫光禄大夫(正二品上阶),封为定国公。尚书左丞抹捻尽忠加崇进(从一品下阶),封为申国公。宣宗拟把辅佐太子守忠留守的重任交给他们二人。十一日,诏告南迁。太学生赵昉等400人闻讯后,联名上书,慷慨激奋,极论利害,希望宣宗能放弃迁都,回心转意。但他主意已定,不愿更改。两天后的十四日是原定的启程日,然而这天却下起了大雨。又停了三天,到了十八日,浩荡的车驾队伍从中都出发。经过一个多月的长途跋涉,七月初抵达南京。③ 至此,金的主要政治中心在中都延续60余年后转移到了汴京。都城南迁的举动,无异于示弱于人,暴露了金朝内部空虚、统治层内心恐惧和对固守中都缺乏信心的本质。

  承晖以尚书左丞抹捻尽忠"久在军旅,知兵事",遂赤心推诚,"悉以兵事付之",自己则"总持大纲",负责全局。④ 但不久便发生了两件大事。

---

① 《元史》卷一《太祖本纪》,第17页;《金史》卷一四《宣宗本纪上》,第303—304页。
② 《金史》卷一〇一《仆散端传》,第2232页。据仆散端本传载,他任南京留守的时间是贞祐二年五月,可见他刚到汴不久,就开始鼓动其他官员提出迁都建议。据此推测,他很可能就是宣宗派去开封作先行调查的代表,而宣宗的南迁谋划也非一日。
③ 《金史》卷一四《宣宗本纪上》,第304—305页。
④ 《金史》卷一〇一《承晖传》,第2225页。

一是该年七月,太子守忠离开中都,八月到达汴京。① 二是次年(金贞祐三年,1215年)正月十七日,作为中都外围、驻守通州的右副元帅蒲察七斤投降蒙古,"七斤既降,城中无有固志"②。这些事件的发生,对处于特殊时期的中都军民人心的凝聚和斗志的稳定已经产生了极为严重的负面影响。

在这种情况下,蒙古又一次向金发动了全面进攻。二月,蒙古大将木华黎攻陷了金的临潢府。中都也在包围之中,形势岌岌可危。留守承晖赶紧用矾水写秘奏向宣宗告急。宣宗下诏,元帅左监军永锡率真定、中山、保、涿等兵,元帅左都监乌古论庆寿率大名兵1.8万人、西南路步骑1.1万人、河北兵1万人救援中都,御史中丞李英率收编的河间清、沧二州义军从清州督运粮草赴中都,参知政事、大名行省宇术鲁德裕率领大名、河间、清、沧、霸等地兵等待调遣继发,同时还协助李英运输粮草。由于李英所部"素无纪律",加上他贪杯误事,三月十六日,在中都南90公里左右的霸州北面与蒙古军相遇,结果大败,"尽失所运粮",永锡和庆寿也"皆溃归"③,"外援不至,中都危急"④。在此期间,宣宗一度欲遣自己的亲军6000余人和所招募的2700人赴援中都,宰臣以行宫单弱为由,他只得作罢。此时,中都内部也出现了分歧,与承晖一起共担留守之责的抹捻尽忠坚持逃跑路线。他表面上虽答应承晖"同死社稷",但私下却在和心腹、元帅府经历完颜师姑秘密策划逃跑计划。在五月二日尚书省会议时承晖才得知尽忠的这一意向,但也"无如之何"。归家后,召师姑详询此事,才坐实当天傍晚出逃的真实消息,于是当即命人将师姑杀

---

① 《金史》卷九三《宣宗三子传·庄献太子》云,"七月,召至汴"(第2061页)。此话恐不确,很可能是太子出于畏惧才离开中都的。理由有二:一是太子留守中都为既定方案,他是作为皇帝的代表,是为稳定中都军民人心而存在的;二是七月宣宗刚到南京,一切还在安顿中,是不会马上把他招至的。
② 《金史》卷一○一《承晖传》,第2225页。
③ 《金史》卷一○一《承晖传》,第2225页;《金史》卷一○一《李英传》,第2236页。
④ 《金史》卷一○一《抹捻尽忠传》,第2228页。

死,随后自己也服毒自尽。而抹捻尽忠连留在中都的章宗妃嫔都不顾,就仓皇逃出了中都。是日,中都在外援无望、内守不固的情况下丧失了。中都的失守,对金朝来讲,产生了极为严重的后果,正如承晖所说,"一失中都,辽东、河朔皆非我有"①。中都是河朔和辽东地区的接合部,具有镇守、统驭一方的战略地位。它的丧失,实际上等于宣布金的势力从辽东、河北地区的退出,因此金的控制范围急剧缩小。

二 南京陷落

蒙古攻下中都后,七月遣乙里只(即使者)到南京,谕知金宣宗献上河北、山东的未下诸城,去掉帝号,改为河南王。在此前提下双方罢兵休战。但是,宣宗并未接受这些条件。②

蒙古军队擅长迅速攻克、迅即撤退的战术,以打击对方有生力量和抢掠财富为目的。自攻克中都后,逐渐改变这一做法,开始注意到对攻陷区的长期占领,如在燕、蓟设留后长官,这样势必会分割去相当数量的军力。同时各地征战,使战线拉长,军队显得相对不足。再者,长期生活在北纬45°—50°之间较为寒冷和阴凉地区的蒙古人,当南下到北纬40°的中都地区后,度过炎热夏天虽不成问题,但已感到不适,再往更南的地区深入,这个问题便会暴露出来。据载,太祖和太宗每当四五月份时,都要到原住地龙庭和官山(九十九泉,在今内蒙古察哈尔右翼中旗一带)避暑。其实,暑热还只是其中的一个因素,由于南北纬度相差太大,蒙古人到了内地后水土不服;原以肉奶为主,也有饮食问题;加上长期得不到休整和缺乏营养等因素,就会导致当时被视为疑难的各种病症。

或许出于这些方面的原因,在攻取中都后,太祖突然取消了南进攻金的部署,改变了进军方向,决定西征。从地图上可以看得非常清楚,作

---

① 《金史》卷一〇一《承晖传》,第2225页。
② 《元史》卷一《太祖本纪》,第18页。

为西征对象的中亚等地与蒙古地区属于同纬度地区,气候、生态等自然因素差异不大。西征前,太祖对中原战场做了安排。十二年(1217年,金兴定元年)八月,封木华黎为太师和国王,并谕令他经略太行以北地区,夺取太行以南地区,于是木华黎"建行省于云、燕,以图中原"①。太祖从十三年(1218年)到二十年(1225年)长达7年的时间里进行了西征,这一行动对蒙古的中原战场多少会有一些影响,而木华黎在这期间于河北和山东地区也取得了不小的进展。而河东地区和陕西地区,因双方军力相当,常处于拉锯战状态,取得战果并不稳定,得而复失,失而复得。更不巧的是,太祖十八年(1223年,金元光二年),木华黎因病卒于河东地区的闻喜县。在攻占中,大多城市虽可轻易攻克,然而也有如延安、凤翔等某些城市久攻不下的情况,表明蒙古军力的不足。太祖西征归来,稍事休整,即加矢于距离较近的西夏。在夏都即将攻下时,他却因疾而逝,但不久西夏灭亡。这样,攻取中原、消灭金朝的使命自然地落到了太祖后继者窝阔台的肩上。

太祖死后,幼子拖雷监国。1229年(金正大六年)八月二十四日,诸王、百官在怯绿连河的曲雕阿兰地方聚会,根据太祖遗诏,经过定策立仪,三子窝阔台②(庙号太宗)正式继承汗位。当权力过渡完成后,太宗"遂议伐金"③,重新擎起灭金旗帜,南下克金提上了新的日程、进入了新的阶段。

蒙古灭掉西夏后,已经和金朝统治区的陕西连到了一起。十月,蒙古军队在临近金的陕西北部庆阳一带驻扎。哀宗完颜守绪慌了手脚,赶紧下诏陕西行省派遣使者,载着大量羊、酒和币帛前往犒师请和。其实,这只是缓兵之计。十二月,又下诏命枢密副使移剌蒲阿、总帅纥石烈牙吾塔(或牙吾太、牙忽带)、权枢密院事完颜讹可前去援救。金正大七年

---

① 《元史》卷一一九《木华黎传》,第2932页。
② 按,窝阔台后被追谥为英文皇帝,庙号太宗。
③ 《元史》卷二《太宗本纪》,第29页。

(1230年,太宗二年)正月,双方战于大昌原。金将前锋完颜陈和尚所率"三军之士踊跃思战","以四百骑破八千众",庆阳之围始解,被认为是"自军兴二十年始有此捷"。① 在庆阳围解之前,蒙古使者斡骨栾来到京兆行省(今陕西西安市)。行省恐泄露事机,暂时将他拘羁起来。解围后,金将蒲阿等"志气骄满",不可一世;在遣还蒙古使者时,总帅牙吾塔还出言不逊:"我已准备军马,可战斗来。"使者回去后,对太宗实话实说。太宗顿时大怒,决定亲统军马入陕。说这番话时,在蒙古出使的金朝信使乘庆正在一旁,听到了斡骨栾的汇报,吓得"心魄震荡"。他回来后言及此事。②

七月,蒙古开始了大规模的南伐行动。太宗亲率幼弟拖雷及拖雷长子孟哥,破天成堡后进入陕西境内。在东面,八月,蒙古军也很快包围了南京北偏西75公里的守护重镇卫州(今河南卫辉市),对京师构成极大威胁。当时驻守卫州的是正大五年(1228年)被封为恒国公的武仙。十月初一日,金哀宗下诏命平章政事合达和枢密副使蒲阿等赴救卫州。此时,卫州内外隔绝已有一月,城内情况毫不清楚,所能望见的只是高塔上用于示警偶尔举起的灯火信号。合达赶到后,先派三千亲卫兵冲杀,蒙古军退却,次日围解。③

由此可见,金军在今陕西、河南等地方的抵御力量还是较为强大的。特别是像合达这样的文臣,其军事指挥才能也非常优秀。可是不久,金方便把京兆行省内迁到潼关东18公里的阌乡(今河南灵宝市西境),此即阌乡行省。陕西地区特别是潼关,关系到金朝的存亡。此前,金廷曾集中大臣讨论过对付蒙古的对策,结论是最下策也要"弃秦保潼关"。人们普遍认为,"止可助陕西军以决一战。使陕西不守,河南亦不可保"④。

---

① 《金史》卷一二三《完颜陈和尚传》,第2681页。
② 《金史》卷一一一《纥石烈牙吾塔传》,第2459—2460页。
③ 《金史》卷一一二《完颜合达传》,第2467页。
④ 《金史》卷一一二《完颜合达传》,第2467页。按,《金史》卷一七《哀宗本纪上》却说,这是正大四年五月陕西行省提出来的(第379页)。

可能是出于这种考虑,在陕西设立了两个行省,一在京兆,一在平凉,统领二三十万军马。现在行省内迁,其实就是弃陕不守;此时潼关虽然未失,但是已近孤境。

这时蒙古也改变了策略,由全面进攻改为重点从潼关突破。太宗三年(1231年,金正大八年)正月,命大将速不台进攻潼关。他攻破小潼关后,对卢氏和朱阳二县进行了破坏,队伍散漫百余里间,气势很盛。金潼关元帅纳合买住率领夹谷移迪烈(即夹谷移特剌)、高英全力抵抗,并向陕西行省求救。行省派完颜陈和尚率忠孝军1000人、夹谷泽率部1万人前往策应,打退了蒙古军的进攻,追至倒回谷而还。① 看来,欲从潼关找到直接进攻南京的突破口并不容易,只得改行曲折艰难、迂回包抄的另一条道路来解决问题,这样才能使潼关天险变得毫无意义。

早在太祖时候,就已经为所谓的另一条道路勾勒出了具体的方案。他在临终前授意诸子和身边大将说:

> 金精兵在潼关,南据连山,北限大河,难以遽破。若假道于宋,宋、金世仇,必能许我,则下兵唐、邓,直捣大梁。金急,必征兵潼关。然以数万之众,千里赴援,人马疲弊,虽至弗能战,破之必矣。②

当时在与金交战的一切形势还未明朗的情况下,太祖能不能做出这样清晰的关于金的兵力部署及应采取对策的分析和判断虽还有怀疑,但其包抄策略的轮廓或雏形大体形成于此时应该说还是可能的。金宣宗卒于元光二年,即太祖十八年(1223年)。此前某年,宣宗曾派宣徽院使奥敦阿虎出使蒙古,蒙古大臣拿着舆图问他,从商州到蒙古之间有多少军马,又指着舆图上的兴元(今陕西汉中市)说:"我们不从商州,就从兴元路进入你们境内。"③可见,不管是走商州,抑或是经汉中,包抄金廷的

---

① 《金史》卷一一二《完颜合达传》,第2467页;《金史》卷一二三《完颜陈和尚传》,第2682页;《元史》卷一二一《速不台传》,第2977页。
② 《元史》卷一《太祖本纪》,第25页。
③ 《金史》卷一一二《完颜合达传》,第2468页。

策略是既定的。

在潼关受挫的情况下,拖雷避实击虚,率军西转进攻凤翔。合达所指挥的陕西二行省的金兵根本不愿到凤翔,只是出关20里做做样子,抵晚又收兵入关,缺乏援助的决心和诚意。二月①凤翔被蒙古攻下。城下之后,一名叫李昌国的降人向拖雷建议:

> 金主迁汴,所恃者黄河、潼关之险尔。若出宝鸡,入汉中,不一月可达唐、邓。金人闻之,宁不谓我师从天而下乎?②

拖雷将此意迅速反馈给太宗。他听后大喜,说这与太祖的初志相合,因而更坚信了他们迂回包抄战略的正确性。这便成为蒙古攻金战略发生根本性变化的转折点。

为了实施包抄战略,太宗制定了具体的行动计划:他本人率中路军,由山西南下渡河进入洛阳,然后指汴;斡陈那颜为东路军,由济南趋汴;拖雷总西路军,由宝鸡渡过渭水,经过宋境沿汉水东下,然后自南阳北上捣汴;定以明年(即太宗四年)春大会于汴,实现合围。③其中,拖雷所率西路军是攻金主力;中路也很重要,牵制金的一部分力量,以配合包抄计划的顺利实现;东路相较两路而言,虽不甚重要,但也起呼应和声援作用。拖雷率西路军从宝鸡南渡渭河后,假宋境不允,遂分骑兵3万入散关,强行攻取凤州,出武休关东南而围汉中。十一月中、下旬,进攻饶峰关,然后由金州而东。这时的进军方向转至由西向东,所以原先称为西路军的拖雷所部就变成了南路军。

与此同时,太宗所率中路军正在进攻河中府(今山西永济市西境)。河中的地理位置非常重要:背负关陕,士马精强;南阻大河,可建行台;前有平阳、太原等重镇,敌人不敢轻入,郡县之民聚之山中,可昼攻夜劫;东南有中条山,可屯重兵把守。因此,在宣宗议定迁都地点时,就有人主张

---

① 《金史》卷一七《哀宗本纪上》系于四月(第383页),与此相异。
②③ 《元史》卷一一五《睿宗传》,第2886页。

迁至河中。另外,河中位于陕西、山西和河南交界处,为解除由山西出河南途程中遭受侧后袭击的后顾之忧,必须首先解决河中问题。这实际上是第二战场的关键战役,为实现与南路军的策应、完成对南京的最后合围开辟道路。蒙古军开始进攻河中的时间是九月十五日。① 镇守的金将是两位完颜讹可:一为权签枢密院事的草火讹可(因其每得贼时好以草火烧人),另一是元帅板子讹可(因其误以出入宫禁的牙牌为板子)。在蒙古军到来前,他们恐防御兵力不足,放弃故城的一半,实行重点防守。蒙古兵力远超出金的防御力量,"百倍临之"。十一月,双方攻守进入关键阶段。合达、蒲阿遣元帅王敢率一万救兵赶到后②,守军士气高涨,更加勇猛,"殊死斗,日夜不休。西北楼橹俱尽,白战又半月,力尽乃陷"。草火讹可仍战数十合始被擒住。板子讹可率败兵三千夺船逃到潼关,回到阌乡。③ 这次战役打得非常艰苦,前后持续近三个月,到十二月初八日才将河中府拿下。④

我们再转过来看金军方面。大概在十一月底,阌乡行省合达、蒲阿等接到了邓州的急报,说蒙古军已取道饶峰关向金州以东方向进发,匆匆做了安置,便率大军急速赶到南阳邓州。随后,杨沃衍部8000人、武仙部1万人和完颜陈和尚部也向此地集结,十二月初皆至邓州,屯居要地顺阳⑤,准备阻击南路蒙古军的北上。

拖雷率领不足4万人的队伍由金州东取房州后,转向东北方向,在武当山一带以前锋3000人破金兵10余万,逼近位于汉江南岸的光化。⑥十二月十七日,蒙古军开始渡江。⑦ 金将张惠、按得木(即按忒木)等主张

---

① 《金史》卷一七《哀宗本纪上》,第383页。
② 按,《金史》卷一七《哀宗本纪上》系于九月(第383页),恐不确。
③ 《金史》卷一一一《完颜讹可传》,第2446页。
④ 《元史》卷二《太宗本纪》,第31页;《金史》卷一七《哀宗本纪上》,第383—384页。
⑤ 《金史》卷一一二《完颜合达传》,第2468页。
⑥ 按,《元史》卷一一五《睿宗传》说是均州。
⑦ 按,《金史》卷一七《哀宗本纪上》和《完颜合达传》均将蒙古军渡江完毕的时间系于丙子日(二十五日),和其下蒙古与金交战的日期相矛盾。分见第384页和第2469页。

乘其半渡时截江袭击，但蒲阿并未同意，而是骄傲轻敌，让其过江，希图一网打尽，结果丧失了良机。① 当探骑侦知蒙古军渡江的消息后，二十二日(癸酉)②合达和蒲阿率军星夜赶到邓州西南 30 公里的禹山，"立军高山"，"分据地势"，"步迎于山前，骑屯于山后"。二十三日，天尚未亮，蒙古军即至，先以两小旗前导来看，并不直前，而是"散如雁翅"，沿山麓绕到金布防的骑兵背后，分三队进攻。刹那间，蒙古骑兵突前袭来，金兵躲闪不及，以至于短兵相接。三个回合后，蒙古军稍稍退却。接着，又两次重突掩袭，因金军殊死拒战也未获逞。随后的四天里，蒙古军的踪影突然消失，"营火寂无一耗"。到二十八日，逻骑才侦知他们在光化附近的枣树林中，"昼作食，夜不下马"，虽"不五六十步而不闻音响"③。这样做的目的其实是在寻找有利战机，因为禹山进攻的失利要求他们必须采取更为灵活的战术。金军队伍庞大，供给浩繁，合达、蒲阿合议"入邓就粮"。二十九日④大约辰、巳间(上午 8—10 点)，当队伍行到枣树林后时，隐伏数日的蒙古军突然袭来，金军仓促应战。乘混战之际，蒙古军百骑已将金的辎重邀劫而去。金军非常狼狈，队伍"几不成列"，直到晚上二鼓时分(10 点左右)才进入邓州城中。"惧军士迷路，鸣钟招之。"⑤正大九年⑥(太宗四年，1232 年)正月初一日，合达等耀武城下，想把蒙古军吸引过来相战，但他们无心恋战，急于北上和中路军会合共击南京，便让扎剌等率三千骑殿后担负保卫任务。

合达、蒲阿等"惧其乘虚袭京城，乃谋入援"⑦，初二日率骑兵 2 万、步兵 13 万共 15 万大军从邓州启程，蹑拖雷军后而行。但一路上，蒙古使

---

① 《金史》卷一一二《完颜合达传》，第 2469 页；《金史》卷一一二《移剌蒲阿传》，第 2471 页。
② 按，《元史》卷一一五《睿宗传》云，"十二月丙子，及金人战于禹山"(第 2886 页)。《金史》卷一一二《完颜合达传》也云，"丙子，兵毕渡，战于禹山之前"(第 2469 页)。两者将禹山之战俱系于丙子日，误。
③⑤《金史》卷一一二《移剌蒲阿传》，第 2471 页，第 2472 页。
④ 按，《金史》卷一七《哀宗本纪上》将撤还邓州的时间系在丙子日(二十五日)，误。
⑥ 按，该年正月改元开兴，四月又改为天兴。因此，正大九年和开兴元年、天兴元年为同一年。
⑦ 《金史》卷一一二《完颜合达传》，第 2469 页。

用三千机动骑兵不断袭扰:即战,便逃逸;即行,又来袭。金军不得不"且行且战"。在禹山之战结束后,拖雷已派一支由三千骑兵组成的先遣队由唐州的泌阳沿河北上,攻袭了南阳、方城、襄城等地,一路烧杀劫夺,使"所有积聚焚毁无余"①。这样,就给合达所率庞大队伍一路上的供给造成了困难。"金军不能得食,又不得休息。"②此时,已是数九隆冬,气候寒冷,十二日黄昏到达沙河时还下起了大雨,第二天转成大雪。走到离钧州还有25里的黄榆店时,因雨雪太大不得不停下宿营。十六日,雨雪仍下不止,离钧州城只有十几里的路程,蒙古军设置路障阻止金军行进,金军抢先夺得三峰山。此时的金军,冷饿困乏集于一身,"军士被[披]甲胄,僵立雪中,枪槊结冻如椽,军士有不食至三日者",已谈不上什么战斗力。③

而蒙古军方面则是另一种情形。太宗所率中路军,在上年的十二月初攻下河中府后继续南进,这年的正月初五日(丙戌)④,从孟州西南的白坡渡口过黄河。十三日抵达郑州,金屯军元帅马伯坚以城降。这里距钧州只有75公里,两军会合已为时不远。这里距南京也只有60公里,对金的都城已构成严重威胁。太宗马上派亲王口温不花等率万骑来和钧州的拖雷相会⑤,南路蒙古军的战斗情绪更加高涨。有将领说,等太宗亲率大军到后再战不迟。拖雷果断地说,机不可失,一旦彼等逃脱入城,图之不易。迅速命令将三峰山"四外围之","炽薪燔牛羊肉,更递休息"⑥,补充能量和精力。乘金军困惫,故意放开通往钧州城的一条道路纵之逃去,预先布置好精兵两面夹击。金军争逃,混乱成一团,自相践藉,喊杀悲号,有如山崩。金将张惠、高英、樊泽皆战死。蒲阿朝京师方向逃去,至望京桥被擒。武仙率四十余骑逃往密县。合达、陈和尚、杨沃衍等仅

---

① 《金史》卷一一二《完颜合达传》,第2496页。
②③ 《金史》卷一一二《移剌蒲阿传》,第2473—2474页。
④ 按,此为《金史》卷一七《哀宗本纪上》的记载,而《元史》卷二《太宗本纪》所记为戊子日(初七日)。分见第384页、第31页。
⑤ 《元史》卷一一五《睿宗传》,第2886页。
⑥ 《金史》卷一一二《移剌蒲阿传》,第2474页。

率数百骑逃到钧州城中。一部分余众在朝睢州方向逃跑的过程中，遭到伏兵袭击。十七日，太宗到来，稍事休息后，二十一日围攻钧州。城破，合达被杀。在蒙古人看来，合达和天堑黄河一样是金朝的王牌，当他们打到南京时对城上的金兵喊道：你们的黄河被我们拥有，你们的合达被我们杀死，现在等待你们的只有归心降服。可见，这次战役使金和蒙古的力量对比发生了根本性变化，蒙古在军力上占据了绝对优势，金的有生力量彻底毁灭。"自是，兵不复振。"[1]金朝灭亡已成定局，只不过是时间早晚的问题了。

三峰山之战后，蒙古南路军和中路军实现了会师，攻克了许州、睢州和新卫州诸地，蒙古军开始长驱趋汴。这时，金的南京城的防御力量要求加强和扩充。南京城周长 120 里[2]，而在城诸军不满 4 万人，每一乳口[3]尚不足分配一人，因此征集了许多市民、太学生和难民为军，共得丁壮 6 万人。二月十四日，又简括京师民军 20 万人分隶诸帅统辖以备急用。为加强对防御力量的统帅，以在京军官为主，平日守城的有功者如按出虎等人也被委以重任，"截长补短，假借而用"，共得 100 余人。外城四面每面各选 1000 人称为"飞虎军"，用于来回救应。[4] 三月十三日，蒙古使者从郑州海滩寺前来谕降，国书由译史翻译后由金宰相跪转哀宗，其中还有索取翰林学士赵秉文、衍圣公孔元措等 27 家和归顺人的家属以及绣文、弓匠、鹰人数十人的内容。[5] 后太宗和拖雷北走，到官山休养

---

[1]《金史》卷一七《哀宗本纪上》，第 385 页。按，《元史》卷一二一《速不台传》也云，"自是，金军不能复振"（第 2977 页）。《金史》的编纂者在卷一一二的总评中说："三峰山之败，不可收拾，上下睢盱，而金事已去十九。"（第 2475 页）

[2] 按，此说恐误。另据《金史》卷一一三《完颜赛不传》载，兴定元年七月赛不上章建议修子城时提及外城周长为 60 余里。而刘祁《归潜志》（中华书局 1983 年版）卷七载，兴定初年建议再筑子城时提及外城周 80 里。分见第 2480 页和第 68 页。

[3] 按，所谓乳口，疑为城墙每隔三四十步的伸出部分。《金史》卷一一三《赤盏合喜传》中有"乳口"一词的运用，"城有乳口、楼橹。壕深丈许，阔亦如之。约三四十步置一铺，铺置百许人守之"（第 2496 页）。

[4]《金史》卷一一三《白撒传》，第 2488 页。

[5]《金史》卷一七《哀宗本纪上》，第 386 页。

避暑,把围攻南京的任务交给大将速不台。

十九日,金封荆王守纯(宣宗真妃庞氏所生)子讹可为曹王,议作为人质。二十一日,哀宗于宫中宴请侄子曹王,为其饯行。蒙古军准备对南京实施大规模攻击,速不台说:"我受命攻城,但曹王出则退,不然不罢也。"①二十二日,蒙古军"立攻具,沿壕列木栅,以薪草填壕,顷刻平十余步"。当时负责守御的人没有接到应战的命令,不敢轻易动手。"以议和之故,不敢与战,但于城上坐视而已。"这天,刚下过雨,城中一片混乱,哀宗率领卫队六七骑出端门,经州桥到西水门去抚慰将士。有五六十名军士聚在一起,似有话要说,哀宗走上前去询问,他们跪着答道:蒙古兵用土填壕,"功已过半",宰相"恐坏和事","传令勿放一镞",想必有新的计策吧?表示出对和议求全之策的不满。哀宗对中间的一位长者说:我为了生灵,屈辱地称臣进奉也不顾惜了。你们稍稍忍耐一下,若等曹王出后,蒙古兵仍不退,那时你们再死战未晚。又有一人泣拜着说:形势非常紧急,圣主毋望和事。哀宗这才下令放箭。这日,曹王作为人质送到蒙古军前,但他们仍"并力进攻",并未停战撤营。②可见,蒙古军说有了人质就停止攻城不过是个试探、借口和幌子罢了,这也使金人看清了蒙古人的真实用心,及早丢弃了和议的幻想。次日(甲辰,二十三日)③,哀宗又出宫到东门抚慰将士,过南薰门时刚好碰上受创者,"亲傅以药,手酌卮酒以赐",还把内府的金、帛赏赐给有功者,以激励战士,于是"人自激昂,争为效命"。当时以城西南和西北两处的战斗最为激烈,"每城一角置炮百余枝,更递上下,昼夜不息"。炮石在龙德宫制造,圆如球形,小有斤重,连北宋时所造假山上的太湖石和灵璧石也成了炮石的原料。城上楼橹的防御工事也是故宫和芳华、玉溪所拆的大木做成。为防止炮击,

---

①②《金史》卷一一三《赤盏合喜传》,第2494—2495页。
③ 按,以上关于蒙古人进攻汴京、金送人质和哀宗抚慰士兵等事,《金史》卷一七《哀宗本纪上》记为癸卯日(二十二日),同书卷一一三《赤盏合喜传》的记载却晚一日。从事件的进展上比较,后者较为合理,故从之。分见第386页和第2495页。

以马粪、麦秸铺到上面,再用网索、布褥在外层加以固护,悬风板外以牛皮为障。但蒙古兵用火炮击之,随即延烧,不可扑救。为防止蒙古兵夺取城门,在门外筑起短墙,委曲隘窄,只可容二三人通过,但同时也限制了自己乘夜偷袭斫营的行动。还募死士千人,夜里穴城由壕径渡,烧毁蒙古大营的炮座。又将宣传文字拴到纸鸢上面,飞至蒙古营后断落,鼓动倒戈策反。尚书左丞世鲁命人作河北一带的曲子"江水曲",静夜时在城上歌唱,以涣散对方军中河朔官兵的军心。① 守城期间,有两样武器显得特别有威力,蒙古军"惟畏此二物"。一种是类似今天的炸弹,叫"震天雷",可以用火炮送出,也可单独燃爆。"铁罐盛药,以火点之,炮起火发。其声如雷,闻百里外。所蓺围半亩之上,火点著甲铁皆透"。蒙古工兵用直通城下的牛皮洞掘城为龛,藏身其间,金兵用铁丝悬震天雷"顺城而下,至掘处火发,人与牛皮皆碎迸无迹"。另一种叫"飞火枪",类似现在的管状火器,"注药以火发之,辄前烧十余步。人亦不敢近"②。正是这些射程远、威力大的近世火器的使用,极大地提高了城池防御的能力。

　　从三月二十二日到四月初七日,经过了半个多月的攻防,双方都付出了巨大的消耗,"内外死者以百万计"③,蒙古军快速攻克的企图看来也难以实现。初七日,金方派户部侍郎杨居仁出宜[迎]秋门奉金帛、酒炙讲和,次日又以珍异往谢。到十七日,汴京解除严禁状态,步兵出外城北门封丘门外拾薪采蔬。十九日,蒙古使者没忒在建威都尉完颜兀论的陪同下入城,次日在隆德殿受哀宗的接见。二十一日,开外城西门郑门,听男性百姓出入,顿时出现和平气象。当时,因战争而亡和因饥馑而死者无处掩埋,疾疫流行,尽管使用冰药防治,但体弱者因传染而继亡,死者甚众。五月十一日前后的七八日间,从各城门中抬出城外棺葬的尸体就有90余万,贫不能葬者尚"不在是数"④。当时南京城虽不像三月份那

---

①②③《金史》卷一一三《赤盏合喜传》,第2495—2497页。
④《金史》卷一七《哀宗本纪上》,第387页。按,另据《金史》卷六四《后妃传下·宣宗皇后王氏传》载,"大元兵围汴,加以大疫,汴城之民死者百余万"(第1533页)。

45

样受到猛烈进攻的处境,但速不台的蒙古兵仍"散屯河南",游骑不时出没;城内之人也欲从城中逸出,因此城守还是处于戒备状态的。

六月初四日,200名飞虎军夺封丘门出奔。次日,便严锢城门。十一日,塞京城四门,以便守御。二十二日,加固汴城,让那些在疾疫中获利的圆户、僧道、医生和卖棺者倍出税收,以助工程。二十六日,左丞李蹊护送作为人质的曹王讹可回城,似乎已透露出双方和谈即将破裂的迹象。其实,城内军士对一味屈辱求和的相臣和要挟诈财的蒙古人早已充满了怨气和愤怒,七月五日终于爆发出来,飞虎军申福、蔡元等人将使馆的蒙古使者唐庆等30余人全部杀死。六日又扬言要杀死扰害抗战的宰相白撒,以致他寝卧不安,"一夕数迁",哀宗还专门委派亲军200人暗地保护他。军士无以泄愤,"遂相率毁其别墅而去"①。在这种情况下,金与蒙古保持的形式上的和谈关系也随之解除,双方又陷入了对峙的紧张状态。七月九日,金下令招军。十二日,又签民为兵。二十二日,命枢密使赤盏合喜率万人出城,接应前来增援的思烈军和武仙军,但他逗留不进,八月初一日,在增加5000人兵力后才勉强进屯中牟故城。初二日,又发丁壮5000人往中牟运粮。自三峰山战败后,恒山公武仙辗转回到南阳留山,网罗散军,得10万人,"立官府,聚粮食,修器仗,兵势稍振"②。因京师被围,哀宗下诏命他与邓州行省完颜思烈合兵入救。好不容易于八月初三日起行,当武仙行至密县东时遇上了速不台军。武仙"知兵,颇以持重为事",按军眉山店,报知思烈,要他阻涧结营、待他到后合营共进。而思烈误以武仙"本无入援意","迫于不得已乃行耳",不知要玩什么花招,于是"急于入京,不听仙策"③,至京水(今河南郑州市西10里)时被蒙古兵所乘,不战而溃。武仙看势不对,只得命军散走。④合喜听到这一消

---

① 《金史》卷一一三《白撒传》,第2488—2489页。
②④ 《金史》卷一一八《武仙传》,第2578页。
③ 《金史》卷一一一《内族思烈传》,第2455页。

息后,也不管运往中牟的辎重,连夜逃回,黎明时分至郑门而入。金企图摆脱困境、实现出击的计划宣告失败,这样京师守御就进入了更为艰难的阶段。

八月初十日,搜括京城民间谷粟。闰十月十四日,再次搜括京城粮食。当时皇族合周(即永锡)希冀进用,建言括粟可得百余万石,于是命其权参知政事,"先令各家自实,壮者存石有三斗,幼者半之","敢有匿者,以升斗论罪。京城三十六坊,各选深刻者主之"①,严重激化了官府和市民的矛盾。到十一月初六日,因乏食出现人相食的悲剧。初七日,不得已开启曹门和宋门,放士民出城就食。从七月初与蒙古和议断绝到十二月初,京师又经历了5个月的考验,储粮将尽,援兵也无指望,"事势危急"。与其坐以待毙,不如另谋他图。

十二月初一日,哀宗遣近侍局提点曳剌粘古到白华处问计,白氏附奏道:"今耕稼已废,粮斛将尽,四外援兵皆不可指拟。车驾当出就外兵,可留皇兄荆王使之监国,任其裁处。"②初九日,哀宗下诏讨论出城问题。最后结果为:出城是肯定的了,但在往何处去的问题上群议不一。禾速嘉兀地不、完颜猪儿、高显、王义深等主张去归德,说那里"四面皆水,可以自保"。丞相完颜赛不等主张去邓州,说蒙古大将速不台现在汝州,可取陈、蔡这条东线转往那里。哀宗专门就此问题召白华发表意见。白华说,若这次亲巡只是出于避迁之计的话,那就毫无意义。归德城虽坚,"久而食尽,坐以待毙,决不可往"。欲往邓州,而速不台现在汝州,"断不能往"。唯一可行的选择,就是像博徒那样孤注一掷,直趋汝州,决一死战。但汝州战不如半途战,半途战不如出城战。之所以这样,就是要扬己所长,戒避大忌,趁着军之食力、马之豆力正盛时决战,否则"出京益远,军食日减,马食野草,事益难矣"。国之存亡,关键在此一举。如果遂

---

① 《金史》卷一一四《斜卯爱实传》,第2515页。
② 《金史》卷一一四《白华传》,第2510页。

愿,"外则可以激三军之气,内则可以慰都人之心"。① 白华讲得明白,消极、被动地逃跑既扭转不了局面,也没有出路。初十日,哀宗又将白华的意见传知各首领官和首相。确定了扈从出行和留守京师官员的构成:以右丞相、枢密使兼左副元帅赛不,平章政事、权枢密使兼右副元帅白撒,右副元帅兼枢密副使、权参知政事讹出,兵部尚书权尚书左丞李蹊,元帅左监军行总帅府事徒单百家等,率诸军约13万扈从。以参知政事兼枢密副使完颜奴申,枢密副使兼知开封府、权参知政事习捏阿不留守,另外还安排了留守的里城总领和外城四面元帅。十二日,哀宗御端门,赏赐将士官府器物和宫人衣饰等。二十五日,与太后、皇后和妃嫔告别。二十六日,哀宗像往常出行的仪式一样,衣着绛纱袍,从开阳门出城。开阳门应是东南门。和汝州的速不台决战怎么不走西门呢?原来,从金昌来的巩昌元帅完颜忽斜虎这天抵汴,上奏说:"京西三百里之间无井灶,不可往。"既然不能西行,就临时改为东幸。先次陈留,二十七日抵达杞县,二十八日行至黄城,二十九日进至黄陵冈,遣奉御术甲答失不到归德征粮。这次东行,未到归德而是转向黄河以北地区,反映了他们开辟新战场的愿望。归德枢密院事石盏女鲁欢派侍郎世达等于二更时分用300余条船载粮1500石前来。三十日,也是这年的最后一天,哀宗乘坐运粮船济河。天兴二年(1233年)正月初一日,北风大作,影响北渡。金兵尚未渡毕,初二日蒙古大将回古乃率四千骑追来,金兵有所损失。对于到河北后的具体行动方案,当时还存分歧。白撒主张入开州,取大名、东平,然后造成破竹之势。温敦昌孙和蒲察官奴皆主张出击就近的卫州,然其目的不尽相同。昌孙希望取卫州后还京,而官奴则是在得卫州后利用"有粮可取"的条件向四面发展。于是,命白撒率高显步兵一万、官奴忠孝军一千等去攻卫州,

---

① 《金史》卷一一四《白华传》,第2511页。

自己留亲军三千驻兵河上。金军迁延至卫州①,在缺乏充分准备的情况下,于初六日攻城,"猝无攻具,缚枪为云梯。州人知不能攻,守益严"。连攻三日未下。初十日,闻悉黄河以南的蒙古主力渡河到了卫州西南,白撒不敢迎战,遂班师撤退,蒙古军踵接其后。十二日,双方战于白公庙,金军败绩,白撒弃军东逃,有的大将被民家所杀。②十四日,白撒逃归后,仓皇让哀宗登舟而下。当时夜已四更(2点左右),"侍卫皆不知,巡警如故"③。十六日逃到归德。白撒收溃兵,才得2万余人,这次战役总共损失达10万人,此后金军连回光返照的机会也丧失了。

当哀宗出京时,汴民枯木一样的心中激起了一丝得救的希望,"日听捷报",望眼欲穿,祈祷大胜,然而20天后听到的却是军败卫州、上走归德的令人沮丧的消息,顿时"民大恐以为不救",陷入绝望,整个南京城一片恐慌,本来已够严重的危机被逼到了难以承荷的临界状态。"时汴京内外不通,米升银二两,百姓粮尽,殍者相望,缙绅士女多行乞于市,至有自食其妻子者。至于诸皮器物皆煮食之,贵家第宅、市楼肆馆皆撤以爨。"④饥饿相逼,人们不暇择食,忘却了往日的尊贵,也丧失了固有的个性,京华在劫难中成为梦境。哀宗一到归德,即派奉御术甲答失不和皇后弟徒单四喜来汴京奉迎太后和后妃。⑤"民间汹汹,皆谓国家欲弃京城。"⑥这一消息传开后,"人情益不安",于是中外传言"立荆王监国,以城归顺"。⑦正月十二日,尚书省令史许安国到专门"受陈言文字"的讲议所,建议在国之危难之时应集官民谋划。二十一日,京城官民聚议省中,

---

① 按,据《金史》卷一八《哀宗本纪下》载,天兴二年正月初四日(己酉)"议取卫州"(第395—396页),初六日开始进攻卫州,中间间隔时间不足三日。同书卷一一三《白撒传》中云"自发蒲城迁延八日始至卫"(第2491页)是不确的。
② 按,《金史》卷一八《哀宗本纪下》把哀宗始逃归德的时间系在正月己未日(十三日),把军溃的时间系在庚申日(十四日),不合事实。先是军溃,而后才是逃遁。相关人物传记皆显示如此。
③《金史》卷一一三《白撒传》,第2491页。
④⑥⑦《金史》卷一一五《完颜奴申传》,第2524—2525页。
⑤《金史》卷一八《哀宗本纪下》,第396页。

有七八位父老陈言,而丞相奴申和副枢阿不无有对策,但曰"死守"两字而已,众愤已极。二十二日,外城西面元帅崔立利用愤激的民情,和其同党发动政变,率甲卒二百横刀入省,拔剑相斫,先杀完颜捻阿不,次杀完颜奴申和尚书省左司郎中纳合德辉等。随后勒兵见太后,于省中集百官议立卫绍王之子从恪为梁王,负责监国;并派遣使者将两相所佩虎符送往蒙古军前纳款;自称太师、都元帅、尚书令和郑王,其弟和党徒皆以监国的名义授予官职。① 太后和哀宗皇后徒单氏因兵变未能逃脱,此时也被困于城中。②

驻守汝州的速不台,闻知南京纳降的消息后,二十六日③急速赶来,驻扎于城外东南五里的青城(此处在北宋时用于祭天,设有斋宫)。崔立带着仪卫往见。速不台喜出望外,宴请崔立,崔以父事之。崔立回城后,为了表明自己的诚心,"悉烧京城楼橹"。不久,又把梁王和宗室近族全部迁入宫中,限其出入。自己占据荆王府第,掠取内府珍玩。二月初十日,将天子衮冕和后服上进速不台。此后的一段时间里,榜掠贵族,搜括金银。四月十八日,崔立把两宫、梁王、荆王和其他宗室人等500余人带到青城。二十日,速不台将两宫和大量财宝用37辆宫车押解北行,还带去了大量的三教、医生、工匠和绣女。接着,蒙古士兵入城,将繁华一时的汴京抢劫一空。④ 哀宗自正月中旬入归德后,已走上绝途。城中严重缺粮,到三月份连卫兵也须出城觅食。他曾派人到徐州调查,可能有转到那里的打算。月底又遭际官奴的忠孝军之乱,使城内已很微弱的防御

---

① 《金史》卷一八《哀宗本纪下》,第396—397页;《金史》卷一一五《崔立传》,第2527页。
② 按,据《金史》卷六四《后妃传下·宣宗王皇后传》载,在崔立未发动军事政变前,太后、皇后两宫曾尝试着逃离一次,但至半途而返,未能成功。"是夜,两宫及柔妃裴满氏乘马出宫,行至陈留,城左右火起,疑有兵,不敢进,亟命还宫。明日,入京憩四喜(即徒单四喜)家。少顷,辇迎入宫(即仁安殿)。"(第1533页)
③ 另据《金史》卷一八《哀宗本纪下》载,"(正月)癸酉(二十七日),大元将速不台进兵汴京"(第397页)。此进兵汴京是指到达汴京,而非指入城。此时间较崔立往见速不台的时间晚一日,恐不确。
④ 《金史》卷一一五《崔立传》,第2528页。

力量进一步遭受损耗。六月,决定南迁蔡州。① 不久,从归德出发,经亳州入蔡。九月,蒙古军围蔡,接着于十一月与宋达成共同攻蔡的协议。天兴三年(太宗六年,1234年)正月,蒙宋联合攻陷蔡州,哀宗在穷途末路之时自缢,金朝于南京陷落后又苟延近一年的时间灭亡了。

三 原因剖析

上面对金朝中期后衰亡过程中的两个关键时段,在资料有限的情况下尽力做了细腻的勾勒和考实。为什么金朝能从一个远处东北地区的不起眼的少数民族逐渐发展,打败了泱泱大国北宋后入主中原,而其最终又和其他王朝一样未能逃脱盛极而衰的历史命运?究其根因,有三个方面。

(一) 制度体系的变化

按照金制,"枢密院虽主兵,而节制在尚书省"。也就是说,枢密院的兵权受制于尚书省,兵事上的最终决定权仍在尚书省。两个机构的协商互诘,集思广益,使决策尽量避免片面性。但在战争年代,为提高军事指挥效率,减少因环节繁复所带来的决策滞后对战争时效的不利影响,枢密院的权力就有可能出现提升、集中甚至独断的倾向,增多了某些判断失误的概率,甚至因权力的滥用所造成的不可挽回的损失,前面所述的大的战役情形即是如此。"兵兴以来,兹制渐改。凡在军事,省官不得预,院官独任专见,往往败事。"后来人们认清其弊,认为"将、相权不当分",并在天兴元年(即正大九年,1232年)四月十六日实现了枢密院归并到尚书省中的调整②,但时已不济,为期已晚。再如,隶属于殿前都点检

---

① 据《金史》卷一八《哀宗本纪下》载,在此前的三月二十一日(乙丑),蔡州帅乌古论镐运粮400斛到归德时上表请哀宗临幸蔡州。他答应了请求,并遣学士乌古论蒲鲜谕知蔡州百姓(第397—398页)。
② 《金史》卷一一四《白华传》,第2510页。

司的近侍局,"掌侍从,承敕令,转进奏帖"①。除官员外,称为奉御、奉职的办事人员分别为 16 人和 30 人。其职责远超出上述职权范围,"伺察百官",是皇帝的耳目,自宣宗南渡后,"近侍之权尤重",其中之一即是对握有重兵的将帅的监督之权。奉御等不懂军事,却依仗钦差身份,动辄掣肘,干扰指挥,影响战局。诚如元初史家刘祁所云,"方面之柄虽委将帅,又差一奉御在军中,号曰监战。每临机制变,多为所牵制。辄遇敌先奔,故其军多丧败"②。

(二) 军事能力的衰退

金朝先世"用兵如神,战胜攻取,无敌当世",所以未十年而定大业。这种状态和结果,是与其地处东北的风俗和所处的社会阶段相关。其"俗本鸷劲,人多沉雄,兄弟子姓才皆良将,部落保伍技皆锐兵"。其当时处于部落奴隶制阶段,好战和掳掠是其特征。这种英武雄气,由于其"宗族国人尚少"、不得不借助汉人进行管理和"猛安、谋克杂厕汉地,听与契丹、汉人昏因[婚姻]以相固结"的结果而渐趋淡化③。哀宗在 20 年间对金的军力衰退有深切的感受,他记得在东宫时即宣宗年间,"立十三都尉,每尉不下万人。强壮矫捷,极为精练。步卒负担器甲、粮糗重至六七斗,一日夜行二百里。忠孝军万八千人,皆回纥、河西及中州人被掠而逃归者,人有从马,以骑射选之,乃得补亲卫骑兵、武卫护卫。选外诸军又二十余万"。然不十数年,虽诸军数量未减,但战斗力非能比昔,"敌至不能迎战,徒以自保"。④ 前面所举诸战役都是这种情况的写照。

---

① 《金史》卷五六《百官志二》,第 1255 页。
② 刘祁:《归潜志》卷七,中华书局 1983 年版,第 71 页。
③ 《金史》卷四四《兵志》,第 991 页。
④ 《金史》卷一一三《赤盏合喜传》,第 2494 页。

（三）官场习气的败坏

官员的理念追求和工作效率是和国运相联系的。一旦官场形成不求进取、不恤民瘼、尸位素餐、谄谀逢迎、无有忧患、萎靡不振的作风后，也就注定了这个国家将被否定的前途和命运。在宣宗贞祐年间，学者杨云翼曾上章指出当时的情状："朝臣率皆谀辞。天下有治有乱，国势有弱有强。今但言治而不言乱，言强而不言弱，言胜而不言负，此议论所以偏也。"①报喜不报忧，言好不言坏，掩耳盗铃，自欺欺人。刘祁对之有形象的描述：

> 南渡之后，为宰执者往往无恢复之谋，上下同风，止以苟安目前为乐。凡有人言当改革，则必以生事抑之。每北兵压境，则君臣相对泣下，或殿上发长叹吁。已而敌退解严，则又张具会饮黄阁中矣。每相与议时事，至其危处辄罢散，曰俟再议，已而复然。因循苟且，竟至亡国。②

> 南渡之后，朝廷近侍以谄谀成风，每有四方灾异或民间疾苦将奏之，必相谓曰恐圣上心困……又，在位者临事，往往不肯分明可否，相习低言缓语，互推让，号养相体……又，宰执用人，必先择无锋芒、软熟易制者，曰恐生事。故正人君子多不得用。虽用亦未久，遽退闲。③

金朝就是在这些因素的综合作用下，以中都和南京的沦陷为路标，走完了最后 20 余年的艰难历程。

---

① 《金史》卷一一〇《杨云翼传》，第 2424 页。
②③ 刘祁：《归潜志》卷七，第 70 页。

于谦与明宣德、正统间的河南地方社会

于谦,字廷益,号节庵。浙江杭州府钱塘县人。洪武三十一年(1398年)四月二十七日生。永乐十九年(1421年)进士。宣德元年(1426年)四月,升为都察院山西道监察御史,继以御史巡按江西,以兵部侍郎巡抚河南、山西,以兵部侍郎协理部务。正统十四年(1449年)八月十五日狼山土木事变,"北征将士十亡八九,械器略尽"①,率军亲征的明英宗被蒙古瓦剌部掳去。消息传来,"京师戒严,羸马疲卒不满十万。人心汹汹,群臣聚哭于朝"②,明朝最高政治统治暂时处于真空状态。时任兵部侍郎的于谦表现出智慧和果勇,拥戴郕王摄政,"丹心捧日,赤手擎天","排迁主战",担当大任,守护京师,"再造功高"③,发挥了中流砥柱的作用,塑造了民族英雄的形象,被人们视作"百世一人"④。天顺元年(1457年)正月十七日,徐珵、石亨等发动夺门政变,稍后在英宗的默许下于谦遭诬被害。可谓"孤忠无与,以身许国。分谤任怨,曾无顾避。群凶构隙,竟及

---

① 《明英宗实录》卷二七四,天顺元年正月丁亥,台湾"中研院"历史语言研究所影校本,第5808页。
② 《明英宗实录》卷一八一,正统十四年八月癸亥,第3509页。
③ 《明神宗实录》卷二八二,万历二十三年二月己未,第5219页。
④ 张宁:《方洲集》卷一九《旌功祠碑记》,文渊阁四库全书,第1247册,第451页。

于难"①。于谦入京前长达18年的河南、山西巡抚任期,占据他30年政治生涯的五分之三,同样是其平生中光彩照人的时段。对此,有些学者在关于于谦的通论中已有涉及,如阎崇年的《论于谦》②等。钱国莲的《于谦巡抚晋豫史迹编年》③依据实录材料对于谦的这段事迹做了大致编年,但专门从问题入手所进行的深入探讨尚未睹见。于谦在河南巡抚任内的诸多活动和举措,不仅是全面认识于谦的重要组成部分,同时也集中反映出明前期该时段内河南乃至全国基层社会中的一些变动情形。

一 承平表象下隐伏危机的初露

明朝经历了洪武、建文、永乐近60年的发展,进至仁、宣时期,逐渐显示出承平和稳健的追求和特点。帝王也希图在祖制的基础上,尽量修补和完善,力避畸形和苛虐,表现出宽宏大度气象,按照稳定和规范的方式运转。如,在太祖朱元璋时规定,对于贻害地方的恶劣文武官吏,军民等可直接绑缚京师请求惩处,而这在仁、宣时期是禁止的。如仁宗在洪熙元年(1425年)正月十五日诏书中一条写道:"朝廷建置文武官员,所以统治军民。其间或有官非其人,不得军民之心,而军民动辄绑缚凌辱,有伤大体。今后凡有害军害民官吏,许被害之人赴合该上司陈告。上司不为准理,许诉于朝。不许擅自绑缚,违者治罪。若受赃及造反、谋逆及逃叛者,听绑缚前来,不拘此例。"④不久,宣宗在同年六月十二日即位诏中重申了这一原则,连原来受赃可以绑缚的内容也被删掉:"军民官有贪虐害民者,许被害之人赴合于(该)上司及按察司、巡按监察御史处陈告,不

---

① 成化《杭州府志》卷四四《人物·忠烈》,四库全书存目丛书,史部第175册,第622页。
② 《故宫博物院院刊》2000年第1期。
③ 《于谦研究》第3辑,杭州出版社2005年版,第227—241页。
④ 杨士奇:《东里别集·代言录·郊祀覃恩诏》,中华书局1998年版,第450页。按,《明仁宗实录》卷一〇,洪熙元年正月丙戌条也载此诏,然文字多有差异。相较而言,文集本稍胜。

许军民人等擅自绑缚,违者罪之。"①在司法活动中,屏弃了为某种目的而权且使用榜文和杂例的做法,一切依照《大明律》条文量刑。"今后一应罪犯,悉依《大明律》内科断。法司不许深刻、妄引榜文及诸条例比拟。"②也就是说,依照"毋作聪明乱旧章"③的精神进行规范、调整,在既定的框架内行使一切制度,"因时损益","或太过则当损,不足则当益,以合于时宜也"。④ 英宗正统二年(1437年)正月初四日,仍然强调业已形成的这一传统,"朕祗承天命,统御天下,亦惟文武群臣相与协恭,用臻至理。夫所治天民,所相天工,其大经大法皆祖宗建置,永笃钦承,罔敢逾越"。"执德以廉为要","治人以仁为本"。⑤ 在制度拓建之后的平稳追求是逻辑的必然,而其中也不无寓含着保守的趋归和活力的减却:苟且顺承,步趋雷同。一旦出现这种局面,实已隐伏着严重危机和可怕隐患,并且会渐次显露出来。

对地方社会而言,此时最集中的问题是:国家管理和监督体系部分失效,导致地方诸级官员的腐败和政治运作效率的降低,进而引发基层社会的动荡。

包括布政司、按察司的方面官和府、州、县的亲民官在内的各级地方政府责任重大,"承流宣化,以抚字为职",是普洒皇恩的职能部门和联系上下的纽带中介,因此"必须得人"。⑥ "得其人则民安,非其人则民受害。"⑦但在实际操作中,由于铨选制度和监督制度的败坏,往往不能保证上述目标的实现。如,"吏部往往循资升授,不免贤否混淆"⑧。所辖地方诸层机构的上司和巡按御史的考察常常虚应故事,甚至黑白颠倒、贪

---

①② 杨士奇:《东里别集·代言录·即位诏》,第460页。
③ 杨士奇:《东里别集·代言录·敕文武群臣各修职事》,第462页。
④ 杨士奇:《东里别集·奏对录·论计议除授方面等官》,第426—427页。
⑤ 杨士奇:《东里别集·代言录·敕谕文武群臣修政事守843法》,第479页。
⑥ 塞义:《上言十事疏》,陈子龙等:《皇明经世文编》卷一四,中华书局1962年影印本,第99页;《明太宗实录》卷一二三,永乐九年闰十二月己未,第1544页。
⑦⑧《明宣宗实录》卷八八,宣德七年三月庚申,第2020页。

廉不分,毫无公正可言,也不畏惧舆论清议。如英宗在刚即位时说:"牧守之官未尽得人,贪虐暴刻所在有之。及命官考察,又或徇私。捷于科征、巧于诒事者率以为能,勤于抚字、廉介自守者以为不称。公道不明,人怨弗恤。"①职司风宪,以考察百僚、纠正奸邪为己任的都察院官员的如此作为,则是不能宽恕的。更加不能容忍的是,他们竟背弃职责,与贪浊同流。宣德三年(1428年)六月某日,宣宗召阁臣杨士奇、杨荣到文华门询问当时满朝贪浊的原因。杨士奇说,自永乐十五六年之后,因太宗(成祖)有疾,多不外出,所以那些扈从至北京的大臣便放肆妄为,"请托贿赂,公行无忌"。接着,宣宗又问:今日之贪谁为最甚?杨荣回答说:莫甚刘观。刘观时任都察院长官左都御史。杨士奇接着说:"风宪所以警肃百僚。宪长如此,则不肖御史皆效之。不肖御史差出四方,则不肖有司皆效之。"②宣德十年(1435年)五月,英宗在给都察院的敕谕中说:

> 朝廷设风宪,所以重耳目之寄、严纪纲之任。凡政事得失、军民休戚,皆所当言;纠举邪慝,伸理冤抑,皆所当务。比之庶官,所系甚重。近年以来,未尽得人:或道理不明,操行不立;或法律不通,行移不谙;或逞小才,以张威福;或搜细过,以陷良善。甚至假其权位,贪图贿赂。以致是非倒置,冤抑无伸,而风纪之道遂至废弛。③

作为官员监督体系的保障机能的丧失,势必导致和加速吏治败坏的结果。

这样,地方政府本应切实担负和管理的事务,如修治水利、均平赋役、设置仓廪、注重教化、雪冤理讼、惩治土豪等,由于官员背离了职业良心,辜负了委任重托,也往往弃诸脑后,逐渐废弛,基层社会应对各种灾害的能力下降。正统五年(1440年)七月初,阁臣杨士奇等为预备灾荒专

---

① 杨士奇:《东里别集·代言录·敕谕吏部都察院因灾考察官员》,第478页。
② 杨士奇:《东里别集·圣谕录》卷下,第4则,第408页。
③ 《明英宗实录》卷五,宣德十年五月癸酉,第98页。

门具奏,指出了当时存在的严重问题:

> 我太祖高皇帝惓惓以生民为心,凡于预备皆有定制。洪武年间,每县于四境设立四仓,用官钞籴谷,储贮其中。又有[于]近仓之处佥点大户看守,以备荒年赈贷。官籍其数,敛散皆有定规。又于县之各乡,相地所宜,开浚陂塘及修筑滨江近河损坏堤岸,以备水旱,耕农甚便,皆万世之利。自洪武以后,有司杂务日繁,前项便民之事率无暇及。该部虽有行移,亦皆视为具文,是以一遇水旱、饥荒,民无所赖,官无所措,公私交窘。①

这样就引发了赋税拖欠、百姓流移、科役乏丁的后果。而有些地方官员对此却置若罔闻,对百姓苦痛毫无知觉,非但不予救助,还要大肆苛扰。"民有乏于衣食,父母、妻子不得相济,冻馁呻吟,流于道路。郡县之官漠不留意,而又有科买之扰。"②这则是宣德、正统时期的实情。

二 国家应对和于谦的河南治理

如上所述,京官的贪浊之风在永乐末年已经炽盛,所以宣德之后问题的凸显和严峻是这种情势的继续发展。地方政治败坏造成上下否隔:实情隐瞒,下情不达。要使这种状况得到扭转,基层社会初露的矛盾消解,必须遣派大员深入地方不可。早在永乐九年(1411年),吏部尚书蹇义看到"诸司官吏不恤下情、共为蒙蔽","在外军民利病未尽上达"的情形后,会同其他各部尚书具疏建议:"宜选在京四品以上文职官廉明谨厚者分行天下。询访军民利病,廉察官吏贤否,举求遗逸,敦礼高年,存问

---

① 杨士奇:《东里别集·奏对录·论荒政》,第 424 页;《明英宗实录》卷六九,正统五年七月辛丑,第 1323 页。
② 杨士奇:《东里别集·代言录·减免山东徐淮税粮物料诏》,第 454 页。

孤穷,伸理冤滞,则下情庶可周知,官吏有所恐惧。"①提出派遣人员分巡天下、了解民情的建议。永乐十九年(1421年)四月,太宗派遣吏部尚书蹇义等26人巡行地方,"抚安军民,询察所苦。凡利之未兴者兴之,害之未革者革之。诸司官吏蠹法厉民者黜之,守法爱民者旌之","致民安于田里,而无饥寒愁叹之声"。② 这便是永乐九年建议的具体实践,也是解决地方社会问题较早采用的比较切实的办法和模式。继此,有仁宗派广西布政使周干巡视太湖流域的苏、常、嘉、湖之事。③ 在周氏复命时他又给新帝宣宗建议,"仍命在廷大臣一员往来巡抚,务去凶顽,扶植良善,而后治效可兴也"④。可能宣宗觉得这种做法不错,也就采纳了。洪熙元年(1425年)八月,命广西按察使胡概为大理寺卿,巡视南直和浙江等地。⑤ 后来,到了英宗正统八年(1443年)六月,翰林院侍讲刘球在修省十事中也提到"严考课以督吏治"的问题,从历史的角度指出这种中央派员巡视地方做法的重要性:

> 古者,省方、巡狩所以考其政而宣其和。降及两汉、唐宋盛时,亦数遣绣衣、采访等使巡行郡县,察吏得失,问民疾苦。洪武、永乐间亦尝行之。今久不举,以故吏多贪酷,民不聊生,军卫之臣为害尤甚。宜择公明廉干廷臣分行天下,无分文武官吏,俱得考察。其果奸墨无状,具实黜罚。若有廉能仁恕、治行过人,亦宜奏闻旌异。仍询军民利病而兴革之,庶使治修而民安矣。⑥

这也为理解这一制度在宣德时期的延续提供了参照。

宣德五年(1430年)九月初八日,朝廷面对"仓廪未充"的税收困乏问

---

① 蹇义:《上言十事疏》,陈子龙等:《皇明经世文编》卷一四,第99—100页;《明太宗实录》卷一二三,永乐九年闰十二月己未,第1544—1545页。
② 《明太宗实录》卷二三六,永乐十九年四月癸丑,第2269页。
③⑤ 《明宣宗实录》卷八,洪熙元年八月癸未,第206页。
④ 《明宣宗实录》卷六,洪熙元年闰七月丁巳,第167页。
⑥ 《明英宗实录》卷一○五,正统八年六月丁亥,第2127页。

题,升礼部郎中赵新等6人为侍郎,委任他们赴江西等省"总督税粮",于谦也在其列。于氏由监察御史升为兵部右侍郎,负责河南、山西两地税粮。当时于才33岁,可谓早达①,他在诗篇中也曾说自己"超迁早"②。当时敕谕中没有直接称呼巡抚,而是总督税粮,说明粮草逋欠、督促征收乃当时派员之主要使命。③ 明谕务要区画得宜,"使人不劳困、输不后期",对征收过程中的包揽侵欺及盗卖者"审问明白,解送京师",对"沮挠粮事者""具实奏闻"。其他"便民事理,亦宜具奏",但"抚恤人民,扶植良善"则是附带层面的任务。④ 在早于于谦任命半年的宣德五年二月,由于"河南旱灾,民多流亡"⑤,曾派工部左侍郎许廓巡抚河南,主要着眼于流民问题的解决。至少迟至十一月十七日,许氏仍以巡抚名义具奏,次年正月方升为兵部尚书。可见,许氏在任职时间上和于谦有交叉。这也从另一方面说明,于谦的委派最初是侧重于粮草督征的,后来随着其他社会问题的严重和互相间的关联,于氏负责的事务开始增多,逐渐兼有地方社会综合治理的责任了。从任巡抚之职起,到英宗正统十二年(1447年)十一月⑥卸任,中间除从正统六年三月初三日到五月十九日的禁锢("整肃吏治"部分有详论)和从正统十二年七月初三日到十一月初二日丁外艰而起复的两个短时段外,他一直在任上,共历18个年头,在明朝巡抚任职的历史上堪称久任的典型。"巡抚之久,无过于于肃愍(于谦)、周文襄(周忱)。于十八年,周二十一年。"⑦

---

① 王世贞:《弇山堂别集》卷五《盛事述五·早达》,中华书局1985年版,第88页。
② 于谦:《忠肃集》卷一一《七言律诗·得外舅安丰董先生书》,文渊阁四库全书,第1244册,第376页。
③ 按,据《明宣宗实录》卷七六,宣德六年二月己酉条载,山西连年天旱,"田谷薄收,粮草多欠"(第1767页),于谦等此时在该地往来催办粮草。该书卷九六,宣德七年十月甲申条载,于谦奏河南地阔粮多,催督为难,请添置布政司官。宣宗遂命吏部起复"忧制家居"的魏源为河南左布政使,便道就任(第2182—2183页)。可见,催督粮草为于谦最初之主要任务。
④《明宣宗实录》卷七〇,宣德五年九月丙午,第1640页。
⑤《明宣宗实录》卷六五,宣德五年四月癸未,第1838页。
⑥《明英宗实录》卷一六〇,正统十二年十一月庚寅,第3107页。
⑦ 王世贞:《弇山堂别集》卷四《盛事述四·文臣久任》,第75页。

于谦是独自来到任上的,生活由仆人照料。因同时担任河南和山西两省巡抚,南北驰驱,游移不定,加之灾荒频发,社会不宁,于是,他把9岁①的儿子于冕送回钱塘老家,也希望父母得到精神上的慰藉。如他所说:"余自弱冠登第,历官台宪(都察院山西道御史),寻奉恩命贰夏官(兵部右侍郎),出抚河北[南]、太原。深惟亲老不能躬养也,遂留子冕侍膝下。时冕尚幼,尤吾亲所钟爱。"②把妻女留在京师,如他诗中云:"结发为夫妻,恩爱两相好。生男与育女,所期在偕老。我生叨国恩,显宦亦何早。班资忝亚卿,巡抚历边徼。自愧才力薄,无功答穹昊。勉力效驱驰,庶以赎天讨。汝居辇毂下,闺门日幽悄。大儿在故乡,地远音信杳。二女正娇痴,但索梨与枣。况复家清贫,生计日草草。汝惟内助勤,何曾事温饱。而我非不知,报主事非小。忠孝世所珍,贤良国之宝。尺书致殷勤,此意谅能表。岁寒松柏心,彼此永相保。"③很年轻便获得显宦应是幸运的,因此很自然会把贤良作为追寻的目标。为了报答主恩,他舍弃了家庭生活和对父母、子女的关照,全身心地投到了宦业之上。

他有自己独特的朴素价值观。在他看来,一切功名、富贵,犹如空中浮云,皆为身外之物,生时不能延缓衰老,死后依旧废土一丘。再说,人的穷通也系天命,不必谋求和追逐。其实,人所最可珍视的是名节。如他在诗中道:"人生由来不满百,安得朝夕事隐忧。功名富贵倘来物,目前渺渺春云浮。甲第歌钟万户侯,五花骏马千金裘。春风秋月不相待,倏忽朱颜变白头。豪华一去难再得,壮气销沉土一丘。但令名节不堕地,身外区区安用求。静夜思,谁与谋?劝君高枕且熟睡,穷达由天不用

---

① 倪岳《青溪漫稿》卷一九《京兆于公七十诗序》中云,"应天府尹致仕钱唐[塘]于公景瞻,以弘治癸丑某月某日,寿跻七十。予弟工部主事阜,其婿也"(文渊阁四库全书,第1251册,第247页)。景瞻为于冕字,癸丑为弘治六年(1493年)。据此逆推,于冕当生于永乐二十年(1422年)。至宣德五年(1430年)时,于冕才9岁。
② 于谦:《忠肃集》卷一二《序·赠医士李思宗序》,第388页。
③ 于谦:《忠肃集》卷一一《杂体·寄内》,第347页。

愁。"①在另一首诗中道:"人生天地间,一苇浮江河。富贵与功名,倏忽浮云过。""劝君满饮不须辞,万事由天莫怨咨。蛟龙变化非无日,鸿鹄翱翔自有时。"②他把富贵浮云说和穷达天命说融通结合:前者是不必求,后者是无法求,主张安分知足的生活哲学。在一首《无题》中道:"人生不满百,常为千岁计。图利与求名,昂昂争意气。昼营夜复思,顾恐力弗至。一旦寿命终,万事皆委弃。卓哉陶靖节,不为世故累。解印归柴桑,清风满天地。"③赞赏并属意于晋人陶渊明的归隐高节。在另首《无题》中道:"名节重泰山,利欲轻鸿毛。所以古志士,终身甘缊袍。胡椒八百斛,千载遗腥臊。一钱付江水,死后有余褒。苟图身富贵,朘剥民脂膏。国法纵未及,公论安所逃。"④诗中援引唐朝宰相元载贪婪香料和东汉循吏刘宠不受送钱的正反典故,揭示了保持名节的重要。在这种认识下,他没有过高的需求,也不会患得患失,所以其同情民众、关心民瘼、专精为治和清正廉洁也就很自然了。

他关注社会下层,在一些诗篇中对农家充满苦痛的境遇给予了深切同情。如,"路旁遗老亦堪悲,问着仓皇只泪垂。恒产卖余无业次,比邻逃尽少亲知。衰残满冀升平日,饥困仍逢旱涝时。见说朝廷宽赈恤,也来叩首拜恩私"⑤。刚卖完家当,又逢着灾伤,仍然不能摆脱苦难生活。又一诗道:"田舍翁,老更勤,种田何曾辞苦辛。鸡皮鹤发十指秃,日向田间耕且劚。雨旸时若得秋成,敢望肥甘充口腹。但愿公家无负租,免使儿孙受凌辱。吏不敲门犬不惊,老稚团圞贫亦足。可怜憔悴百年身,暮暮朝朝一盂粥。田舍翁,君莫欺,暗中朘剥民膏脂,人虽不语天自知。"⑥老农要求甚低,只望雨顺风调,勉强充腹;完交公赋,免受追朴。在另首诗中云:"无雨农怨咨,有雨农辛苦。农夫出门荷犁锄,村妇看家事缝补。

---

① 于谦:《忠肃集》卷一一《杂体·静夜思》,第338页。
② 于谦:《忠肃集》卷一一《杂体·醉时歌》,第340页。
③④ 于谦:《忠肃集》卷一一《杂体·无题》,第345页,第346页。
⑤ 于谦:《忠肃集》卷一一《七言律诗·路傍老叟》,第374页。
⑥ 于谦:《忠肃集》卷一一《杂体·田舍翁》,第340页。

可怜小女年十余,赤脚蓬头衣蓝缕。提筐朝出暮始归,青菜挑来半沾土。茅檐风急火难吹,旋爇山柴带根煮。夜归夫妇聊充饥,食罢相看泪如雨。泪如雨,将奈何,有口难论辛苦多,嗟尔县官当抚摩。"①农家辛劳,衣服褴褛,挑食野菜,权且充饥。在《收麦》诗中云:"大麦收割早,二麦收割迟。带青摘穗不候熟,老稚借此聊充饥。去年夏旱秋又水,谷麦无收民受馁。今年种麦十二三,纵有收成无积累。了却官租余几何,女嫁男婚债负多。公私用度皆仰给,可喜时清无重科。有司牧民当体此,爱养苍生如赤子。庶令禄位保始终,更有清名播青史。剥民肥己天地知,国法昭昭不尔私。"②青黄不接时,只得食青,借以充饥,而家庭的公私用度全仗于此,儿女的婚嫁还要依赖债负。正是面对这些踉跄而行、满是苦泪、不堪摧剥的农家现实,他才呼吁官吏收敛自己,莫要侵欺。

  他虔诚祈祷每年都是丰稔年景,希望所有农家都过上安稳日子。一旦得到利农的消息,他便喜不自禁。过去有占验的习俗,即把自元日起之逐日和某种家畜或作物对应起来,根据当日天气之晴雨以测收成。正月初八日为谷日(或谷旦)③,如这天晴好,即预示该年有获。于谦在某年写道:"谷日晴明好,丰年信可期。雪消风澹澹,天暖日迟迟。东作因时起,西成与岁宜。忧民无限意,对此暂舒眉。"④若是雨雪违时,他便愁苦不堪,引咎自罪,恐累苍生:"朔风怒号不得止,漠漠埃尘涨天起。入春已是一旬余,翻觉貂裘薄如纸。前朝飞雪天上来,间积郊原不盈指。垄间

---

① 于谦:《忠肃集》卷一一《杂体·悯农》,第344页。
② 于谦:《忠肃集》卷一一《杂体·收麦诗》,第344页。
③ 按,明万历二十一年刊刻的邝璠《便民图纂》卷七《月占类》云,正月八日为谷旦,若"无风晴暖,主高田大熟"(中国古代版画丛刊本,中华书局1959年影印本,第2a页)。娄元礼《田家五行》卷上《正月类》云,"谷日,俗名上八日,宜晴"。又曰,"东方朔以新年八日占八事休咎,晴为祥,雨为殃。曰:一鸡,二犬,三猪,四羊,五马,六牛,七人,八谷是也"(北京图书馆古籍珍本丛刊,第82册,第488页)。明末人所辑《陶朱公致富奇书》卷三《占候部·正月占》中也引所谓东方朔新春八日占,与娄氏书稍异,为三羊、四猪、五牛、六马,然八日为谷日则相同也(《中国科学技术典籍通汇·农业卷》,第2册,河南教育出版社1994年版,第996页)。迄今河南农村尚有类似占俗,为五谷、六麦、七荽(玉米)、八豆、九麻(芝麻)、十花(棉花)。
④ 于谦:《忠肃集》卷一一《五言律诗·谷日喜晴》,第351页。

宿麦正青青，无雨安得勃然起。圣皇爱民如赤子，诏旨丁宁在人耳。轻徭薄赋更恤刑，天意云何乃如此。抚循失政固予罪，窃禄偷安心独愧。愿移灾咎及余躬，免使苍生受憔悴。"①

他经常检省自己，希望增强济世才能，无惭尸素，与其浪费国之薪俸，不如退隐归田。"每逢初度益凄然，却讶增年是减年。济世愧无书满腹，投闲何待雪盈颠。关山迢递迷归路，岁月淹留费俸钱。任重才疏成底事，西湖岂乏钓鱼船。"②他赞美煤炭的品格，希望像煤炭那样给寒夜苍生送去温暖。"凿开混沌得乌金，藏蓄阳和意最深。爇火燃回春浩浩，洪炉照破夜沉沉。鼎彝元赖生成力，铁石犹存死后心。但愿苍生俱饱暖，不辞辛苦出山林。"③也期盼像孤云一般，化作甘霖，润泽苍生。"孤云出岫本无心，顷刻翻成万里阴。大地苍生被甘泽，成功依旧入山林。"④因此，他常于夜分反侧不寐，思考治理之策。"昼夜分长短，气候互凉燠。昼长宜官府，夜短省灯烛。灯烛民膏脂，燃之非我欲。无奈更漏长，欲眠还反复。起坐向灯前，中心如转毂。或将既往追，或将未来续。兵民当怀绥，边境宜储蓄。化何由而行，政何由而肃。思之有未得，还将旧书读。职分所当为，一一在心目。夜分方就枕，展转犹未足。奴隶不得眠，偶语向厨屋。为此非好劳，庶以偿俸禄。自从春昼长，百事免拘束。冠盖临高堂，咨询尽民俗。贫者为宽征，饥者为发粟。善良加抚摩，豪强使慑服。闾里无横科，仓廪有余谷。简教厉兵戎，公勤披案牍。诉牒旁午来，剖断不留宿。虽非霹雳手，遇事颇神速。退食时从容，吟诗对修竹。夜后即安眠，何须论荣辱。民财免耗伤，奴隶无怨蠹。此事良自知，谁能喻衷曲。"⑤他是这样思的，也是如此做的。

在近20年的地方政治生涯中，于谦把自己的智慧和最好的年华奉

---

① 于谦：《忠肃集》卷一一《杂体·入春狂风大作加以久无雨雪因以自咎》，第343页。
② 于谦：《忠肃集》卷一一《七言律诗·初度自责》，第360页。
③ 于谦：《忠肃集》卷一一《七言律诗·咏煤炭》，第358页。
④ 于谦：《忠肃集》卷一一《七言绝句·孤云》，第385页。
⑤ 于谦：《忠肃集》卷一一《杂体·昼夜长短》，第343页。

献给了中原苍生。成化二十三年(1487年),河南右参政胡谧在《庇民祠记》中对于谦在河南的德政进行了概述,涉七八个方面。弘治十年(1497年)稍后,于冕在给父亲写的行状中把他在河南所施大政明确归纳为10个方面。笔者参照前人的类分,结合具体材料,重新做了归类和整合,从以下10个方面展开论述。

(一) 奏减赋税

连年的水旱灾荒使赋税交纳困难,而徭役负担也很沉重。譬如,河南的开封、怀庆等府的80余万石秋粮,最初是直接运抵京师的(后改于临清仓和德州仓输纳),因地方缺少船只,例于他处雇倩,因此运输成本增加,"其费倍于纳粮"①。这种徭役除劳力的付出外,还有额外的经济承担。地方官员也不加体恤,有的甚至趁火打劫,从中渔利。如,宣德二年(1427年)七月,专督税粮的河南右参政李寿,在经济稍为进步的怀庆府河内县,贷百姓家花绒2万余斤、布1万余匹,"展转贸易,肆为侵渔",还逼使部运者"妄告小民负欠,拘系棰楚",小民不堪,被迫逃移者达2000余户②。所以,若遇到铁石心肠、不愿报荒的官吏,百姓只有佣身卖子和变卖家业来抵偿税粮。于谦深知此弊,并有揭示:"村落甚荒凉,年年苦旱蝗。老翁佣纳债,稚子卖输粮。壁破风生屋,梁颓月堕床。那知官府内,不肯报灾伤。"③"倚门皓首老耕夫,辛苦年年叹未苏。桩木运来桑柘尽,民丁抽后子孙无。典余田宅因供役,卖绝鸡豚为了逋。安得岁丰输赋早,免教俗吏横催租。"④当超出百姓的承载范围时,他们只得无奈地走上流移他乡的道路。这是出现逃民或流民现象的主要原因。作为有督粮之责的于谦懂得,起运京边的粮草、布花等国家和军需物资一般是不

---
① 《明宣宗实录》卷六六,宣德五年五月癸亥,第1565页。
② 《明宣宗实录》卷二九,宣德二年七月庚子,第764页。
③ 于谦:《忠肃集》卷一一《五言律诗·荒村》,第354页。
④ 于谦:《忠肃集》卷一一《七言律诗·村舍耕夫》,第374页。

能拖欠的,但可在交纳形式上和存留地方的粮草内做一定的通融和适当削减,在灾荒特别严重的年份也尽力奏请豁免,所以他努力地利用这些方式以减轻百姓的赋税负担。

宣德六年(1431年)七月,"黄河暴溢","冲决堤岸",淹没开封府所属祥符、中牟、尉氏、扶沟、太康、通许、阳武、夏邑等县的官、民田达5225.65顷。次年六月二十八日,于谦奏请豁除,得到同意。①

宣德九年(1434年)夏,河南等地"亢旱为灾,农亩虽种无获者多"。宣宗敕谕巡抚于谦等会同卫所、府县官员躬诣田亩勘实奏闻,而后将其该年"官民田地秋粮及屯种子粒以十分为率,俱免四分","务在得实,以恤民隐"。②

正统元年(1436年)春,河南大旱,但自闰六月后却出现了相反的情况,开封、河南、彰德、卫辉、怀庆五府所属州县开始"大雨连绵",一直持续到次年四月。结果"河水冲溢,淹没田土"。于谦奏请除免被灾地亩的粮草,得到允准。③河南布政司每年例于夏税内折色征布10万匹,运往陕西给军。后来又增1万匹,共11万匹。正统二年五月,于谦上奏因河南"连岁荒旱",民力已竭,只可输纳10万匹,所少1万匹建议从京库中关给,得到同意。④

正统三年(1438年)二月,于谦上奏:奉敕督同巡按和布、按二司委官亲赴开封等七府所属州县水灾地方复勘,淹没官民地71340余顷,该免粮763300余石、草975900余束。⑤

食盐作为政府的专卖品由国家垄断经营,最初实行户口配给制,以交纳食盐钞为补偿。后来,随着情况的变化和供盐区的调整,盐、钞逐渐

---

① 《明宣宗实录》卷八二,宣德六年八月癸巳,第1891页;卷九一,宣德七年六月乙卯,第2088—2089页。
② 《明宣宗实录》卷一一二,宣德九年八月甲子,第2519页。
③ 《明英宗实录》卷二九,正统二年四月壬午,第587页。
④ 《明英宗实录》卷三〇,正统二年五月辛亥,第603页。
⑤ 《明英宗实录》卷三九,正统三年二月庚申,第751页。

分离,食盐钞事实上成为一种独立的附加税目。开封府即属于此种情况。正统三年六月,开封府属民诉称,当地原食两淮盐,后来改食河东盐,因"山路既远,关运费繁",加上灾荒,无力支付,百姓"各于本地扫聚碱土,用水淋煎食用,不愿关盐"。于谦上奏"乞从民便,减半纳钞"。户部以食盐纳钞系通例欲行否决,但还是勉强同意了于的建议,"暂免被灾州县二年,以后仍旧征收"①。

赋税本色上纳,笨重不便输运。即便灾荒之时,京、边物资也要保障,赋税不轻易豁免②。为相对减轻百姓负担,常采用折色形式上纳。正统四年(1439年)八月,于谦上奏:河南"天旱民饥",应运临清和兑军改拨的60余万石夏税,请以三分为率,二分折布,一分米、钞中半。也就是说,所纳本色只占总量三分之一的二分之一,即六分之一。米和阔棉布的折算关系是1石米折阔棉布1匹,折布运赴陕西以备边用;米钞折纳标准是米1石折钞50贯,折钞存留本处仓库。若是灾伤地方,其应负担的存留米的折钞部分(也占夏税总量的六分之一)即可停征。同时建议河南的卫所屯军子粒也宜减半征收,使"军民俱得苏息"③。得到准许。

正统六年(1441年),河南、开封等五府所属州县灾伤。正统七年四月,于谦奏免上述五府六年的税粮591000石、草619000束。④七月,又上奏,"河南水旱、蝗虫相仍,该征租税(指夏税)乞暂停止"。户部题请河南折收布货,未得英宗同意,遵从了于的建议。⑤

正统八年(1443年)三月,于谦题奏:河南所属地方存留的"本色粮俱足岁用,惟折俸钞不敷",请将当年夏税的一半折钞备用。得到允许。⑥

---

① 《明英宗实录》卷四三,正统三年六月丁丑,第845页。
② 《明宣宗实录》卷一一三,宣德九年十月丁卯条载,宣宗敕谕诸巡抚时说,"被灾府州县今年该运临清、南京等仓粮,俱存收本处备用。所定南、北二京光禄寺等衙门供用之数及折色布绢丝绵等项,仍照原定起运交纳"(第2559页),即可说明此点。
③ 《明英宗实录》卷五八,正统四年八月丁亥,第1110页。
④ 《明英宗实录》卷九一,正统七年四月丁未,第1836—1837页。
⑤ 《明英宗实录》卷九四,正统七年七月己卯,第1899—1900页。
⑥ 《明英宗实录》卷一〇二,正统八年三月丙子,第2007页。

折钞是减轻百姓赋税负担的重要方式之一。

正统九年(1444年)夏,河南等地旱灾。五月,于谦上奏,请停免、减征"一应买办及夏税、屯粮","以宽民力"。户部复议后言,令各府县运京的大小二麦和运边的折布仍旧运纳外,其余存留的本色和折色俱量数停减。英宗从之。①

正统十一年(1446年),开封、卫辉二府水灾。八月,于谦奏请将两府存留本处的粮草停免二分,其余八分采取折钞的方式征收:每粮1石折钞60贯,草1束折3贯。②

(二) 灾荒赈贷

在灾荒频仍的年代,减免赋税、徭役只是缓冲生存危机的一个方面,有时还要及时采取借贷、粜卖、赈济等方式来挽救生命。如前所述,当时地方官仓徒有名称,灾荒时无法赈济,而且赋税往往还要追征。如于谦看到的开封府延津县的情形是:"县治萧条甚,疲民疫病多。可怜官失职,况是岁伤和。空廪全无积,荒田更起科。"③于谦非常重视这一问题,并力图恢复官仓制度,建立起应对灾荒的有效机制,产生了明显的效果。

宣德八年(1433年)三月,河南开封府的原武县、汝宁府的西平县、怀庆府的修武县和彰德府磁州的武安、涉二县等地,"连岁灾伤,耕稼无收,民饥为甚"。发官府仓粮赈济。④

正统二年(1437年),"春旱伤麦,五月淫雨河溢,田禾尽损,民饥特甚"。河南左参议吴杰上奏,乞将原定的起运和兑军粮米298500石存留备赈。于谦奉敕亲抵各府县核实被灾田亩,为其奏免税粮。⑤

---

① 《明英宗实录》卷一一六,正统九年五月壬子,第2334—2335页。
② 《明英宗实录》卷一四四,正统十一年八月戊申,第2841页。
③ 于谦:《忠肃集》卷一一《五言律诗·延津县》,第354页。
④ 《明宣宗实录》卷一〇〇,宣德八年三月戊午,第2238页。
⑤ 《明英宗实录》卷三六,正统二年十一月乙巳,第705页。

正统二年十二月,于谦上奏,请将宣德十年(1435年)之前河南布政司的负欠粮米和当年的起运草束改折米麦,俱存留于被灾府县,以为预备赈贷之资。得到同意。①

正统五年(1440年)七月初,因华盖殿大学士杨士奇等奏,英宗遣刑部右侍郎何文渊等赴顺天等地,命原任各地巡抚督理地方建仓储谷、开浚陂塘,修举荒政。在敕谕中详列了合行的各项事宜。如重要事项有:

见[现]今官司收贮诸色课程并赃罚等项钞贯、杂物可以货卖者,不拘稻谷、米粟、二麦之类,贸易储积。并须照依时直[值],不许亏官损民。凡州县所积预备谷粟,须计民多寡,约量足以备用。如本处官库见[现]储钞物不敷,于本府官库或本布政司官库支买。如又不敷,移文户部奏闻处置。

凡丁多田广及富实良善之家,情愿出谷粟于官以备赈贷者,悉与收受,仍具姓名、数目奏闻。

籴粮在仓,须立簿籍二扇,备书所积之数,用州县印钤记。一在州县收掌,一付看仓之人。但遇饥荒,百姓艰窘,即便赈贷,并须州县官一员躬亲监支,不许看仓之人擅放。二处簿籍放支之后,并将实数具申户部。所差看仓,须选有行检老人、富户就兼收支,不许滥设。

洪武年间所置预备仓粮,多由州县不得其人,视为泛常,全不留意,以致土豪奸民盗用谷粟,捏作死绝、逃亡人户借用,虚写簿籍为照。是以仓无颗粒之储,甚至拆毁仓屋。间遇饥荒,民无所赖,深负祖宗仁民之心。尔等于所属府州县,并须亲历查勘前项官仓粮储原数实在几何、百姓借用未还亏折几何,务要根究的实。著落前后经手人户,供报追偿。不许听其谲诈,指扳死绝、逃亡人户搪塞遮掩。追完之后,令照例纳米赎罪。若限外不完者,毋论赦前后,械赴京

---

① 《明英宗实录》卷三七,正统二年十二月丁丑,第722页。

师,发戍辽东边卫。

　　比先所建预备仓廒,或为豪民所据,责令还官。或年深毁坏,量加修葺。其倒塌不存者,官为起盖;如本处有空闲官房,许令拆用,并须完固、可以经久。

　　洪武年间于各州县开浚陂塘以防水旱,盖永远之利。亦因后来有司不得其人,视农事如等闲,委而不问,以致土豪、奸民掩为己有,或堙塞为田。尔等须一一亲历踏勘,如有前弊,责令自备工力,如旧修筑坚固还官,悉免其罪。如隐占不还及违限不即修筑者,亦械赴京,发戍辽东边卫。

　　凡各处闸坝、陂堰、圩田、滨江近河堤岸,有损坏当修筑者,先计工程多寡,于农隙之时量起人夫。用工工程多者,先修要紧之处,其余以次用工,不许迫急。其起集人夫,务在受利之处,验其丁力,均平差遣,勿容徇私作弊。凡所作工程,务要坚固经久,不许苟且。府县正佐官时常巡视,毋致损坏。

　　各处陂塘、圩岸果有实利及众,比先有司失于开报,许令开陈利民之实,踏勘明白,画图贴说,具申工部定夺。如利不及众,不许虚费人力。

　　今后府州县官考满、赴吏部者,并须开报预备官仓所储实数及修筑过陂塘、堤岸等项,吏部行该部查考虚实,以凭黜陟。①

于谦随即奉行,仅用半年时间即取得明显成效,到次年二月即在汇报中说:奉命总督河南、山西两地的预备粮储各以数百万计。"立法非难,守法为难。"恐有司不谨,复生前弊,决定每年三月初令州、县统计缺食之家,申达布、按二司,斟酌得宜,方令支给。支给标准:大口月3斗,小口半之。至五月蚕麦既收,随即住支。仍将所支数字申报上司及户部,等秋成后抵斗偿官,岁终仍报所偿之数。确有贫乏及笃废老疾不能偿还

---

① 《明英宗实录》卷六九,正统五年七月辛丑,第1324—1327页。

者,官为设法补完,毋损原数。其支放顺序为:先菽,次蜀秫,次黍麦,次米稻。后先有伦,毋致红腐。听州县官设法经营,使新陈相易、不致湿坏。当官员考满而预备粮储未完者,不得离任。仍令风宪官稽考、伺察。如此,则出纳以时而所贮不腐,防闲严密而奸弊不生,仓粮常足而无乏支之虞。① 积储的方法:依照敕谕、据时值收籴,"先尽上户,次尽中户。以十分为率,用官库钞物籴买一二,以备饥荒"②。又实行劝分,鼓励富户捐谷,报闻旌表。义民李福山就是其例,于谦亲为作像赞,中云:"仗义轻财,捐廪出粟。凤敕下颁,龙光遝烛。义民之褒,众论推服。隐德及人,天厚其福。"③还为其贺寿,作《贺旌表义民李福山寿》,连带为其康健的父母祝福和为其儿子的前程祝愿,使义民感到无上荣光。中云:"封诰颁紫泥,双亲犹未老。乃知尽孝者,不独在温饱。"④也即是说,孝敬父母不只是满足其温饱,得到皇帝封赠后才算是完满。具体执行的情况也有个案印证。此时,南阳府通判罗琥"劝谷、麦二十余万以备赈贷"⑤。仅南阳一地即储谷 20 余万石,其他各地可以想见。有了积储,不管是青黄不接之时,还是灾荒歉收之际,地方粮食的暂时调剂就可以实现,基层社会也可获得相对的稳定。还不止此,周边省份流移到河南地方的流民也可从中获益。

正统十年(1445 年)七月,山西、陕西大量流民移往河南地方趁食。于谦查得怀庆、河南二仓有粮 60 余万石,请求依时价"粜与饥民"。全活甚众,价钞解京。⑥ 这样,仓无红腐之患,民无饥窘之危,国有收钞之益。在灾荒之时,积储的效果便显现出来。

---

① 《明英宗实录》卷七六,正统六年二月庚辰,第 1491—1492 页。
② 于冕:《行状》,于谦:《忠肃集》附录,第 398 页。
③ 于谦:《于肃愍公集》卷八《赞·义民李福山画像赞》,明别集丛刊第一辑,第 40 册,黄山书社 2013 年版,第 66 页。
④ 于谦:《于肃愍公集》卷一《杂体诗·贺旌表义民李福山寿》,第 14 页。
⑤ 李东阳:《怀麓堂集》卷七六《文后稿十六·墓表·明故南京户部郎中致仕进阶中宪大夫罗公墓表》,文渊阁四库全书,第 1250 册,第 792 页。
⑥ 《明英宗实录》卷一三一,正统十年七月乙未,第 2613 页。

(三) 抚绥流民

早在于谦赴任前数月,即宣德五年(1430年)二月,即派巡抚许廓赴河南抚治流民。到十一月时,报称已招抚开封等府逃民 115600 余户复业。① 鉴于"各处复业逃民,有司不能抚绥,仍有逃窜者"的现实,接受贵州巡抚陈斌的建议,各府县增设佐贰官一员专一抚绥。② 后来的事实证明,这种设置抚民官的措施也未能收到很好的效果。本地百姓向其他地方流动,其他地方的百姓流来河南。这种情况到了正统初年日益严重。早在宣德五年时,即已规定允许逃民"所在入籍"③。正统年间,继续执行这种政策,"随处附籍",而且"复其粮、差二年"。大量流民流入后,于谦设法妥善安置。

正统五年(1440年)正月,于谦报告,已经抚定、寄籍的山西、南北直隶流民 34230 户。并实行"主保收领"制度,以便督察管理,在流民的安置上"颇有次第"。"镇之以静,待之以宽。"④此间,南阳府通判罗璵在河南参政宋琰的指导下,"抚流民二万余户附籍"⑤。

正统十年(1445年)三月,于谦上奏:祥符县境内屯聚男妇千余,原武县境内亦屯聚千余,皆为招抚。⑥

正统十年十月,于谦报告:奉敕委任河南右布政使年富等督责所属卫、府,将山东、山西、陕西等处流入河南逃民 7 万余户进行安置。"居相近者另立乡都,星散者于原乡都内安插",就中推选老实者立为里老,负责管束,拨给荒闲田地和河水退滩田垦种,其贫难乏食者,适当给予

---

① 《明宣宗实录》卷七二,宣德五年十一月甲寅,第 1687 页。
② 《明宣宗实录》卷七七,宣德六年三月丁卯,第 1783 页。
③ 《明宣宗实录》卷七一,宣德五年十月庚午,第 1658 页。
④ 《明英宗实录》卷六三,正统五年正月甲子,第 1206 页。
⑤ 李东阳:《怀麓堂集》卷七六《文后稿十六·墓表·明故南京户部郎中致仕进阶中宪大夫罗公墓表》,第 792 页。
⑥ 《明英宗实录》卷一二七,正统十年三月辛丑,第 2545 页。

赈济。①

在河南、湖广和陕西三省交界山区,如湖广上津县、陕西金州洵阳县的山沟里有各处逃来的趁食军民3000余户潜居。于谦命各府州县官亲自取勘籍名,善加抚谕,秋后省令复业。并捕获累劫行旅的王秀等10余人械京处治。②

正统十二年(1447年)五月,于谦上奏:山东、山西和南直隶淮安等府百姓,累因旱伤,逃来河南地方趁食。因恐辗转流移,已委参议徐弼善加抚恤。累计递年逃来河南的百姓将及20万。他担心,"河南田地有限,而逃民之来者日益众;公私储积有数,而逃民之食者日益多。食不足以给,地不足以容,事之方来有难处者",建议"被灾之处,今年税粮量与分减,递年拖欠税粮、马匹、各项买办及选补幼军未解者,各王府起倩军民盖造房屋者,工部行取轮班人匠及新习之数以补户绝者,俱暂停免,候丰年整治。各处盐粮钞应解京库者,暂存本处。米麦折钞每石五十贯者改作三十贯,以纾民力"③,以保证流民安置的经济需要。

(四) 治理河道

对于河南地区而言,经常泛滥的主要河道是黄河,也有其他河道如漳水、沁水等。若按时间将黄河在河南境内决溢的记载加以排比的话,明代前期是很频繁的,而上述有关部分的涉及性论述已使我们深刻地感受到此点。黄河泥沙裹挟量大,自河南孟津始,河面展阔,水流速度减缓,泥沙淤积严重,逐渐形成高于河堤两岸地势的地上河,因而其所造成的危害也是灾难性的。自中牟经开封、考城到归德一线即属于这种高危地段,黄河经常决溢,防洪治河的任务艰巨。于谦巡抚衙门的所在地开封在明初即有不同程度被淹没的历史。于谦对河道特别是对黄河的治

---

① 《明英宗实录》卷一三四,正统十年十月庚申,第2675页。
② 《明英宗实录》卷一三四,正统十年十月壬戌,第2675—2676页。
③ 《明英宗实录》卷一五四,正统十二年五月壬子,第3016—3017页。

理,是他在河南所有政绩中最精彩的篇章。所以有人云:

> 公抚莅中州前后凡十有八稔,厥绩历历可纪,而弭河患尤足以见其感动天地。①

正统三年(1438年)七月,于谦上奏:黄河决开封府阳武县,沁河决怀庆府武陟县。英宗命户部遣官复视。于谦又奏请修筑沁河以便民耕种,得到允准。②

正统十年(1445年)夏,河南部分地区"久雨河决","淹没民田、屋宇、畜产无算"。所涉及的州县有祥符、陈留、杞县、原武、阳武、封丘、睢州、安阳、汤阴、林县、磁州、临漳、涉县、武安等,归属于开封府和彰德府的范围。可见所说的决河无疑是指彰水和黄河。于谦上闻,英宗敕谕河南三司率夫修治。③

为防止黄河溃决,在农隙之时和枯水季节要做充分准备,加固和增高大堤,修堤任务甚至要分解到河南各地。如,正统间,于谦曾檄南阳府通判罗琥"筑封丘堤,疏黄河八十余里,下张秋入于运河"④。在堤上植树以固堤防。为了定期培护和实施管理,大堤每五里置一窝铺,设"专人巡守,坍损者随即修补"。于谦"相视河势",让民众农闲时节"采取秋青、柴草堆积近水之处,以备卷埽",作为防洪材料。⑤ 在黄河溃决的紧要时刻,于谦不顾生命安危,位前身先,塞堵决口。正统某年(胡谧所记正统庚申五年恐有误),"黄河徙啮大堤,势薄府城(开封),上下惊惶"。于谦躬至其地,祷告苍天,誓以身殉。后以所御公服投入急流,其患遂弭。豫民为感念于谦的救护之恩,也为免遭以后垫溺,在府城东数里的大水溃决处

---

① 胡谧:《庇民祠记》,李濂:《汴京遗迹志》卷一一《祠庙庵院·庇民祠》,中国书店1959年影印本,第9a页。
② 《明英宗实录》卷四四,正统三年七月癸卯,第859页。
③ 《明英宗实录》卷一三四,正统十年十月辛亥,第2666页。
④ 李东阳:《怀麓堂集》卷七六《文后稿十六·墓表·明故南京户部郎中致仕进阶中宪大夫罗公墓表》,第792页。
⑤ 于冕:《行状》,于谦:《忠肃集》附录,第398—399页。

南神冈专门为他建立生祠,称为庇民祠,与土神、河神并祀。① 黄河的治理,除发挥人的作用外,受当时人们认识的局限,还常把希望寄托到神灵和已经神化了的治水人物身上。正统十一年(1446年)五月,于谦命工铸造铁犀,用于镇御黄河。铁犀就伫立在南神冈的庇民祠内。犀背上有于谦写的《镇河铁犀铭》,全文如下:

> 百炼玄金,镕为真液。变幻灵犀,雄威赫奕。镇御堤防,波涛永息。安若泰山,固如磐石。水怪潜形,冯夷敛迹。城府坚完,民无垫溺。雨顺风调,男耕女织。四时循序,百神效职。亿万间阎,措之衽席。惟天之庥,惟帝之力。尔亦有庸,传之无极。②

于谦还亲撰《祭河神文》,乞求河神庇护。现存祭文二首。其一为:"曩者河水为患,薄近城邑。修筑堤岸,劳费财力。建祠妥灵,水患乃息。大雨时行,民事当忧。希神默相,降祉垂休。堤防巩固,河道安流。今特遣官,祭以牲醴。诚意感孚,灾患消弭。戴神之惠,曷其有已。"其二为:"惟神毓秀阴阳,或流或峙。成象在天,成形在地。相顺则为生成,相反则为克制。惟城惟隍,以屏以蔽。祀典攸崇,生民依庇。兹者河水为患,民劳财费,垂成厥功,乃值乖异,水不由北,而反南至。意者或祀缺于事神,或冒犯乎禁忌。今特遣官,牲醴以祭。惟神垂休,除害兴利。北河则顺,遵乎洪流;南岸则增,崇乎地势。民无久劳,事乃克济。万古千秋,戴神之惠。"③正德、嘉靖间的开封学者李濂对这两篇祭文感触颇深,将之收入《汴京遗迹志》中,并写按语道:

> 于肃愍之巡抚河南也,其为吾民经画、建百世之利者甚多,而捍御黄河厥绩尤著。观祭河神文二篇,亦可见其用心之恳恻矣。

---

① 李濂:《汴京遗迹志》卷一一《祠庙庵院·庇民祠》,第7a—7b页。
② 按,铁犀现仍留存于开封市城外东北数里的铁牛村,其背上所铸铭文依然清晰。此据原铭抄录。嘉靖《河南通志》卷四一《艺文志》、李濂《汴京遗迹志》卷一八所载《铁犀铭》等皆有个别文字错误。李濂云铁犀有二,不知然否?
③ 李濂:《汴京遗迹志》卷一八《艺文五·杂文·祭河神文二首》,第17a—17b页。

正德初年,府城外东南 3 里许的高大吹台上,观风者将其上的碧霞元君祠改为祭祀传说时代的治水英雄大禹,故称禹庙。在地势低洼、时刻受到黄河威胁的开封建立这样的庙宇是可理解的。禹庙前两庑中供奉着自古以来治水功臣的木主。在国朝部分中,李濂清楚地记得有 5 位,第 2 位即是于谦。① 可见,在汴人的眼里,于谦同时也是一位治水英雄。于谦曾寄望于神灵的佑护,最后又被崇敬他的人们尊奉为神灵。

(五) 保护生产

于谦着眼于长远,引导百姓进行多元种植和综合经营,以提高家庭的适应能力,"教民树艺,田宅桑枣,道路榆柳,皆蔚然成效"。利用小渠、小河,兴修水利设施,提高抗御旱灾的能力。"境内水可渠、可堰者,谕民凿筑,以资灌溉,民多获利。"②在大旱严重、直接妨碍农业生产,又无别法解救时,于谦也只能采用虔诚官员们的惯用做法,诉诸神灵,希图用诚意感动,使之降洒甘霖,"以诚感之,而后有以致其灵,不然则幽显之间漠然而不相通矣"③。所以,他"每见天久不雨,卜日斋戒。丹诚疏恳,雨泽随降。人以为精诚所致"④。如他在《祈雨丹诚文》中说,"兹者河南天气亢阳,夏麦不能全收,秋田亦多枯槁。爰因旱气之郁蒸,遂致虫螟之生发。虽已祈祷,未蒙感应。是皆臣等菲才薄识、窃禄旷官……伏愿俯垂示听,下鉴微忱,赦民累劫之愆,宥臣等旷官之罪。请颁恩命,普救生灵。云垂四野而梵气泓罗,雷震八荒而初风静默。挽回和气,天降甘霖。涤虫螟以消除,润田苗而遂茂。闾阎鼓舞,均风调雨顺之祥;海宇奠安,享天长地久之福"⑤。在现在看来,这种做法缺乏道理,然着眼于科学尚未发达、

---

① 李濂:《汴京遗迹志》卷一一《祠庙庵院·禹庙》,第 11b 页。
② 胡谧:《庶民祠记》,李濂:《汴京遗迹志》卷一一《祠庙庵院·庶民祠》,第 8b 页。
③ 于谦:《于肃愍公集》拾遗《烈石祠祷雨感应碑记》,第 80 页。
④ 于冕:《行状》,于谦:《忠肃集》附录,第 398 页。
⑤ 于谦:《于肃愍公集》卷八《祭文·祈雨丹诚文》,第 68 页。

自然规律认识有限的神灵信仰普遍的时代①,从中不难窥出于谦心灵深处的殷殷爱民之情。

在遇到蝗灾时督促地方有司设法扑救,也是保证生产的重要表现方面。宣德九年(1434年)七月,户部上奏:北直南部、南直北部、山东境内以及河南的卫辉府、彰德府、怀庆府和开封府等地,出现了大范围的蝗灾。河南地方具体包括:卫辉府的辉、淇、汲、获嘉、新乡、胙城6县,彰德府的磁州、汤阴、安阳、临漳4州县,怀庆府的武陟、修武、济源、河内、温、孟6县,开封府的郑州、荥阳、河阴、荥泽、汜水、延津6州县。"蝗蝻覆地尺许,伤害禾稼。虽悉力捕瘗,而日加繁盛。"中央也派科道和锦衣卫等官分赴各地,配合督捕。② 后来,在正统七年四月和正统十年五月,开封府属州县又先后两次发生了"蝗蝻生发,伤害苗稼"的情形,于谦责令地方积极捕除。③

上面述及的灾荒时及时奏请、设法减免或折纳赋税等措施,无疑有益于农业生产。在徭役上设法减轻百姓负担同样重要。宣德十年(1435年)三月,为营建皇帝山陵,工部拟于河南起取人夫17000名。于谦上奏:因"河南连岁灾伤,人民艰食",希望减半。刚好山陵工程将完,停止了人夫的起取。④ 马匹是军需物资,在淮河以北地区都有孳养的任务。如果倒毙或是不能如数繁殖,还要受到处罚。议者欲将北直大名府的牧马和山东薪炭人夫转嫁于河南,于谦以河南"民情艰难,差役繁重"上疏止之。⑤ 并对河南堪牧之地做了调查和调整,确定为17处:开封府7处、卫辉府6处、彰德府4处。⑥ 在孳牧总量上"杀山东、

---

① 按,如仁宗在洪熙元年正月十五日的《郊祀覃恩诏》中明确规定:"祀典神祇,皆为保庇生民。有司奉祭,务在诚敬,不许亵慢。"(杨士奇:《东里别集·代言录》,第590页)
② 《明宣宗实录》卷一一一,宣德九年七月甲申,第2502—2503页。
③ 《明英宗实录》卷九一,正统七年四月己酉,第1837页;卷一二九,正统十年五月甲申,第2569—2570页。
④ 《明英宗实录》卷三,宣德十年三月辛巳,第69页。
⑤ 于冕:《行状》,于谦:《忠肃集》附录,第399页。
⑥ 《明英宗实录》卷一三〇,正统十年六月癸丑,第2585页。

北畿什六七"①。

正统元年(1436年)左右,河南旱荒,人民逃移,遗下粮草不能免除,由留下人户包纳或代纳,结果造成"荒芜处所民愈少而粮不减"的现象,显然对存留者不利,也会引发更多人的连锁流动。次年,山西左参政王来也提出类似主张:一些人户逃离,"田日荒闲,租税不出。军国所需,累及良民"②。正统四年(1439年)五月,于谦指出,"今逃者蠲之,不免取给于未逃者。窃恐人人畏其繁重,亦复逃徙"③,希望对现存者给予关注和体恤。同时,外地人也有流入本地的。当时执行随地入籍政策,外地流民可以在当地居住,耕种逃走者的田地。他们和当地无经济关系,所以常不承担赋税。为了减轻土著负担和保证税收,闰六月,于谦建议"各处入籍(人户)就纳原籍粮草"④。得到许可。

稳定现有百姓使其不再流移只是问题的一个方面,而另一方面也要设法招徕流民回乡安业,恢复生产和生活。宣德十年(1435年)七月,于谦提出了对待逃民的政策建议云,"各处逃民见蒙恩例招抚回还。切缘此等有家道贫难、粮差无力,不得已逃移趁食者。乞蠲免税粮一年、差役二年。以后税粮止于附近仓分送纳,差役比见在人户减半",希望给回还逃民以赋役蠲免、就近仓分纳粮和差役减半等抚恤政策,使其尽快恢复元气。为使这些政策落实,又建议"府州县官考满,于牌册内开写逃民复业,以凭考较,庶使责有所归、民不复逃"⑤,把府县官员的考核、晋升和逃民复业的实绩挂钩,产生了良好的抚民效果。

(六) 整肃吏治

面对官僚风气败坏的现实,于谦力图以身体力行和大力倡导的方

---

① 胡谧:《庇民祠记》,李濂:《汴京遗迹志》卷一一《祠庙庵院·庇民祠》,第8b页。
② 《明英宗实录》卷三一,正统二年六月壬申,第615页。
③ 《明英宗实录》卷五五,正统四年五月丁巳,第1053页。
④ 《明英宗实录》卷一九,正统元年闰六月戊寅,第376页。
⑤ 《明英宗实录》卷七,宣德十年七月辛巳,第137页。

式,营造廉洁奉公、忠于职守的小环境。为了养成这样的风气,他充分利用考核和监督官员的权力以发挥廉能官员榜样的力量。正如所云,"其于属僚务先身率,贤者榜其治绩以示劝,否则按黜不少贷"①。

其一,自我要求,清正廉洁。史载他"门第萧然,不容私谒"②,因此在他生日时自然"剩喜门庭无贺客"③。这种寂寞的喜好是发自内心的,绝非出于标榜。他对上司的态度也是如此。这和当时满朝贪风的局面形成鲜明对比,无怪被他人不容。"律身介洁,一毫不取诸民。性严毅,不能媚权贵人。其入京议事,独不持土物赂当路。"④他曾作诗云:"手帕蘑菇与线香,本资民用反为殃。清风两袖朝天去,免得闾阎话短长。"⑤不愿因此而牵累汴民,使偶然的行为成为百姓长久的负担。不去行贿和送土物讨好上司、培养关系,自然在复杂的官场中步履艰难。正统四年(1439年),于谦已经在巡抚任上9年,考满后升为左侍郎。六年,他推荐"廉明刚正,练达政体"⑥的山西左参政王来和河南右参政孙原贞自代。本来,作为正三品的官员举保其他官员是很正常的,而科道官员却交章弹劾,给他加上了"方命不忠""为臣不忠"的罪名,先是坐徒,罚赎还职。还不满足,最后下狱禁锢(直到热审时才于五月十九日得释,降为大理寺左少卿。八月因山西旱荒,民多转徙河南,才又起用于谦为两省巡抚)⑦。其实,罪名根本不能成立。再说,于谦"在外年久,乞召回京"也无不可,恐怕主要是他的清廉不被所容和网络关系缺乏所致。

其二,强化考察,提高效率。宣德十年(1435年)七月,于谦上奏:都司卫所的正、佐官员俱系军职,对于钱粮、刑名、军伍等事生疏,因此行移

---

① 胡谧:《庇民祠记》,李濂:《汴京遗迹志》卷一一《祠庙庵院·庇民祠》,第8b页。
② 《明英宗实录》卷二七四,天顺元年正月丁亥,第5809页。
③ 于谦:《忠肃集》卷一一《七言律诗·初度》,第355页。
④ 李濂:《汴京遗迹志》卷一一《祠庙庵院·庇民祠》,第7a页。
⑤ 叶盛:《水东日记》卷五《于节庵遗事》,中华书局1980年版,第57页。
⑥ 《明宪宗实录》卷七八,成化六年四月壬申,第1521页。
⑦ 《明英宗实录》卷七七,正统六年三月庚子、癸卯,第1516、1518页。

的文案全由首领断事等官掌握。所以,他建议巡按御史和按察司官员对之考察,"公廉材干者存留,阘茸无能者黜退,庶使官得其人、事无妨误"。得到认可,由吏部移文执行。①

正统元年(1436年)正月,于谦等对河南、山西布、按二司和府州县官员严格考察,不徇私情,秉公而行。考察结果:左布政使马麟等称职,参议刘登等不称职。再由吏部复核,"称职者给与诰敕旌异,不称职者悉皆罢黜"②。

正统元年闰六月,于谦上奏:当时朝廷有命监生于各衙门历事的制度,巡按监察御史近来也有监生二名跟随,但不理刑名,虚延岁月。因此他建议,宜令理刑金书遵从各部历事事例,对不勤慎的监生送监肄业。礼部议复后说,不谨慎者应黜退为民。又云:吏役本为簿书而设,然未必全都谙晓文移,大多侥幸出身,甚至久占衙门,取利肥家,有甚虎狼。乞将谙晓者存留,其余黜退,免为民害。又云:在京的法司重囚,凡遇隆冬、盛暑会官审录,冤枉者得以辨明,可矜者得蒙宽宥。而在外重囚,其间岂无冤抑可矜?请如在京审录。为了取得实效,建议"凡巡按御史、按察司官考满,开报所辩囚数,量其多寡以为黜陟,庶人知激劝、狱无冤枉"。又云:洪武旧制,天下府县俱设养济院,专为存恤孤老、收养贫穷,支给柴薪、布匹,而岁久房屋倒塌,制度废弛。乞命有司常加提督收养,毋令失所,庶恩典昭明、鳏寡受惠。这是从地方司法和公益建设方面给地方官员提出的具体要求,得到礼部认可。③

正统年间,于谦上奏,各处税课司、局收钞数少,事务甚简,官攒"俱旷职役,虚费俸禄",建议"凡岁办课钞不及三万贯者悉罢之,令各处府州县带管",精简多余官攒,"上下称便"。税课司、局的官攒,是吏员一般叙用的职位,因罢去而致吏员淹滞。正统十一年(1446年)七月,因户部尚

---

① 《明英宗实录》卷七,宣德十年七月辛巳,第138页。
② 《明英宗实录》卷一三,正统元年正月丙戌,第241页。
③ 《明英宗实录》卷一九,正统元年闰六月戊寅,第377页。

书王佐等言,部分复设,然得不偿失,"有增课之名而课实无增,所费俸禄又倍曩时,得少而失多矣"①。比较制度变动前后的结果,自然呈现出于谦最初精简设想的合理性。

其三,树立榜样,表率垂范。宣德间,开封知府万信"守职廉勤",敏于理讼。于谦和他交好。两人关系甚笃,以致在万氏去世当晚,于氏竟梦见他前来辞别。② 于谦对他表彰甚力,曾作像赞云,"良善赖其骈幪,奸宄避其锋芒","衣冠之肖像斯存,闾里之遗爱未忘","若斯人者可谓生无愧而死有光者矣"。③

大约在宣德、正统之际,开封府郑州汜水县典史曾泉,先以进士擢御史,因事黜降,来官汜水。留心民事,遍履田庐。劝借贷以济乏绝,察勤惰以示劝惩。率民垦荒田、伐材木,贸易货财,以纳逋租、办军需。官有储蓄,民无科扰。积其羡余,买牛以助农耕,造船以纾挽运,置棺以给颠连之不能举者。三年之间,政化大行,俗淳讼简,民感其惠,为立生祠。迨后数年,民犹思之。正统四年(1439年)八月,河南右参政孙原贞上奏,"乞录其劳绩,追复其官阶,优恤其子孙","庶以慰邑人之思,为天下为士者之劝"。④ 于谦对他非常赏识,当来到汜水县时,即感受到了曾氏路旁植树的凉阴,作绝句讴歌、表彰:"化洽民心久未忘,路旁嘉树比甘棠。我来憩马清阴下,泪洒熏风一断肠。"⑤

正统六年(1441年)三月稍前,还推举清正廉洁、练达政体的山西左参政王来、河南右参政孙原贞自代。⑥ 开封府睢州知州仲广,以亲丧去任。仲氏廉慎,深得民心,耆民三百余人诉留。正统十年(1445年)六月,

---

① 《明英宗实录》卷一四三,正统十一年七月癸酉,第2826页。
② 雍正《河南通志》卷五五《名宦中·开封府》,广陵古籍刻印社1987年影印本,第20a页。
③ 于谦:《于肃愍公集》卷八《赞·知府万信赞》,第65页。
④ 《明英宗实录》卷五八,正统四年八月戊戌,第1121页。
⑤ 于谦:《忠肃集》卷一一《七言绝句·过汜水睹曾典史所种树感怀》,第379页。
⑥ 《明英宗实录》卷七七,正统六年三月庚子,第1516页。

于谦上奏,请求起复任事,得到同意。① 汝宁府同知张鉴,初以按察司佥事调任。"端谨有为,属邑无扰。"当时知府缺员,当地吏民请乞保升。正统十一年十月,于谦以闻。英宗在巡按御史核实后任命。② 正统间,荥阳县知县贾威"扶善惩恶","在任九年,无一民越诉者"。于谦在考语中说他"究心民事,克举厥职",并"榜谕阖治,使共观法"。③

这些廉能官员的表彰,既是于谦为人的表白,也是风励其他官员的手段。

(七) 重视教育

胡谧《庇民祠记》中说,于谦在河南对于"兴学育材,尤加之意"④,确为实情。于谦对学校作为育人场所和教化之本的认识非常深刻:国家"内而京畿,外而郡邑,莫不建立庙学,以祀孔子,以育才俊,所以资化源而崇教本也"。以教育为手段,使诸生"涵养本源,砥砺素行","造其根柢","弗专事乎言语、文字之末"。"异时出则致用。""得志则力行其道,事与志违则求无愧于名节、无愧于天地鬼神而后已。"开封府为中州甲府,其庙学也应为全省楷范。位于丽景门(即宋门)西北的府学"岁久隳圮,仪观弗称"。在他的支持下,开封府知府黄璇(字公瑾,正统九年任)有志作新,然动工未久便休致离任。接任者舒晫(字仲曦,正统末任)初至,即"以兴起斯文为己任,遂极力为之",省城的其他官员也捐俸相助。于是,"增卑而为崇,辟隘而为广,饬陋而为华",自礼殿、讲堂以至诸生肄业、会食之所无不毕备,"规制宏丽,视昔有加"。⑤ 于谦乐观其成,专门为之作记,使后来者有所感兴。

---

① 《明英宗实录》卷一三〇,正统十年六月甲辰,第2581页。
② 《明英宗实录》卷一四六,正统十一年十月己亥,第2870页。
③ 雍正《河南通志》卷五六《名宦下·郑州》,第77b页。
④ 李濂:《汴京遗迹志》卷一一《祠庙庵院·庇民祠》,第8b页。
⑤ 于谦:《忠肃集》卷一二《记·开封府重修庙学记》,第391页。

（八）整治驿道

河南地处四方孔道，交通位置重要。于谦为了保障驿递传递体系，一方面注重道路基础设施的完善，另一方面注意沿途供亿负担的减轻。

当时，河南境内的驿道主干线路有二：一条是从京师、北直往南，经彰德府、卫辉府往西南，再经怀庆府至河南府一线，为河南"西北冲要之路，驿使频繁"。另一条是从河南府偃师县的首阳驿往东，经开封、归德，至永城县的太丘驿一线，共17站，为"新开道路"，也设驿马，但使客较少，负担相对较轻。①

于谦对这些道路加强了基本实施的建设。"于所在急递大路，中筑高阜，旁开壕堑、栽柳。而于十里则穿一井以便行者，盛暑无病渴之苦。"②和现在道路颇为类似，路旁开掘壕沟，将土敷于路面，使其高突，以免积水。两旁栽植杨柳，提供阴凉。每隔十里凿一井，以便酷暑时行人解渴。道路、树木和水井构成了官道的有机要素。

沿途的驿站例需为往来使者提供马匹和食用，所以保证驿站所需粮草是实现官道畅通的必要前提。宣德八年八月，由于河南所属府县连年旱伤，税粮免征，因此卫辉、彰德、怀庆、河南四府各驿的"供馈粮草多缺"。为了减轻站户负担，于谦奏请河南府县和湖广襄阳府的罪囚赎罪粮草，除应解京师者外，其余原来发往边卫的改送河南，转发各府要冲驿分。这一请求得到允准，但条件是"俟刍粮有积，仍如旧例"③。

（九）防杜隐患

于谦灾荒时期奏请减免赈济、平时减徭和兴修水利等措施，都是为了构建相对稳定的社会秩序，避免过激事件发生和引发社会动荡。尽管

---

① 《明宣宗实录》卷六六，宣德五年五月癸亥，第1565—1566页。
② 于冕：《行状》，于谦：《忠肃集》附录，第399页。
③ 《明宣宗实录》卷一〇四，宣德八年八月丁未，第2337页。

如此,有时也避免不了一些问题的发生,但时刻应有防微杜渐的意识。

正统三年(1438年)六月,于谦上奏六事,其中提到修理卫所城池之事,"比见山西、河南诸卫所城垣楼橹有损坏者,濠池有淤塞者。乞敕各都司卫所令守城军余于农隙借倩屯军及府县民夫协力修理"。得到皇帝首肯。① 一有损坏,及时修葺,才能在危急时发挥城池的防御作用。

正统七年(1442年)四月二十日,在怀庆府济源县济渎庙有一位祈福者,在水中得到诗篇,于是远近争相传诵。这无疑是个蛊惑事件。每年来济渎庙祈福的军民数以万计。当时又正值"水旱、蝗虫相仍"的灾害期,百姓流移,人心不稳。此前不久,又发生过张普祥假佛法诳惑愚民倡乱之事。于谦"恐萌祸端",将得诗者拘留以闻,英宗令械赴京师鞫治。② 次月二十六日,于谦又奏,"迩者河南多盗,猝难却除",乞请根据州县大小设置机兵数十人专一擒捕。得到同意。③

正统八年(1443年)十一月,河南汝州人张端卜寓居毗邻河南南阳府的湖广襄阳府均州,更名为清,假借佛法煽众,预谋为乱。他到处扬言:宁山卜卒张清乃紫微星降生。他被推为主,其余青衣、童子诸星象为将。张清定于甲子岁(正统九年)于光化县九龙冈起事,计划先陷泌阳、枣阳、舞阳,次陷襄阳、汴梁诸处。在其党徒将聚之时,消息败露。二十日,于谦迅速擒之,并捕获其家属百余人以闻。因言:河南地连湖广,地形复杂,逋逃所聚,中多奸顽无赖,如曩者张普祥、李普昇等俱以修善、诵佛惑人。今此辈仍蹈前非,请审实后诛之,在逃民聚居的地方徇示,以起到警戒和震慑的作用。并乞敕湖广、河南三司官经常巡视其地,但有啸聚或为不法者即收治之。重则奏请,轻则械归本乡。其僧人无度牒而号为师父、师兄、善人、善友聚集礼佛者,俱问遣戍边。寺观庵院非原有者,即毁

---

① 《明英宗实录》卷四三,正统三年六月丙寅,第838页。
② 《明英宗实录》卷九一,正统七年四月庚戌,第1838页。
③ 《明英宗实录》卷九二,正统七年五月乙酉,第1871页。

之没官。以昭明法令、杜绝妖妄。①

(十) 优待军伍

此军伍构成有二：一是在河南地方驻守的卫所官军，另一是在其他地方驻守、逃回河南原籍的军人。为了保证士兵的稳定来源，明代实行军户世袭制度，子承父业。就河南驻防的卫所官军而言，其存在的问题是频繁到京师和边地执行操备任务，往来跋涉，疲于奔命。就驻守外地、逃逸河南原籍的军人来讲，其面临的困难主要是遣返途程中的盘费和劳辛。于谦对这两个方面皆予以格外关注，从当时实际出发，提出了务实的解决意见。

地方官军定期赴京操备，一方面使地方军队得到经常性训练，另一方面则隐含有补充京师军队不足、以备万一和不测的寓意。一些省份如河南、山西、山东以及南直卫所官军都有这样的任务。然分作两班，所分班次甚少，每次需要操备的军人数量过大，既给京师供应造成困难，也给地方上带来了"守城乏人、屯田荒芜"的弊病。正统元年(1436年)闰六月十四日，于谦上言十事，其中特别提到优养军士的问题，建议分作三班，一赴京，一守城，一屯种，这样"军得宽力，民省供费"，可以兼顾。朝廷原则上同意，但因"军旅事重"，关系重大，命礼部尚书胡濙与有关府、部讨论。② 到二十五日，公侯伯和五军府、六部商议结果认为，于谦所奏分为三班事颇有可采。一则"在京选操官军已十万余，遇警足用"；再则京师每年的数百万钱谷"皆仰给于江南，军民连岁转输，不得休息"，赴京操军的减少，无疑可以缓减这一负担。所以请求"以附京卫所官军仍令操备，其河南等都司及南直隶卫所悉免调"，这样还可实现"外卫足兵、粮饷不费"的目的。但最终朝廷仍以京师为居重驭轻之地的理由，未准所议。③

---

①《明英宗实录》卷一一〇，正统八年十一月辛未，第2223—2224页。
②《明英宗实录》卷一九，正统元年闰六月戊寅，第375页。
③《明英宗实录》卷一九，正统元年闰六月己丑，第382页。

个别地方官军除赴京操备的任务外,为了防御蒙古军队的入犯,还有赴北边守备的责任,如河南、山西各卫官军要守备偏头关、大同、宣府等处。但守备没有时间性,官军被拴得很死,终其一年都在守备状态,并未根据北边的实际情况做适时的部署和调整。蒙古军队受气候的影响,其在沿边地带出没是有规律可循的。一般来说,每年九月到次年二月底之间,由于冬季的霜雪,草原枯萎,蒙古军队马草匮乏,取食渠道减少,常常倏忽南下,骚扰抢掠。基于北边蒙古军队的这种活动特点,应该实施特别时期的重点防御,而非采取全年平均用力的办法。这样既可减少地方官军调动,使其得到休息,又可减少行粮的不必要耗费。"每岁九月至二月终旬,水冷草枯,虏骑出没,守御者宜众。若三月至八月,地暖草青,非虏骑出没之时,则各边官军自足守御,徒增军马,虚费粮草。"①所以,作为河南、山西两省巡抚、对此了如指掌的于谦,正统三年(1438年)六月十四日建议,把河南、山西每年到宣、大等地守备的两班官军改为一班,九月初往守,次年三月初各回本处操练,"以省馈运"②。

于谦对军伍的关怀还表现在对清理逃军的对待上面。各地的卫所军士,常常被军官作为劳力役使,或是受其他剥削,不时调遣也会加重他们的负荷,所以到宣德、正统时期,明代卫所制度上述种种弊端便暴露出来,军士不断逃逸,造成地方驻守军队的空虚。朝廷为了解决这一问题,设置清军御史专门到地方负责勾军。但这也有另外的问题,即清理出来的逃军,由于其家庭经济状况的恶劣,遣返驻地也是不容易实现的。原籍系河南的逃军同样存在这样的问题。而且除逃军经济拮据之外,河南连年灾荒使一般人的生存都难以维持,整体社会状况不良,给该问题的落实增加了更大难度。正统元年(1436年)闰六月十四日,于谦就提出"军士原籍有去卫所数千里者,咸畏道路之艰,不即赴役。间有赴者,途中多至冻馁、病死",所以建议"乞将二千里外者,量给口粮以济之,庶全

---

①②《明英宗实录》卷四三,正统三年六月丙寅,第837页。

军伍"。① 二年五月十七日,根据河南灾荒的具体情况,于谦又上奏说,"河南诸处连年蝗虫、水旱,今清理军伍,中间有福建、两广、云南、贵州、四川、辽东军役,途路荒远,盘费艰难。每军用长解,违限亦发充军。当此岁歉民饥,安居尚不存活,远行何得聊生?乞将税粮、丝绢暂且停征;军及长解,省令措备盘费,缓其期限,则被灾之民庶得少宽,而新徙之兵亦不失所",得到允准。② 三年九月初五日,于谦针对持久不解的河南灾荒问题,建议干脆暂时撤回清军御史。当时全国都司卫所发册坐勾的逃故军士共有120万余,经过御史近3年的清理,"所清出十无二三,到伍未几又有逃故",因此这一活动"难以遽皆停止"。但考虑到河南"岁歉民艰"和其他地区的具体情况,乞求暂将清军御史召还,其各处并乞暂停。得到同意。③

当然,于谦以上诸方面的作为只是暂时缓和了当时河南地方紧张的社会问题,不可能使之根本得到解决。譬如流民问题,到了宪宗成化年间,演化成为全国性的社会问题,造成严重的社会动荡。④ 如前所述,明朝经过半个多世纪的发展,从中央到地方的官僚政治逐渐丧失了初期的活力,开始出现败坏的迹象,而且还在朝着愈加恶化的方向发展。这种浊流不是于谦个体和其有限的垂范作用所能扭转和挽回的。

三 豫人历久弥笃的于谦情结

于谦造福河南,自然赢得了豫人的爱戴和怀念。如上所述,正统年间,在他河南巡抚任上时,即因率先堵塞开封黄河决口而感动人们,汴人为他建了生祠"庇民祠"。当他离开河南后于英宗天顺元年(1457年)正

---

① 《明英宗实录》卷一九,正统元年闰六月戊寅,第375页。
② 《明英宗实录》卷三〇,正统二年五月丙午,第600页。
③ 《明英宗实录》卷四六,正统三年九月丙戌,第889页。
④ 参见牛建强:《明代人口流动与社会变迁》第2章"明代前期的流民运动",河南大学出版社1997年版,第80—145页。

月因遭诬被害的消息传至开封时,大梁父老不顾政治压力,每日相率到位于城西南隅的马军衙桥西的原巡抚衙门"为位哭奠"。

宪宗成化二年(1466年)八月,于谦冤雪,复其故官。大梁父老则又咸为涕泣,在故廨旁建祠祭祀。这是致仕知县、汴人甄铎等百数十人首先向布、按二司提出的请求。立祠之目的:"若公犹存莅,且便远近奠谒。"在得到同意后,成化二十三年(1487年)二月动工,历5月建成。"中为屋六楹,肖公像其内。左右翼两厢,楹各如之。前竖中门、大门各四楹。周缭崇墉。扁仍旧曰庇民之祠,从民意也",仍借用原来生祠的名称(俗称"于少保祠")。逢于谦诞日和忌日,"用牲醴致祭,著为仪。远近过谒及祈祷者听"。并减免祥符县民2户的赋役,使其守护,耕种其旁隙地作为香火之资。① 遇伏、腊、忌日,"梁父老把香、曳笻跂履若少壮,咸翼如不期至,稽首祠下哭,填门塞户"②。

孝宗弘治二年(1489年)十二月,加赠于谦特进光禄大夫、柱国、太傅,赠谥肃愍。朝廷在杭州于谦墓地立祠(这实际上是将杭民成化二十年建于杭城清河坊南新街于谦故宅的怜忠祠移至墓地而官方化的结果),赐额"旌功",春、秋致祭。于是,大梁父老数百千人则又相率诣阙,伏诉于谦巡抚河南之功,请求开封立祠如杭州之祠,即将私祠官方化。结果未获同意,但伏、腊、忌诸祭仍于上述私祠中举行。③

武宗正德十年(1515年),河南巡按张淮、清军御史许完同去谒祠,见仅存门屋三间,"堂欹漏欲颓矣,鸽雀扰扰,栱栋鼠走鸱啸。周垣尽圮,羊猪外来"。于是,令开封知府贺锐"撤故易腐,扶欹、植颓、起圮,新而绘垩,而级而隅,而荣而序"。重堂翼廊,焕然一新。经始于该年春,越夏而告成。由道士邓玄林看守。④ 由于地方政府的介入,此时的修缮和祭祀

---

① 胡谧:《庇民祠记》,李濂:《汴京遗迹志》卷一一《祠庙庵院·庇民祠》,第7b—8a页。
②③④ 李梦阳:《空同先生集》卷四〇《碑文·少保兵部尚书于公祠重修碑》,明代论著丛刊本,第1130—1131页。

活动事实上已经官方化。

世宗嘉靖五年(1526年),河南巡抚蒋瑶(浙江湖州府归安人)来此谒祠,见其"凋敝弗称,遂计为修葺"。从每日的薪炭、纸札费中节余,估值充用,使祠堂"轮奂尤一新"。六年九月,又慨念于谦"功在社稷,泽在汴民",虽"因民之祠而有祭",但"祭而必田"。为保证祠祭的正常经费来源,与河南左布政使董锐、按察使张翰、都指挥佥事鲍国合谋,决议购买、扩充祭田。于是,移檄知府李献可出库藏收赎余羡,购买黄文进田53亩。合原来祠田27亩,共80亩,仍由道士邓玄林守护。每亩收租3升,作为祭祀和其他杂项费用,"易牲醪、物品"。自七年仲春初祭起,规定每岁春、秋仲月的十三日祭祀,由开封府知府主持。①

成化年间庇民祠重建时,河南左参政胡谧所写记中有一段精彩议论:

> 嗟乎,有官在治而人称颂之、崇奉之,固其有以得民,然非阿则昵,未必皆诚也。惟夫既去而犹思,既没而益慕不忘者,然后见其得民之心之诚且笃耳。②

大意谓,人在官位上得到称颂和崇奉,尽管和他的政绩有关,但因慑于他的权力,未必出自真心。而当那人离开了官位,特别是故去后,仍得到人们的思念和不断追慕,肯定地说这是发自内心的真诚。河南开封于谦祠的不断修建和维护的事实,如胡谧所说,乃出自诚笃。它一方面反映出河南人对于谦怀念的感情之深,另一方面也表明于谦对这方土地的贡献之巨。

天顺初年,于谦蒙难,继被诬为奸党,其文字便成禁物。所谓"原燎烈烈,片只不遗",能保存下来的也只是"什一于千百"。③ 成化年间,于冕

---

① 袁玺:《于肃愍公祭田记》,于谦:《于肃愍公集》附录,第75页。
② 胡谧:《庇民祠记》,李濂:《汴京遗迹志》卷一一《祠庙庵院·庇民祠》,第9a页。
③ 于冕:《跋》(成化十二年十月初吉),于谦:《忠肃集》卷一二,卷末附,第395页;夏时正:《节庵先生存稿序》,于谦:《忠肃集》卷首,第2页。

竭力搜求,请致仕家居的乡人夏时正校核,以《节庵先生存稿》的名称于成化十二年(1476年)刊刻,但也只是很少的一部分。其实,于谦"泽之施,于汴为最久。文之作,于汴为最多"①。开封理应编出一部内容更为丰富的集子。河南巡按陈克宅(浙江绍兴府余姚人)搜集在先,督学副使王应鹏(浙江宁波府鄞县人)继光其后,最终完成8卷本的《于肃愍公集》。嘉靖六年(1527年)六月,河南巡按简霄作序,由大梁书院刊刻。其中,关于河南的诗文占据着相当分量。此前曾有成化十二年都察院都御史李宾刊刻的于谦奏疏汇编,该集便未包含这一内容。这本集子是由河南人和在河南任职的于谦家乡人共同打造而成,给后人留下了借以追寻于谦行事和了解其文学造诣的凭借。它既是对于谦功绩的报答,也是对于谦最好的纪念。结合前述,无论是建祠,抑或是梓集,莫不表明后人对于谦的切切思念之情和深深景仰之意。

---

① 简霄:《于肃愍公集序》,于谦:《于肃愍公集》卷首,第5页。

明人王祖嫡行实考述

王祖嫡是明代中后期的一位著名学者。入仕后,担任过翰林院、国子监、司经局和右春坊等部门职务,从事钦定书籍编纂、应制撰述、诰敕管理等活动。因母病而屡进屡退以及为母守制等,加上特殊的家庭经历所形成的随遇而安的性格,使他失去了担任中央和地方大员、树立勋绩的可能性。从另外方面讲,长期置身"冷局",吸收中秘营养,积累渊博知识,使他留下了诸多文字精华。即便这样,在国家大政上也能够不计得失,敢言直谏,表现出铁骨铮铮的无畏气节;在地方社会事务运作中,富于责任意识,积极参与地方社会教化和灾害救助活动,践行了他对朴素的忠、孝封建伦理道德的不懈追求。

万历年间,王祖嫡儿子延世、延申兄弟致力于其父作品的搜集。后延申卒,丢失"十半"。延世又旁求近20年,才"得其四五",于天启二年(1622年)左右付之剞劂。学者李维桢(字本宁)为祖嫡至交,为该集作序,对祖嫡的文学造诣给予了极高评价。其中云:备员翰林者大多末学固陋,拾宋儒余唾,为馆阁之体。正、嘉后有所反正,焕然一新,"迨其流弊,雕虫刻鹄,刍龙土狗,无裨于用"。而祖嫡则"哜嚅道真,涵泳圣涯。所论撰,出入六籍、诸子、二十一史,其据证确,其庀蓄富,其锻炼精,其见解超。不模拟前辈,而矩矱自合;不逐趋时好,而情事自畅。有冠冕佩玉之度,有行云流水之致,有律吕克谐之韵,有隽永不厌之味。古为大雅,今为大方"。因此,推尊祖嫡"以德行、文学领袖人伦"。在序的最后说,"以俟传先生于儒林、文苑者取征焉"。① 在他看来,由于王祖嫡极高的文学成就,其入选文苑传是自然之事。民国十二年(1923年)九月,学者刘海涵(怡宣)对明代信阳的人文发展有段描述,说"吾申(信阳)人文之盛,明代称最。自何先生大复(景明)倡复古学,同邑孟望之(洋)、戴邃谷(冠)、马君卿(录)、樊少南(鹏)因之而起,相与驰骤中原,主盟坛坫,一时闻风向慕者莫不以信阳为先导。而王先生师竹(祖嫡)最晚出,弇州(王世贞)、百谷(王稚登)、大泌(李维桢)诸子皆相引重,其文学声誉几与大复埒"。② 由此可以明了,在明代信阳文化的发展中,前有擎起文学复古旗帜的何景明,中有孟洋等人的强力助推,后有王祖嫡的殿军呐喊,前后相继,桴鼓相应,推波助澜,蔚成风气,显示出其在明代中原的地位和影响,其中特别提到后起者王祖嫡突出的文学地位。根据前人的评价和预期以及王祖嫡的实际文学成就,清初编纂的《明史》文苑传中应有王氏的一席之地,其著述也应收入"四库"中,然而遗憾的是事实上并未这样。这是前人始料未及,也是包括刘海涵在内的后人所不解的。到了民国十八年(1929年)十月,刘在不断思考的基础上提出新的推测,可作参考。他说,祖嫡儿子延世万历十年左右随宁远侯李成梁出塞至辽,因斩获虏首而进阶指挥。何启图(震川)当时送延世出塞诗有"城头长啸胡虏遁,雄心已似卷胡沙"和"破虏新从瀚海回"等句。此虏即入关前之后金。而祖嫡文集中的武举程策中有"边塞之寇,莫强胡虏"之语。儿子直接参与了弹压清朝先世的军事行动,而祖嫡集中也有明确所指之忌讳语。在文禁甚严之康熙朝,《明史》不为立传;在氛围更烈之乾隆朝,"四库"不收其书,或许

---

① 李维桢:《庶子王师竹先生集序》,王祖嫡:《师竹堂集》卷首,四库未收书辑刊第五辑,第 23 册,第 4 页。
② 刘海涵:《王师竹先生年谱》卷首《叙》(癸亥九月),龙潭精舍丛刻本,第 1a 页。

出于这些原因。①

关于王祖嫡的研究,需提及者为刘海涵所编的《王师竹先生年谱》。1916年左右,刘氏直接参与了中原学者李时灿(敏修)等为编纂清史做准备所发起的中州文献调查和征集活动。其实,早在光绪末年,他即开始留意明清时期乡邦学者以及与当地旧迹相关文献的搜集。自1921年起,对搜集材料展开研究,并将重要者陆续刊刻面世。和他所编《何大复先生年谱》一样,《王师竹先生年谱》是他研究信阳学者的组成部分。师竹年谱素材主要依托王祖嫡文集、《王氏宗谱》,还有与王氏有交往的学者书信以及散落在方志中的作品。该谱大体勾勒出了王祖嫡的生平,可能囿于当时材料利用的条件,从总体上看其记述还是比较粗略的,个别地方也存在错误,如对王祖嫡女儿出生时间的记载和对其室人孟氏结婚时间的推测即是其例。刘谱中王的女儿出生时间为嘉靖二十九年九月,其实王祖嫡《亡女王氏墓表》中说得很清楚,"女生于嘉靖壬子十月十九日",壬子即嘉靖三十一年(1552年),和她卒年万历甲戌(二年,1574年)相减,绝对值与"享年二十有三"的记载相符。室人孟氏结婚时间没有明载,刘氏是间接推出的。亡女墓表中说,"孟氏读书晓大义,贤而孝","归予一载九月而女生,生九日血疾,弃女去"。女儿出生年月清楚,往前推一年零九个月,就可推出孟氏与王祖嫡完婚于嘉靖三十年正月,而刘谱却将之系于嘉靖二十八年。另外将其女儿生月系于九月,恐是对"归予一载九月而女生"一句的误读。其他错误在文中的相关部分有辨正,兹不列举。后来,傅瑛在刘谱的基础上,根据祖嫡文集某些篇章所携带的时间信息对记事做了丰富,编成新谱《王祖嫡年谱》,刊于《信阳师范学院学报》1988年第1期。然稍感遗憾的是,傅谱对刘谱本来所存在若干重大事实错误未做改正,仍袭沿下来,同时又产生了不少新的错误。民国

---

① 刘海涵:《龙潭文存·重刻师竹堂集后序》,龙潭精舍丛刻本,第45a—45b页。按,此文作于己巳(1929年)十月。

年间,安阳学者张凤台刊刻"三怡堂丛书",收入王祖嫡文集,但只30卷,可能是刘海涵先期刊刻了原书中的尺牍部分(《师竹堂尺牍》)和《报庆纪行》,故未将这部分纳入。黄虞稷《千顷堂书目》卷一〇《传记类》著录《王先生文集》37卷本,今天有幸可睹。其为天启刻本,收入"四库未收书辑刊"中。翻检和融贯王氏文集和有关传记材料,将其行实归结考述,烛幽发覆,以呈现其固有面貌。

一 军户家庭的文事归依

王祖嫡,字胤昌,别号师竹。河南信阳卫人,军户家庭出身。生于嘉靖十年(1531年)五月十八日①,卒于万历十九年(1591年)十月二十一日②,享年61岁。

---

① 按,王祖嫡生年无有分歧,而对其出生月日看法不一。刘海涵在编写年谱时否定了《王氏宗谱》中的十月十八日说,依据是王祖嫡的《初度日老母寄扇感赋》诗(第1a—1b页)。在生日时收到母亲自远方寄来的扇子,无比感奋,因此赋诗纪念,可见王氏生在夏日而非在孟冬,刘氏的理由是充分的。而刘氏自己提出五月十日说,所据未做交代,而那首《初度》诗中也没有这样的信息。不过,王祖嫡参加殿试时所填写的三代、家庭、贯籍、年龄和出生月日等个人信息的材料还保留着,所显示的出生月日为五月十八日,当以此为准。见《隆庆五年进士登科录》,天一阁藏明代科举录选刊本,宁波出版社2006年版,第81b页。

② 按,关于王祖嫡的卒年,刘海涵所编年谱把它定在万历二十年,从他内心来讲是不太敢确定的,因此也是推测性的。他在把握该问题时受到他所掌握信息的影响。《王氏宗谱》载,"先生寿六十二,卒于万历辛卯(十九年)"。刘氏分析,王祖嫡生于嘉靖辛卯(十年)是没问题的,推到万历辛卯(十九年)才61岁,和所说的62岁不相一致。这种不符既有干支纪年错误的可能,也不排除在享年计算上存在问题。一般来说,卒于某干支年在写法上是不容易出错的,倒是在年龄的推算上常会出现虚岁和实龄依据标准的差异,偶尔也会出或多算或少算的错误。在这里,刘氏未综合考虑就武断地认为寿年无误,便从嘉靖十年往后推算62年,从而确定祖嫡卒年为万历壬辰(二十年)。揣测他的这种鲁莽举动,也有其原因,主要是受王祖嫡好友王世贞(字元美,号弇州,又号凤洲)卒年错误信息的误导。《明史》王世贞本传载他"二十一年卒于家"(张廷玉等:《明史》卷二八七《文苑传三》,第7381页),而祖嫡这时还写过《王元美先生诔》。这篇悼文收入王祖嫡《师竹堂集》卷二五,在诔序中对他们间的交谊述说颇详,并说自己身体羸劣,不能亲往吊唁,"力疾撰哀诔,遣儿子延世以生刍焚于柩前"(第280页)。那么从常理说,此时他仍应健在。这也是刘氏在做上述宗谱中关于王的卒年信息判断时最有底气的所在。但刘氏回避了一个问题,同时也忽略了一个问题。既然祖嫡万历二十一年仍在,那么其二十年去世的结论能否成立?如何解决这个矛盾,而刘却回避了,只是说"或世贞本传误二十为二十一与?当再考订"(刘海涵:《王师竹先生年谱》,第16b—17a页)。(转下页)

王祖嫡先世系山东德州人，有先祖名汝锡者曾随魏国公徐达北征大都，以军功升为大宁中卫百户。建文时，又随燕王靖难师南下，战死白沟河，即在保定府的北境。由于他的战功，其尚在襁褓中的儿子王悦被升为大宁中卫千户。①宣德初，王悦调至河南信阳卫后所。明承元制，军户单独设立户籍，世袭承应军役。因此，王悦便成为这支移居汝宁府信阳州这块土地上的王姓军户的始祖，在世次上为祖嫡高祖。王悦子王端，乃祖嫡曾祖，成化初曾随抚治、右副都御史王恕镇压荆襄流民暴动，因斩获对方大员，升署指挥佥事（署级，只有边功才可实授），赠明威将军，跨入中等军官行列。王端生王瑀，为祖嫡祖父，在子王诏3岁后去世。因祖嫡祖父早卒，其父王诏实由其曾祖父王端养育而成。

（接上页）

王祖嫡的卒年判定的外围因素无疑有所谓的二十一年的根据，但刘氏似乎无力去深究世贞卒于二十一年说法是否可靠的问题。根据王世贞的孙子王瑞国所编《琅琊凤麟两公年谱》知，王世贞卒于万历十八年十一月二十七日（北京图书馆藏珍本年谱丛刊，第60册，第301页）。后来，清嘉庆年间钱大昕编《弇州山人年谱》也认为王世贞卒于万历十八年冬，并夹注说："公旬田九月而卒，年六十有五，见王文肃（锡爵）公所撰神道碑。它书云万历二十一年卒者误。"（北京图书馆藏珍本年谱丛刊，第50册，第220页）因此，刘氏对宗谱中祖嫡卒年信息的判断是不科学的；寿年计算也可能有误，相反而万历辛卯（十九年）或许没有问题。据陆可教撰《明故右春坊庶子兼翰林院侍读师竹王公祖嫡行状》（收入焦竑《国朝献征录》卷一九）载，王祖嫡"归岁余，而赵先生入内阁。方与诸公谋，强起公（祖嫡），而公殁矣，寿仅六十"（中国史学丛书初编，台湾学生书局1965年版，第767页）。此赵先生即浙江金华府兰溪人赵志皋。赵为祖嫡座主。万历十年末，祖嫡借出使江西东北部之机，在返回时专程东向，到兰溪县拜访暂住家中的赵志皋，并为他的灵洞山房作有记文。又据《明史》卷一一○《宰辅年表二》知，万历十九年九月赵志皋以礼部尚书兼东阁大学士的身份入阁（第3370页）。王祖嫡万历十七年底乞休得准，十八年正月十二日抵家，到万历十九年九月止，其时间跨度正符《行状》"岁余"的记载。当赵氏入阁后准备起用祖嫡时，而他恰于此时故去。据此，王祖嫡的卒年应在万历十九年九月稍后，和前面所提《王氏宗谱》所载卒于万历辛卯（十九年）正相符合。综合考虑，万历十九年是接近祖嫡卒年实际的。反观前面其他信息也可贯通，王世贞卒于万历十八年十一月底，这个消息到十九年五月传到了王祖嫡那里，这时祖嫡也已病入膏肓，但出于友谊还是"力疾"撰诔。就在为别人撰写诔词的这年，即万历十九年十月二十一日（如宗谱云），祖嫡也离开了人世。另，《行状》末句云"寿仅六十"，欠妥。从享年推算，祖嫡年龄应为61岁。若从实龄来看，60岁之说也勉强说得过去。因为在实际生活中，包括王祖嫡在内，也常有按实龄计算年龄的习惯，如隆庆五年（1571年）殿试卷上填写年龄为40岁，事实上这年他已是虚龄41岁。不过，一般计算人的寿命，还是本着从长原则。而从陆氏所撰行状中的整个系年来看，基本上是按虚岁计算的，看来他的"仅六十岁"的结论确实存在着失检的问题。

① 王诏：《谈录》，龙潭精舍丛刻本，第1b页。按，刘海涵所纂《王师竹先生年谱》开首说"永乐时高祖悦以靖难功授大宁中卫千户"（第1a页），表达得不准确。王悦之职是因其父军功而获得的。

父亲王诏,字朝宣,号清泉。因性喜竹,于所居遍种竹子,晚号竹里。弘治十六年(1503年)正月初六日生。生而多病,到八九岁时渐壮,始"从塾师习章句、为时艺,又能作五、七言绝句",渐培养起对文事的兴趣。作为世胄家庭,习弓骑马固为本分,这使培育他的祖父即祖嫡的曾祖父王端无法接收,迫他"学剑学射",然他"犹时时不废书"。① 正德十二年(1517年),在王诏15岁承袭指挥佥事时,他仍"日与缝掖游城西草堂,种竹万竿,畜书万卷,雅歌投壶,豁如也"②。可以说,读书已成为他生活中不可缺少的一部分,"自幼至壮不辍,校雠矻矻,类辛苦儒生"③。

王诏嗜好诗书,并且拥有丰富藏书。对此,祖嫡在整理其父笔记《谈录》时说道:

> 不肖家世武弁,不知诗书,至先君竹里公始好文墨。购求图史,甚于饮食。茅屋数间,种竹养鹤,孜孜矻矻,不殊寒士。吾申文士,藏书之富未之能过也。④

这是从藏书角度讲的。它表明,这个王姓武职家庭从王诏这代起发生了转折,摆脱了单一习武的职业兴趣,开始对文事产生喜爱。王诏虽是武人出身,但拥有深厚的文学素养,留下了和名士一起唱和的《耐辱子集》,还根据平生闻见完成笔记《谈录》30卷,文字典雅明快,"不减虞初、诺皋,人争赏之"。所以,当祖嫡稍大些时,其父便开始诱引他对文学的兴趣。"稍长,日诵数千言,父、师课以对句,咸脱口破的。"一个典型例子便是,一次父亲带他到州城东北的震雷山游玩,试着让他作诗,祖嫡出惊语道"丝管随春棹,莺花入古山",父亲大喜,和客人续成后句。⑤ 幼时遵父命,先从贡生出身的塾师马奇(南村)学章句,后随举人出身的岳东升(咸唐)

---

①②③ 王祖嫡:《师竹堂集》卷二〇《明广威将军竹里府君行状》,第231页。
④ 王祖嫡:《谈录序》,王诏:《谈录》卷首,第1a页。又见《王师竹先生年谱》附录,第30b页。
⑤ 陆可教:《明故右春坊庶子兼翰林院侍读师竹王公祖嫡行状》,焦竑:《国朝献征录》卷一九,第765页。

习举业。① 祖嫡后来在给人的信中说,"某家世武弁,不知诗书,至先君始好笔砚。勉谕不肖,百倍常情"②。

通过上面的论述,从表面上看,他们的文事喜好似乎只是个人的兴趣和习惯,其实这也是当时军户家庭子弟开始较多地趋向习文现象的反映。信阳自设卫以来,"武职子孙相沿不学",到了成、弘时期,后来成为王诏岳父的袁镕(号竹坞)也系军户出身,本可承袭指挥之职,却走上读书应举之途。弘治十一年(1498年)以《春秋》经中举,成为信阳卫武职家庭的首位中举者,而后担任南直太平府当涂县知县,升通政司经历,官至光禄寺寺丞。③ 紧接着的正、嘉之际,这里注重文事的氛围渐浓,王诏不过是这个时段较为典型的代表而已。随后到了祖嫡求学的嘉靖二三十年代,这种局面又有了新的变化,单是有资格进入信阳州学的武职应袭生员就达到五六人。④ 从前后联系中,可以清楚地看到这种武人崇尚文事风气愈加浓烈的走向。在这样的社会氛围中和重视文事的家庭中,王祖嫡走向喜爱文事的道路应该是十分自然的。

另外,家庭遭遇变故也是促成祖嫡走上文事道路的重要因素。嘉靖十年(1531年),祖嫡出生,而父亲王诏被诬侵欺屯粮,稍后因恩诏赦宥复职。但到了嘉靖三十年(1551年)左右,同僚借旧案再次倾陷,结果王不仅丢掉了职位,连子孙也失去了承袭世职的资格。这对王诏打击很大,他觉得两代祖宗用生命换来的世职却在他的手里丧失,所以每次"饮酣,辄长啸,啸已哭"。"寒食,扫先垅,攀树而号,树下溃成坎",从此积郁成病。⑤ 为了洗清冤枉,恢复世职和以后光耀门庭,督促祖嫡兄弟读书、使之走上宦途成了唯一的选择和希望。王诏一方面亲自督促祖嫡兄弟读书,"漏下三鼓,烛煌煌未灭也"⑥。另一方面因自己南北驰驱,忙于投诉

---

① 刘海涵:《王师竹先生年谱》戊戌嘉靖十八年,第2b—3a页;癸卯嘉靖二十二年,第3b页。
②④ 王祖嫡:《师竹堂集》卷三三《上亢水阳宗师》,第356页。
③ 王祖嫡:《师竹堂集》卷二一《亡母太恭人袁氏行状》,第235页。
⑤⑥ 王祖嫡:《师竹堂集》卷二〇《明广威将军竹里府君行状》,第233页。

辨冤,也把这个任务交给了妻子。祖嫡母袁氏,是信阳卫举人袁镕的三女,六七岁即聆受家学,"教以小学、女诫,日作小楷百余"①。及长,"喜阅书史及小说、传奇"②,具备了一定的文化素养。在丈夫入狱期间,承受各种压力,最终不仅完粮,还保住了祖宗基业,说明袁氏不仅知书达理,而且忍辱负重、刚毅智慧,可谓"明达有志操"③,完全可以胜任督促之责。"课予兄弟读书,亲烹茶果,慰劳备至。少惰,亦不责,惟惨然无一语,以是予兄弟悲感,立自责,若无所容。"④特别是在父亲去世之后,母亲的激励更为重要。"老母泣谕不肖祖嫡及弟祖裔力雪父枉,复痛厉日夜读书。"⑤其实,母亲的身体力行本身就是很好的教材。祖嫡从母亲那里不仅学到了坚毅的品格,也充分体会到了母亲的艰辛。所以,如后来祖嫡所说,王氏"世介胄,无一为诸生者。自广威公以诗书教子孙,太恭人力赞之。兹诸孙兢[竞]奋,亡不事铅椠"⑥,彻底实现了武人家庭向文事的归依。

祖嫡在塾师学习时即已崭露头角,"治经义蔚然有声,试辄屈其侪辈"⑦,具备了良好的基础,所以到嘉靖二十五年(1546年)16岁时顺利考取诸生。在其父去世前一年,即嘉靖三十七年(1558年)28岁时考中举人,乡试第11名。随后,隆庆五年(1571年)41岁时,会试第87名,治《易》经,而殿试以三甲第210名考取进士。⑧

二 忠孝欲兼的艰辛努力

俗话说,忠臣出于孝子。这说明忠和孝相通,孝是忠的基础,而忠是

---

①④ 王祖嫡:《师竹堂集》卷二一《亡母太恭人袁氏行状》,第235页,第237页。
② 王祖嫡:《师竹堂集》卷二五《亡女王氏墓表》,第280页。
③⑦ 陆可教:《明故右春坊庶子兼翰林院侍读师竹王公祖嫡行状》,焦竑:《国朝献征录》卷一九,第765页。
⑤ 王祖嫡:《师竹堂集》卷三三《与张阳和》,第362页。
⑥ 王祖嫡:《师竹堂集》卷二一《亡母太恭人袁氏行状》,第237—238页。按,万历元年五月,祖嫡在翰林庶吉士解馆后授检讨。覃恩,父亲赠广威将军,母亲封太恭人。
⑧《隆庆五年进士登科录》,第81b页。

孝的延伸,所以传统社会里特别重视孝道,常常是君父并举,有时甚至把作为孝的体现的守制制度放到特别重要的位置。俗话又讲,忠、孝不能两全。这又表明,限于某种条件,忠、孝常无法兼顾,要想成全其中之一,必须牺牲另外一个。所说的条件限制,不外是任职外官,南北驰驱,颇不稳定,给尽孝带来不便。若是京官,条件优越,或能尽养,但有时会因水土不服和疾病等因素,使尽孝目标大打折扣。这样,就会造成忠和孝的矛盾,在一个人身上体现出心灵的对抗和挣扎,直接影响个体职位的升迁和其政治前途的走向。在王祖嫡身上,能够清楚地看到这种矛盾对他事业和生涯的影响。

(一)孝思勃发

隆庆六年(1572年),祖嫡还在馆阁学习期间,曾给同年南直徽州府歙县人曹楼(近阳)写有一信。大概在隆庆五年,曹中进士后未受职位,就上一疏,请归侍亲。对于曹的这种选择,祖嫡大加称赏,说"归侍一疏,重逾九鼎"。自中古以来,人们以仕宦为家,在接檄赴任后将垂白之亲撇到老家,而自己却拥姬妾、享膏粱,还美其名曰"忠孝罕兼"。祖嫡严厉批评道:"是何心哉!是何心哉!"①表明至少在这个时候,祖嫡还确信在忠孝之间是可以找到结合点的。然而,后来的实践证明,做到完美结合几乎是不可能的,至少会发生顾此失彼的纠结。

祖嫡对母亲的孝顺超乎常人。他的孝思首先来自对母亲年轻时艰辛的闻知和亲历。母亲袁氏生于富足之家,正德十四年(1519年)14岁时来到王家,没享多少清福,却遭遇诸多磨难。嘉靖十年(1531年)26岁时,祖嫡父王诏被诬侵欺屯粮1200石,拟永戍,家人逃散。丈夫入狱后,当时狱政黑暗,遭受各种非人折磨,她怕丈夫无法支撑而引决,便"时时慰劳"他。同时还要设法完纳诬粮,因"岁值大歉,亲戚、交游无一顾者",

---

① 王祖嫡:《师竹堂集》卷三四《与曹近阳年丈》,第374页。

母亲脱去簪珥,变卖妆奁,百计措置,"寸帛铢金,咸鬻于市"①,"一针一线,尽以易谷"②。到了十四年(1535年),由于母亲的辛苦措置,勉强完交,而祖宗留下的房产、田产等基业并未受损。恰遇恩诏赦宥,王诏出狱后百感交集,"持予母痛哭,哭已谢,谢又痛哭"。在这期间,大约嘉靖十二年(1533年),当时正是追粮最急迫的时候,祖嫡3岁,患痘疹,卧母腹,不让人接近。母亲为减少入厕,"炒粳米,和茶,进少许",一连"仰卧七昼夜不转侧",等到祖嫡病愈,母亲因极度虚弱下榻时仆倒,从这时才开始吃粥,旬日后稍健。③ 母亲的毅力和牺牲精神多么感人,这恐怕是祖嫡长成后永远萦绕于心的。

嘉靖三十年(1551年)左右,父亲同僚中的嫉忌者借十数年前旧案再次倾陷,此次不仅王诏丢掉了职位,连子孙承袭世职的资格也丧失了。父亲失去了稳定的薪俸收入,同时还要南北奔驰,告官理柱,耗费巨大,"北走云谷,南历吴楚,东抵青丘,西穷张掖,乞哀求援,事竟罔济。产业既穷,亲戚莫顾"④,家庭经济状况恶化,"生计日窘,仅先世所遗黄岭田数十亩"⑤。在此期间,母亲为他们兄弟俩完婚,分别娶了孟氏和叶氏,然不幸的是两位儿媳相继而亡,母亲又为他们继娶了高氏和唐氏。当时正碰上荒年,"里中薄恶,贷一钱不与"。母亲只得靠"纺织、节俭佐之"⑥,且常常"辛苦拮据,并日而食"⑦。就是在这样窘困的条件下,母亲还要顺应其父好客的性格,免得他抑郁生病,"客至,至鬻衣,留尽夜饮以为常"⑧。嘉靖三十八年(1559年)五月,父亲带着悲愤离开人世,母亲更是独当一面,"辛苦万状"。这种经历令人刻骨铭心。"太恭人每为不肖叙述往事,未半而泪已盈襟。不肖亦失声,不忍闻。"在祖嫡的内心深处,只有无力回馈母亲的愧疚和日益强烈的报答心情。

---

① 王祖嫡:《师竹堂集》卷三三《与张阳和》,第362页。
②⑤⑧ 王祖嫡:《师竹堂集》卷二〇《明广威将军竹里府君行状》,第232—233页。
③④⑥ 王祖嫡:《师竹堂集》卷二一《亡母太恭人袁氏行状》,第235、237页。
⑦ 王祖嫡:《师竹堂集》卷二一《诰封淑人亡妻高氏行状》,第239页。

隆庆五年(1571年),祖嫡考取进士后,六月被选为庶吉士在翰林院继续深造。万历元年(1573年)五月散馆,被授予翰林检讨(从七品),开始了史局的仕宦生涯。万历十五年(1587年)十月,升为国子监司业(正六品)。十六年四月,升为司经局洗马(从五品)兼翰林院修撰(从六品),纂修玉牒。十七年十一月,升为右春坊右庶子(正五品)兼翰林院侍读(正六品)。① 史局任职属于清华之选,和"簿书期会"解决实际事务的官员类型有别,主要从事官书编纂和应制撰述,因此不会像大臣或大员那样通过大事件的处理而惊动朝野,然可广读中秘之书,涵养身心学问,最终儒雅蕴藉,学富五车。从祖嫡先后任命的职位看,皆与学问相关,或许出于下面的原因:一是官员迁转路径因素的作用,如明初国子监祭酒和司业的任命是"择有学行者任之",但后来"皆由翰林院官迁转"。② 二是任职机构间的密切关系。从官职属性看,司经局、春坊和翰林院都承担着"辅导太子"的责任,关系密切,所以坊、局官缺常成为翰林院官员的"迁转之阶"③,而坊、局官员也常带翰林院职衔。"其在詹事府暨(春)坊、(司经)局官,视其品级,必带本院(翰林院)衔。"④其母卒于万历十一年(1583年)十一月底,祖嫡的上述任职皆在京师,应该说对孝养没什么大碍,然其母却不大适应北京水土,这就给十分孝顺的王祖嫡带来困扰,因此所引发的急请和出使等事件,直接影响了他的政治生涯的轨迹,也就是说他的任职也与他在该阶段的自身情况有关。

隆庆五年九月,祖嫡在进修之事落实后,首次迎母来京。这时其母已66岁。信阳在河南南部,和河南中部和北部不同,处于山水之间,气候温润,与北京冬季寒冷干燥的气候差异更大,所以"水土不调"⑤是可以

---

① 陆可教:《明故右春坊庶子兼翰林院侍读师竹王公祖嫡行状》,焦竑:《国朝献征录》卷一九,第766—767页。
② 张廷玉等:《明史》卷七三《职官志二·国子监》,中华书局1974年版,第1790—1791页。
③ 张廷玉等:《明史》卷七三《职官志二·詹事府附春坊司经局》,第1785页。
④ 张廷玉等:《明史》卷七三《职官志二·翰林院》,第1787—1788页。
⑤ 王祖嫡:《师竹堂集》卷三三《与张阳和》,第362页。

肯定的。住了年余,到万历元年正月便打道南还。后来又有两次也都如此而返(万历三年二月北上,万历五年四月南返;万历七年十月北上,万历八年三月南返)。母亲是有毅力和具见识的,她深知若是不来,儿子牵挂,甚至还要乞退,但她又无法适应北京的生活,为了稳定儿子的任职之心,自己只有千里劳顿和忍受不适,复来又复往。其实,她第二次来都的前一年的七月初就已得了"左手足痿痹"的病症,而第三次来京时已是74岁高龄,且是在大病之后。正如祖嫡所说,母亲本可在家安居,"所以不惮跋涉者,恐予不出耳"①。母亲在家的日子,祖嫡牵挂萦心,不能割舍,特别是在遇到年节、自己或母亲生日时,这种情绪更为强烈。在他的赋诗中常把在京寓所比作旅舍、客栈,从中不难揣知其思乡念亲之情。如,万历元年五月二十七日为其母68岁生日,祖嫡为不能为母祝寿而感愧疚,而弟祖裔恰在省城开封准备参加将要举行的乡试。所以,他拟请同科状元张元忭预先撰写寿章而后派专人送达。他在给张的信中说,"敢祈金玉之章,为老母光,为世世子孙宝,为不肖兄弟交游重"②,可以看出祖嫡作为孝子的良苦用心。万历九年除夕,辞旧迎新,情绪波动,他在赋诗中道,"久客寡欢惊,况复值除夕。寒斋对孤烛,凄然忆畴昔"。"母弟守田庐,儿女在疆场。三处千里隔,一夜百感积。""永言菽水怀,匪直烟霞癖。碧山不负吾,人各适所适。"③儿子延世在辽东,母弟在乡居,天各一方,思念情伤。希望退隐,非为烟霞,供奉菽水,孝顺老母。万历十年五月生日时,收到母亲寄来的素扇,异常激动,便赋诗道:"旅舍值初度,妻孥强欢宴。念此劬劳辰,清泚渺凄叹。忽传家信至,悲感复欢忭。长跪问母安,寄我一素扇。""三年违菽水,寸草忆针线。徒惭扇枕心,忍障污尘面。古人却征辟,终身守贫贱。""沾襟已盈涕,浃背时流汗。理我旧斑裳,

---

① 王祖嫡:《师竹堂集》卷二一《诰封淑人亡妻高氏行状》,第239页。
② 王祖嫡:《师竹堂集》卷三三《与张阳和》,第362页。
③ 王祖嫡:《师竹堂集》卷二《辛巳除夕书怀》,第36页。

归欤亦未晏。"①有三年未尽孝心了,生日间看到母亲寄来的扇子,和古人拒绝征辟的事迹相比,更增愧疚之心,恨不得早些回到家乡溮水河畔。所以,在母亲生病时,自己便请急归省。其母第二次在京住了两年零二个月,便于万历五年四月南返。归三月(一说二月),得了急病。祖嫡请急南旋,抵家后母愈。这次请急,在家一住就是两年多,一直持续到万历七年十月。

翰林院的史局为"冷局",日常事务是编摩官书和应制撰述,也参与会试等类考试的阅卷,偶尔还会册封诸王和报庆藩属等,所以祖嫡在母家居时尽量借出使之便还乡省母。这种情况有两次:第一次是万历二年(1574年)春到陕西陇右册封韩王;第二次是万历十年(1582年)秋冬因八月神宗长子出生,到江西向淮、益二王报庆,出使时间长达三个多月。十月,南下抵家旬日后前往江西,到十一年二月初自江南返家。该年八月,母病,月余后痊愈,然"精神恍惚,顿殊往日"。当时内阁督促返京,祖嫡不忍,迟迟未动。当时草有《乞休疏》,未上而母卒。其中提到自己原本耳鸣,母病忧心,抑郁自伤,演为重听。特别是母病严重,需要照顾。"臣母最钟爱臣,未尝远离臣,尝迎养者三。彼时尚健,跋涉无苦。近患风痰,手足痿痹,步履不能寸移,汤粥亦假人手。或口流涎而不知,舌蹇涩而不语。臣时扶掖,睹其衰容,五内俱裂,乃舍之而官二千里外,臣诚何心?"②到十一月时,母亲身体状况突然恶化,"苦头眩热作喝",至二十九日而卒。祖嫡在守孝期间,刚好朋友张元忭也丁内艰,他在给张的信中流露出了当时的心境,以能在母亲弥留之际亲自服侍而感到无憾:

  岂吾二人乌乌之念,人所不知、天独知之,故委曲以就之欤?设吾二人觊三考之陟、艳多士之收,以昔人日短日长之说为迂缓,垂白慈亲委顿几榻,思爱子而不能一见,郁郁而逝。数千里讣闻,摧号奔赴,凭棺恸绝,亦无所补。矧未必灭性,徐忆音容恩爱,而汤药不执,

---

① 王祖嫡:《师竹堂集》卷二《初度日老母寄扇感赋》,第37页。
② 王祖嫡:《师竹堂集》卷二九《乞休疏》,第327页。

含敛不亲,即异日者膺沃恤极赠,能无终天之恨乎哉? 同病相怜,未尝不为吾二人幸也。①

后写信让王锡爵为其母作传,让苏州名士张凤翼兄弟作诔,以寄托哀思和使母不朽。

综上,从祖嫡职业稳定、首次迎母入京算起,到其母去世止大约12年的时间里(往返路程花费时间除外),其母在京和祖嫡共居约3年零9个月,祖嫡在家陪母居住约3年零8个月,母亲相对独立家居(和弟祖裔一起)约4年零2个月。累计祖嫡和母共居时间约为7年零5个月,约占总量的64%;其母相对独立家居时间约占总量的36%。从祖嫡和母亲在一起居住的时间分割,略可窥见他对母亲的孝顺之心了。后来,他在给朋友信中说,"小人有母,虽尝徼大官之俸,而恋乡土、怀亲戚,旅进旅退"②。在另处说,"予念母老,请告、奉使,强半家居"③。虽然其陪母家居的时间精确地来讲未必达到"强半",但若综合考虑连带耗费的时间,所说应是实情。加上为母守制和随后未马上返京(时万念俱灰,不独仕宦)的4年多时间,可知万历十五年(1587年)前其在家累计时间达8年多。官员任职的连续性和稳定性是其不断晋升的前提和保证,除非因守制等刚性因素造成任职连续性的中断。而祖嫡在一定时间内家居的累计时间之长或次数之频,并非刚性因素引发,足可看出他对仕宦的淡视,除上述主要来自对母孝思的因素外,还有一个潜在因素也不容忽略,这就是他对鬼神的笃信和与神灵的默约。在嘉靖四十三、四十四年间承重祖母丧时,祖嫡秉承母命,重整讼牒,"屏弃他务,一意办理"。并暗自对神发誓,事白之后决不进取。"尝私誓:父冤获白,仍蒙进取念者,鬼神殛之。"隆庆元年,父亲冤案终于昭雪。他要践履誓言,然母亲提出养育之恩应该报答的请求,祖嫡无奈应试,五年考取了进士。因此在他看来,所

---

① 王祖嫡:《师竹堂集》卷三三《又与张阳和》,第362页。
② 王祖嫡:《师竹堂集》卷三五《与张伯起》,第379页。
③ 王祖嫡:《师竹堂集》卷二〇《大理寺左少卿吉轩李公行状》,第229页。

有父冤获昭后的一切进取和升迁都属于非分和多余的获取。这是源自他内心深处的一直无法摆脱的责备和愧疚。

(二) 忠心可鉴

当时官场流行圆滑,缄默不言,逐队随行,按资晋升。词臣无言事之责,若言还被讥为"博名干进"。所以词臣"以养望为贤、醇谨为厚",已成惯习。但祖嫡从"实录"中看到词臣进言的大量事例,就较近的世宗肃皇帝朝的情况而言,"词臣论列,前后相继。载之实录,历历可考"①。在他给阁臣王锡爵的信中也说,尽管建白非词垣职掌,然此前言事,"上每嘉纳,而下亦不以为越俎",而今寥寥,既非史臣之所畏,也未禁之使不言。②也就是说,不管是关涉词臣本职的事情也好,还是国家的大政也罢,词臣言之都应是责无旁贷。祖嫡在嘉靖四十年(1561年)作《烈妇传》时曾经引申道,"昔人有言:士君子立朝平日无犯颜敢谏之气,则临难必无仗节死义之勇"③。看来他是有所寄托的,在敢言的背后是对国家的忠诚和对民生的责任,用他自己的话来讲,"人臣进言,务殚此心而已矣"。所以,他对宋人苏洵(眉山)"以龙逢、比干之心,行苏秦、张仪之术"的把忠诚之心和讽喻之术结合起来的论谏主张提出批评,说"事关宗社,机伏隐微",有人不能言,有人不敢言。对于能言者,"怵于奇祸,牵于私爱,拟议迁就,引之而不竟,谈之而不激,外博直谏之名,而中寓远害之计",这种做法"非明主之盛事、直臣之纯节也",是不可施于君父的。臣下忠赤、主上宽仁是永葆这种元气活力的所在。④ 自从母亲故去后,祖嫡自己的疾病渐重,本来打算退去,想起长期萦绕于心、几次欲上而未上的大问题,即关于建文年号需恢复、景帝实录需独立的问题。在他看来,"国家大典

---

① 王祖嫡:《师竹堂集》卷二九《亢旱陈言疏》,第323页。
② 王祖嫡:《师竹堂集》卷三二《上王荆石相公》,第354页。
③ 王祖嫡:《师竹堂集》卷一九《烈妇传》,第221页。
④ 王祖嫡:《师竹堂集》卷三五《读陈侍御疏》,第382—383页。

莫巨于此"①,于是万历十五年秋便又力疾北上。

关于建文年号问题。太祖朱元璋去世后,因太子早卒,太孙朱允炆即位,年号建文。叔父燕王朱棣发动靖难之役,建文四年六月十三日攻取南京。十七日,即帝位。十八日,命五府六部,将所有建文中所改易的洪武政令和格条悉复其旧,并"以洪武纪年,今年称洪武三十五年"②。虽然没有将建文元年以后若干年改为洪武纪年的明确规定,但看到的实际情形表明确实是这样做的,或许是当时某些宣力大臣逢迎主意、"务张攻伐"的结果。如收录在邓士龙所辑"国朝典故"中的应为永乐朝(称太宗为"今上皇帝")所作的《奉天靖难记》即取消建文纪年,依序为洪武三十二年到三十五年。《明太宗实录》修于太宗(成祖)去世后,距建文朝推翻事已20余年,其纪年虽未直用洪武年号,而称元年、二年、三年、四年,却不提"建文"字样,应为革除的另一种表现形式。问题不在其表,关键是在于,这几年下面所系的建文历史事项多系歪曲,还大大缺失。即祖嫡委婉所说的,"年既革除,事必散逸",这才是最大的革除。后来阁臣申时行就祖嫡上疏发表意见时说,"其建文年号相传以为革除,及考靖难事迹,亦称少主;称元年、二年、三年、四年,则是未尝革除也,但不称建文耳"。③ 这完全是大臣担心牵连、回避实质的滑头之语。

关于景帝实录问题。景帝是英宗之弟,原为郕王。因土木堡事变,英宗被蒙古掳去,景帝从凝聚人心大局和保卫京师需要出发而登基,使蒙古贵族挟帝进行政治讹诈的阴谋落空,从而免蹈北宋末年靖康悲剧。景帝执政七年后病故,英宗在南宫之变中复辟。英宗死后,在纂修《英宗实录》时,从卷一八三到卷二七三间的景泰史实,虽用景泰年号纪年,然仍称"英宗睿皇帝实录",在其下标出"废帝郕戾王附录",将这七年历史

---

① 王祖嫡:《师竹堂集》卷三七《报庆纪行》,第394页。
② 《明太宗实录》卷九下,四年六月庚午,台湾"中研院"历史语言研究所影校本,第136页。以下凡引实录者版本同此。
③ 《明神宗实录》卷一九六,万历十六年三月壬辰,第3693—3694页。

消解于英宗实录之中,这即是祖嫡所说的"名异两朝,事归一录"。

王祖嫡对这些问题的关注来自他的职事经历。万历元年(1573年),庶吉士解馆后授予翰林院检讨职务。万历四年(1576年)六月,有重修《大明会典》之事,祖嫡被任命为纂修官之一。① 后又有类编实录和宝训之役。这使他有机会系统接触到列朝实录的副本。如他所云:"幸尝备员史局,获与重修《大明会典》。又蒙皇上嘉俞辅臣之请,爰命儒臣类编训录,臣亦供役,以故历朝宝训、实录副本咸获庄诵,曩疑二事始知本末。"② 当对这一问题思考成熟后,万历九年(1581年)四月,给他的老师、内阁首辅张居正谈及欲上奏此事,而张力止之,还命祖嫡好友张元忭劝止他。次年八月十七日,给阁臣张四维谈及,因当时马上要出使江西,张未答应,只是说等使旋后再说。阁臣的屡次劝阻恐怕是考虑到问题解决的难度和所面临的风险,他们也想回避此类棘手问题,当然也不排除有为祖嫡境遇考虑的因素。

因出使和随后的母卒守丧,万历十五年(1587年)秋祖嫡始返京,耽搁数年。回京月余后,又给阁臣王锡爵写信征求意见,并表明上疏决心。十月,祖嫡升为国子监司业。③ 但直到十六年二月二十四日④才最后奏上,估计这中间又有不少说服他免奏的善意阻力。奏疏全题为《为循史职修缺典以昭祖宗心事以隆继述大孝事》。其中景泰实录"自为一录"和"削去废帝郕戾王旧名"的问题和建文问题的性质不同,已不成其为问题,因为涉及问题解决的大前提早已解决。成化十一年(1475年)十二月十七日,由于英国公张懋和文武群臣的上请,宪宗已恢复了郕王帝号,并命议尊谥,谥为恭仁康定景皇帝。⑤ 这等于说在政治上已为景帝彻底平反,祖嫡在奏疏中也提到成化十一年十二月宪宗就景帝平反一事敕谕廷

---

① 《明神宗实录》卷五一,万历四年六月乙酉,第1193—1194页。
② 王祖嫡:《师竹堂集》卷二九《论革除附录疏》,第319页。
③ 《明神宗实录》卷一九一,万历十五年十月庚辰,第3602页。
④ 《明神宗实录》卷一九五,万历十六年二月丁丑,第3673页。
⑤ 《明宪宗实录》卷一四八,成化十一年十二月壬辰,第2714—2716页。

臣的一段文字。所以只要遇上合适的纂修机会,景帝实录和个别文字的问题就可轻易修正。后来礼部复议,阁臣会奏,并经神宗认可,也确是这样的处理结果。但建文年号恢复问题相比之下就不那么容易解决。祖嫡在奏疏中也谈到主要阻力,也即当时人们普遍的敏感认识,即"如复革除则师疑无名",这不仅是年号恢复,还牵涉靖难起师如何评价的问题。祖嫡说,解决这些问题,应立足更高视野和具有更宽阔胸怀。成祖、建文皆为太祖子孙,若说不革除即不能仰体成祖之心,难道革除就仰体了太祖之心吗?再者,"革除者,不过使天下后世不复知有建文云尔"。事实上这是做不到的,"天下惟史不可诬",千万世之后人们将大书特书。与其那样,不如今日为之。"今纪建文事无虑数十家,谬误相承,至有不忍读者,逞其雌黄,遂淆朱紫。"希望借此机会为建文纪年立史,修出"诚擅三长,足信万世"的信史。其实,祖嫡的建言不只是恢复革除年号的简单之事,实质上还包含有纂修建文一朝信史的内容。今宜"复建文位号"。"仍付史馆,将四年事迹修辑为录",甚至还隐含了为建文帝平反的意思。他说隆庆六年七月二十八日恭上两宫徽号的诏书内一款,即为"褒表忠魂,激励臣节",要求对建文诸臣调查建祠,岁时祭祀,并恤录后裔,那么为何"四年别无他过"的建文君就不能援引"其臣之例"而得到相同的对待呢?① 在祖嫡之前的弘治十二年(1499年)四月十六日,致仕礼部主事杨循吉曾奏,希望孝宗能够按照宪宗对待景皇帝的先例,"裁以大谊,仍复建文君尊号"。② 这一大胆主张虽下礼部,当时似未有任何回应,孰料祖嫡却在90年后继之而起。祖嫡出于史官的责任和良心,从历史书写的客观要求出发,突破为君讳的狭隘意识和专制淫威,在"以势则不能革除,以理则不可革除,以情则不忍革除,以事则不必革除"的认识前提下,提出了解决问题的切实思路和办法,闪耀出理性主义的光辉。礼部尚书

---

① 王祖嫡:《师竹堂集》卷二九《论革除附录疏》,第319—322页。
②《明孝宗实录》卷一四九,弘治十二年四月乙巳,第2631页。

沈鲤等复议后,同意祖嫡建议。祖嫡特别就建文年号问题提出意见:"夫成祖奉天靖难,再造邦家,骏烈宏功,缵承高庙,正使年号不除,何损万一,而曲为掩讳若此?且天下后世各有耳目,安可尽泯?稗官野史各有纪[记]载,安可尽革?此不但无益于事,适足示人以疑耳。故议复革除者,非为建文,为成祖也。"①内阁臣等看后,觉得事情棘手,不敢做主,交给神宗,"惟建文年号,自靖难以来未有请复位号、修实录者,事由创举,未经会议,臣等擅难定拟,伏乞圣断施行"。上谕:建文年号姑罢。② 此事虽被搁置,但祖嫡的大胆举措却是一个良好开端。随后,一些人陆续就建文年号和建文帝本人之事提出建议。万历二十年(1592年),礼科都给事中万象春上疏,题为《为修举陵庙旷仪以光先德以垂典制事》,建议宜为建文帝修复陵庙。③ 二十三年(1595年)七月和九月,礼科给事中杨天民、都察院监察御史牛应元,利用纂修国史机会,先后上疏请求恢复建文年号,最终得到允准。④ 王祖嫡的夙愿在 7 年后得到实现,对国家来说完成了一项"缺典",同时也为国史纂修扫除了一个障碍,于此可见祖嫡的开拓之功。

若说前疏和祖嫡修史职事有关、不为出位的话,那么超出他职责范围之外的政治、社会等问题本可毋庸置喙,然而出于他的社会责任,这些问题反倒是他颇为关心的,这则真正体现出了他的忠心。万历十六年(1588年)四月,王祖嫡升为司经局洗马兼翰林院修撰。十七年五月,他上了《亢旱陈言疏》,全题为《为时久亢旱屡厪圣怀触事陈言少裨修省事》。在上疏之前不久,他看到某科给事中就当时地方官不实心任事、专

---

① 王士禛:《古夫于亭杂录》卷六《沈鲤奏疏》,中华书局 1988 年版,第 132 页。按,沈鲤《亦玉堂稿》卷一《请复建文年号立景泰实录疏》文有刊落(文渊阁四库全书,第 1288 册,第 211 页)。据清人王士禛讲,其先伯祖为隆庆五年沈鲤所取士,沈氏的正、续两集为其伯祖校刻,其家藏有。且"三复其文,叹其经术闳深,议论正大,真一代伟人",节录此疏"以见梗概"。
② 《明神宗实录》卷一九六,万历十六年三月壬辰,第 3694 页。
③ 俞汝楫:《礼部志稿》卷九七《拟典备考·建文陵庙及景泰庙号疏》,文渊阁四库全书,第 598 册,第 740 页。
④ 牛建强:《明代中后期建文朝史籍纂修考述》,《史学史研究》1996 年第 2 期。

做表面文章的情形提出严厉批评的一个奏疏,便给他写信声援。并说古代循吏没有什么奇行妙诀,他们所做的无非是实心实惠、使民不失所而已。不能说现在的府县官员中绝无这样的人,"但躐虚声而博功名十恒六七"。若此天下何由得治?"大疏不恤众忌,毅然直陈,可谓顶门一针矣。"这说明别人也言出了他的心声,于是才有他的呼应。接着说,近有感触,打算条陈五事,因内一二事是皇上最忌讳的,怕引发盛怒,所以"中堂再三谕止"。他反问道,难道人臣言事还要为祸福而动心吗?① 他的反诘流露出了他忠诚为国、不计祸福的品格。他在上奏前给阁臣王锡爵也打了招呼,说自己归念已决,一出京师,"瞻望阙廷,不啻天上","悠悠而仕,碌碌而去",就再也没有"含恩报德"的机会了,希望他在内阁中能够维持此议,至于"其获行与否、获谴与否,俱所不恤,庶几尽万一之忱焉耳"。②

上奏的背景是"连年以来,东南苦水,西北苦旱"。虽然神宗竭诚祷吁,京师一带仍是"恒风恒旸,日甚一日。尘霾沙砾,盈蔽道途。间小霡霂,旋复开霁"。南方情况也是"处处亢旱,处处祈祷,甚至河断泉枯,汲者率数十里外"。岁荒之时,人心易摇。祖嫡深切隐忧,觉得这是上天在警示谴告,于是上奏五事,具体包括:早建储位,出阁辅导;赦宥罪过,溥洒皇恩;控制宦官、宫女数量;宽大疑似,酌处钱若赓和李材;撤去重枷酷刑。所谓皇上所忌讳的一二事无疑是指涉及宫闱的第一事和第三事。第一事即所谓的国本之争,皇子已8岁,到了出阁接受养正的年龄,辅臣和科道官连篇累牍,也无结果。太子乃天下之本,宗社之统,万民之仰,所系非轻。所以,他认为"今兹亢旱,虽不止此。而干和逢怒,莫此为大"。至于去重枷酷刑,他说大枷重300余斤,负荷通衢,面黑发竖,股肿汗流,昼夜皆然。一旦荷枷,不旬日而死,千百人无一生者,有甚于五刑

---

① 王祖嫡:《师竹堂集》卷三四《与某掌科》,第373页。
② 王祖嫡:《师竹堂集》卷三二《又答荆石相公》,第355页。

中之大辟。和此相关,他还提出灾荒时应赦宥罪犯。① 这些建议皆有出于对其父冤抑的经历和对地方狱政黑暗的了解,是有的放矢的。

三 对地方事务的深切关注

王祖嫡16岁为诸生,28岁成举人,41岁中进士,其后踏上仕途,直到61岁在家乡去世。在这些不同时段中,都有一定的时间在家乡暂居或度过。即使不在家乡,作为具有内修且有社会责任心的王祖嫡,利用他的身份地位或同年等关系,间接影响或直接参与地方事务。可以看出,士绅不是只有在家乡时或致仕后才参与地方活动的;不在家乡,或因暂时守制而尚未告别政治生涯,利用自身的政治地位、手中权力或关系网络,甚至会更有效地推进地方事务或存在问题的解决。通过王祖嫡的个体行为和表现可以看出,士绅参与地方社会塑造拥有多重渠道,在科举考试或行政联系中所建立起的同年、师生、朋友和同乡等关系网络在地方事务或其他事务的处理中发挥了重要作用,借此可以发现和深切理解人际关系因素在传统社会的政治运作中所扮演的独特角色。

(一) 地方教化

注重教化是地方社会治理中的主要方面,而节孝表彰与宣扬则是其主要内容。王祖嫡基于自己的认识,为地方官员在地方教化施政中建言献策,直接参与地方教化活动。下面就祖嫡参与地方教化的若干实例分析之。

(1) 知府教化活动的建言

嘉靖四十年(1561年)左右,徐中行任汝宁府知府。当时祖嫡考取举人已3年。徐知府曾经慕名欲见祖嫡而未能。后祖嫡给他写信解释,并

---

① 王祖嫡:《师竹堂集》卷二九《亢旱陈言疏》,第322—324页。

寄赠嘉靖四十年四月完成的《烈妇传》。该传本事得之于同府真阳县人陈昌言（思俞）。嘉靖三十八年（1559年）春，祖嫡和陈氏一同到京师参加会试，同住城南愍忠寺，此间陈和他讲述了这则故事：烈妇某系确山县人，嫁与东邻真阳县夫某刚年余，是时"县有劫盗，白昼张旗"，兵备道督捕甚急。为了获得上赏，县尉（典史）诬逮良民七八十人充数，其夫也在捕中，其实彼等皆非盗贼。知县密令杖杀，弃尸城外。时值盛夏，秽气熏天，臭不可近。烈妇未知夫罪是否属实，更不知已被杖杀，与公婆和小叔子来到县上打探消息。猝得死信，皆不知所措，烈妇强忍悲痛，保持镇静，到野外抛尸处逐一检视，日暮不得，次日又往，终于找到夫尸，背负而出，沐浴换衣，与众人拜哭诉说："使夫盗人一线，妾不来矣。"因哀痛过甚而气绝。观者万人，无不垂泪，将她和夫尸纳入一棺。当时令、尉为遮人耳目，掩饰罪责，严诫张扬，故不得烈妇姓氏。因弃尸地方靠近陈的别业，且他也在围观之列，故此事堪称"目击不诬"①。祖嫡的意图很明确，虽是烈妇之事但其关系重大：一方面"烈妇之行甚奇，烈妇之节甚著"，"大书表扬"，可起风世作用；另一方面，地方官员从这一处理失当的事件中吸取教训，在行政中更加审慎，对于那些侥幸取功者"毋惮详核之烦"，对已定冤案"毋拘已成之狱"，坦诚为之平反。② 徐氏接信后随即复道：

> 所承示《节妇传》，事至奇伟，文尤激烈。敛衽三复，有上下河山之感、千古不平之气，既矍然失席，又凄然沾衣也。嗟乎嗟乎，彼间阎匹妇至微矣，非有文史之开导、父兄之指诲、赏罚之激劝也，乃慷慨殉节如是。然微足下哀而传之，不几于湮灭矣乎！则又以悲古今不遇之事及真阳督捕吏不察，枉杀其夫，又类东海孝妇冤矣，有司之以政杀人也。至此，仆复以此自警，即当檄真阳邑里丞史、文学，亟询里籍、姓氏，上督学疏奏表闾，即以雄文勒石，仆亦附以一言以解

---

① 王祖嫡：《师竹堂集》卷一九《烈妇传》，第220—221页。
② 王祖嫡：《师竹堂集》卷三一《上郡守徐公书》，第337页。

失职之过也。①

徐知府首先对《烈妇传》的文字表示赞叹，肯定了祖嫡记录此事的贡献。接着反思地方施政中的问题，以此自警。并表示马上下文真阳县官员和教官访查烈妇乡里和姓名，报请提学上疏奏闻，在乡间加以表扬，并将祖嫡传文勒石，附上自己的说明，使当政者警心自奋。看来，祖嫡的信函和所附寄的《烈妇传》对徐氏震动很大。当然，对烈妇里籍的调查和建祠的完成一直持续到万历六年（1578年），和祖嫡也有关系。后调查知，其夫为真阳县横山人，其本人为确山县东南村人。王士性（字恒叔，号太初）系万历五年进士，因祖嫡该年"分典南宫"，故两人有师生之谊。万历六年四月，士性来任确山县知县。当时祖嫡母病，请告家居。士性来信阳拜望他，祖嫡把《烈妇传》拿给他。"烈妇生长农间，不闻诗书之教、先王礼义之泽，而视死如归、卒轨于正"，士性被烈妇事迹深深感动。为了使"忠臣、烈妇宇宙间不得终泯灭无传"，弘扬忠烈精神，经提请提学衷某同意，在确山为烈妇建祠，称横山烈妇祠。② 万历十年（1582年）十月初五日，祖嫡出使江西经过确山时，和士性夜谈至四鼓。次日"同谒烈妇祠。烈妇事具予所撰记中。未有祠，有祠自恒叔始也"③。初七日先抵家后，即接士性信件，在回复中除表达对经过时所给予的丰厚招待的谢意外，祖嫡又重提表彰烈妇之事，"烈妇为丈表扬，遂与范母同血食兹地。世道人心，维系不小"④。

隆庆二年、三年间，理学家史桂芳任汝宁府知府，他在地方治理中尤其倚重教化手段。当时，王祖嫡被作为孝行的榜样要人们效法。祖嫡在

---

① 徐中行：《天目先生集》卷二〇《答王太史》，明代论著丛刊本，第879—880页。按，据信函内容知，当时徐氏为汝宁府知府，而祖嫡只是举人，所以信题是文集整理者据王祖嫡后来的身份加上的。
② 王士性：《王恒叔近稿·朗陵稿·横山烈妇祠记》，周振鹤整理《王士性地理书三种》本，上海古籍出版社1993年版，第504页。
③ 王祖嫡：《师竹堂集》卷三七《报庆纪行》，第396页。
④ 王祖嫡：《师竹堂集》卷三五《答王太初朗陵令》，第377页。

给他的信中表示坚决辞去所加桂冠,并特别提醒他注意革除在孝节表彰中通常存在的重富轻贫、疏于僻壤的弊端:

> 夫表扬节孝,用砺颓风,为政首务也。顾近世搜举,往往有力者。孤寒寒素,穷乡荒落,即有奇节,人谁知之,知之谁为言耶?夫终南捷径,徒舍猿鹤而慕轩冕,非有覆𫗦折足之累也,而见诮当时、贻讥来代,矧盗名眩世有甚于此。人或可罔,天其可欺?①

这个意见对史桂芳的教化策略的调整是有启发的,即注重僻壤山地的教化事业的推行。据说,后来化导的效果还很明显,连东南山地的积年寇盗也纷纷归顺。如光州光山县莲花堰、石寨头、潘家冲等处,"素多贼盗",俱悦服自首,改行从善。所属柴家山(又名牢山),向称"百余年盗薮,常动官兵不能剿者。其盗首朱学、陈愈等四十余名咸投约所自首"。后来,其余党数辈往南邻的湖广黄州府黄安县柳子港,将要行劫时,朱、陈率众逐捕,不令彼等回籍。岁凶时,整个山寨宁忍饥饿,也不劫掠。② 同期,信阳州儒学训导迟堂,系塞上宣化府(上谷)的边卫之人,遥遥数千里来信阳州执教。来任时,盘缠全系借人。而居官一年却无一钱收入,薪水之费也自借贷。即使如此穷困,对诸生仍不责束脩,相反"有贫者往往辍己资助之"。"忠洁无他肠,诸生甚安之。"因此堪称"近代教职中所难得者"。一年后病故,留下一妻一妾和两个幼子,无有婢仆相随。身故之日,无有升米,赖诸生经营仅可成敛。当时,一般教职的抚恤标准是12两银子。这对于迟氏这样极远和极贫的情况来说是远远不够的,所以祖嫡一方面在士夫中呼吁捐助,另一方面把这种情况反映给史知府,建议他采取不拘常例的做法,"或转申上司,或径批属吏,俾施法外之恩"。并说,"此举虽微,有关风教"③,其实

---

① 王祖嫡:《师竹堂集》卷三一《上史府尊》,第343页。
② 夏子羽:《史惺堂先生年谱》隆庆二年戊辰,史桂芳:《皇明史惺堂先生遗稿》卷首,四库全书存目丛书,集部第127册,第14页。
③ 王祖嫡:《师竹堂集》卷三三《与史惺堂太守》,第357—358页。

是对廉洁奉献精神的宣扬和倡导。

（2）浇漓风气矫正的呼吁

祖嫡说，在信阳州一带，民风和士风从嘉靖三十年代以来变化剧烈，"日渝一日"。此前，"私谒官府，必群诮让［嚷］，无所容。有司遇节序、喜庆，父兄具肴币，命子弟往入公门，次且［赸赳］忸怩，有终不肯往者"。"贫甚，宁甘冻饿，不忍斩丘木、鬻遗书。与人忿兢［竞］，辄蒙武断名，或以伦父目之。富室子出不骑，骑亦不张盖，以布衣寒素为尚。有患难，誓众救，亡敢后。"社会舆论和人们的行事都很淡定。风气变化之后，唯官是瞻表现得很突出，连缝掖辈也都如此来看，也就无怪一般市道的认识了。"世方尚进取，不论其人如何，一登第为美官，亲疏、远近、少长及素侮慢有隙，百计伸款昵，车骑阗拥委巷，艳羡不容口。询其氏里，三尺童子能道也"，而那些经明行修、授徒为业的穷秀才，白首牖下，无人问及。所以祖嫡说，他"痛愤士风日弊，思挽之不能"。当时一位叫孟说（号起岩）的老诸生，以教书为业，在他身上体现的是老辈下层士人的作风，"性度冲夷，犯而不较。非公事，未尝一至官府。宦家、富室，犹惮不往"。祖嫡通过为堪称高士的孟说作传的方式（万历二年底作），不仅使孟先生的潜德不泯，也"冀里中豪杰感奋兴起，复还美俗"①，唤醒士人的觉悟与参与，希望使某些畸形的风气得到扭转。

万历初年，当地的丧俗在整体奢靡风气的助推下表现出铺张、作乐的特点，古礼尽失。"发引先期，则车马盈门，冠裳满座，张乐奏伎，无殊庆筵。扶杖者辍哭泣之声，飞觥者恣酣歌之兴。镮户投辖，继晷焚膏。主不如此，则谓之慢客；客不如此，则谓之罪主。宁它务之可辍，而此必不可辍；宁别事之可省，而此必不可省。"万历十一年（1583年）十一月底，母卒。为矫正当地陋俗，他专门写了致阆州士夫书。其中云：

---

① 王祖嫡：《师竹堂集》卷一九《孟起岩先生传》，第220页。

> 吾州素称秉礼之邦，惟居丧一节颇为未当。……夫悼化者之湮圹，慰存者之毁瘠；锡以佳诔，肆之丰奠，岂非生死交情厚道哉？顾沿袭既久，失其本意。……不肖诚痛之、愤之，欲力挽而返之正，抱心久矣。兹不幸罹母大故，襄事有期。尊亲长者必以往例不可卒渝，垂情施惠，有加无已，不肖其曷敢辞。第知其非礼而以之自处，所不忍也；知其非礼而以之处人，所不敢也。用是哭告先慈，而后洒血披肝，布之下执事体谅积忱，维持归厚，移易浇俗，请自隗始。倘里中相信者踵而行之，富者消暴殄之衅，贫者免称贷之苦，是尊亲长者锡类之仁、维则之谊，所贻吾州者宏远也。①

祖嫡自端正乡俗角度从自身做起，希望起到表率作用。他说，若此，贫者即可免借贷之苦，减少婚丧嫁娶中的浪费，维持家庭经济更好地运转。这也是冒着世俗力量不相容的风险而拼战的。另外，万历十三年（1585年）服除后他在家乡所建丘园即是本着朴素理念。当然，他的建筑规模较之一般百姓来说是豪华的，但在士绅建筑普遍奢华的背景下还是具有矫正意义的。

祖嫡对整体社会奢靡风气矫正的呼吁和实践的立足点便是佛教中的缺陷说。他说，"夫佛以世界为缺陷，则天地之大、人物之微，其不能圆满者势也"。既然事事不能圆满，那就只有随势顺受，这样不唯可以清心省事，也可惜福保身。而那些不明此理的人，"穷土木之工，殚营建之巧。数尺之躯，所需能几？然而，厅事无钟鼓曲旃未已也，别墅无亭榭台沼未已也，廪藏无钱谷狼藉未已也，后庭无新声丽色未已也。心之所思、目之所接、手足之所拮据而经营者，固欲事事圆满矣"。这样必然造成"已仕而欲圆满则攘剥之心滋，未仕而欲圆满则觊觎之志切"，到最后"若夫垂涎豪势，赀为祸基。际时乱离，首为身累"，造成拖累身家的最大祸害。②

---

① 王祖嫡：《师竹堂集》卷三五《与阆州士夫辞奠》，第378页。
② 王祖嫡：《师竹堂集》卷二九《缺陷说》，第317页。

社会变化诸方面从总体上说是进步的,但并非全然无瑕、皆值肯定。在社会剧变的大潮面前,企图使出现的某些社会消极面得到抑制和消减的效果可能甚微,但并不因此而放弃执着和努力应是有责任士人的品格。明代中后期由于社会的剧烈变化,从整体上看士人群体普遍出现了社会责任意识淡化和缺乏的趋向①,但也不排除类似王祖嫡这样的有识者的存在。在狂澜既倒的大势下,少数士人借助自身或少数同道者的微弱力量,在家族或乡党范围内力图倡行古道和挽回颓势,虽然不免天真和自大,但其精神可嘉,行为感人。

(3) 非儒家教化途径的利用

光州知州王君荣,"宽平廉洁",人有"神君之颂"。万历十八年(1590年)春,王祖嫡已致仕家居。此间,祖嫡曾和他就佛道、诸子、兵历、律数等问题做过讨论,称他为名士,说他对这些知识"亡弗精诣"。正是在这样知识广博的基础上,王知州坚决实行教化"与保甲事并行"的治理策略。所以,他抢先祖嫡一步,刊刻了道教经典《太上感应篇》。"夫保甲约以王法,是篇畏以鬼神,相济而不相病也",两者共同发挥作用,互补互济。祖嫡对王知州的做法大力支持,并就其刊刻意图大加阐发,认为这一做法真正契合了百姓的信仰实际,"并非不尽人事而借口神道设教以愚其民者也"。"福善祸淫,惟神之司",人们应该惕畏,"为善去恶"。② 佛教的轮回、儒家的仁义和道教的感应是相互贯通的。祖嫡对佛教的认识和在灾荒救助时的利用(下有论述)和此是一致的,也属于此类性质的行为。

(4) 文化传承背后的精神传扬

介于许州(今许昌)所属的临颍县和郾城县之间南北各30里,有横跨颍河之上的小商桥。南宋绍兴初年,岳飞率军北伐,收复中原,郾城之

---

① 牛建强:《明代中后期士风异动与士人社会责任的缺失》,《史学月刊》2008年第8期。
② 王祖嫡:《师竹堂集》卷九《刻太上感应篇序》,第112页。

战大败金兵。金将兀术恼怒,率兵12万屯于临颍,岳飞裨将杨再兴率三百骑与之遇于小商桥。杨将军作战勇猛,杀金兵二千及其万户、千户百余,最后力战而死,金兵锐气大挫。宋军继之,金兵惊溃,合境得以保全。后获杨尸焚之,得箭镞二升,可见战争场面之激烈和杨之英勇。杨再兴原是农军曹成的大将,曹败后被获,岳飞以"忠义报国"相勉,杨最终没有辜负岳飞的期待。其奋战之勇、报国之忠和保全之功,若以以劳定国、以死勤事、御灾捍患者应载祀典的标准方之,足应享受当地血食。祖嫡诸生时赴省城应试,数经其地,当问及当地人时漫不知省。和许州一带"俗好鬼神,岁时享赛,豪侈相竞[竞],丛祠淫祀,金碧辉映"的景象相比,有功于当地的这么一个人物不为人知,"不得享丛祠淫祀残觞冷炙之余",祖嫡不免寒心和失望,成为他的一个心结。① 直到隆庆五年(1571年)考取进士后才遇到机会,使夙愿实现。这年,刚好两位同年到这两县任职:刘应元任临颍县知县,王胤祥任郾城县知县。祖嫡说起此事,他们慨然表示此为知县首务。抵任后便调查父老、稽查图牒,最后确定在桥北官道旁隙地建祠祭祀。稍后的万历三年(1575年)春,祖嫡出使陕西回家,后返京时经过这里,又强调此举"有关风化",并"述其事于父老,靡不感动,争为建祠"。另外,祖嫡还专门给时任大梁分巡道的刘东星写信,要他促成此事,说此举不仅可慰忠魂于千载,且可"偈勇敢之气,励忠烈之节",也是持宪者之急务。② 从这里可以看出祖嫡不厌其烦、鼓舌建祠的动机。祠未竣,与祖嫡为同年的两人因治绩突出被召入京,刘为御史,王为给事中。万历七年(1579年)二月,王又出任河南按察司佥事,可以以上司的身份直接督促祠堂的早日建成,嘱临颍县知县刘芥和继任者陈璨前后经营,最终完竣。十月,当祖嫡请急告满再经这里时已是"美哉壮且丽矣"。万历九年二月,和祖嫡在史局共事达10年的翰林院编修赵鹏程

---

① 王祖嫡:《师竹堂集》卷一七《宋杨将军祠碑记》,第193—194页。
② 王祖嫡:《师竹堂集》卷三一《与大梁道刘公》,第339页。

准备来河南布政司任职。临行前,向祖嫡了解河南治状,话间提起杨将军事,遂矍然要携祖嫡文勒石于祠,这就促成了祖嫡《宋杨将军祠碑记》的诞生。该文不仅叙述了整个建祠的过程,还附有为祭祀所撰的迎神、降神和送神词。① 从确定基址、建设祠堂到树立碑记,表明祠堂的最终完成。从这一个例,可以看出一个祭祀对象从初步提议到正式纳入祀典的全过程,环节不难,但建祠过程颇难,因为涉及资金投入和官员迁转等因素。特别应注意的是,在将军祠完成的过程中,祖嫡对同年关系和同事关系的利用发挥了保障乃至决定的作用。从中不难得到启发:在其他事务或问题的解决中,这些因素难道不也发挥了重要作用吗?万历十年(1582年)十月初三日,祖嫡出使江西经过此地,临颍县知县陈某"备牲醴",偕祖嫡祭杨将军祠。② 杨将军虽处异代,将军祠也是新建,然这种物化行为却矗立起了忠义报国的精神丰碑。祭祀的背后是寄寓,更是传扬。

(二) 慈善救助

在平时或是灾荒年月,都会有一些慈善和救助之类的公益活动的开展。在政府缺位的情况下,出于修养和良心,士绅要么自己尽力,要么利用佛教果报说说服民众,鼓动群体参与。王祖嫡即是这方面的典型。

(1) 掩埋尸体,清洁饮水

信阳州城西门外有浉河,"一城饮者咸赖焉"。而州、卫监狱在西门附近。当时狱政黑暗,视人命如草芥,动辄使用酷刑,狱囚多死非命,尸体弃置河边,"往往有积尸十数,狼藉沙上,半弃水中"。污染饮水,有碍健康。所以,祖嫡见尸在河者必雇人瘗埋,一尸费数十钱,一次"多至十

---

① 王祖嫡:《师竹堂集》卷一七《宋杨将军祠碑记》,第193—194页。
② 王祖嫡:《师竹堂集》卷三七《报庆纪行》,第396页。

数,少亦不下六七"。祖嫡如此坚持了十数年,以致贫民小五和柳四以埋尸索钱为业。开始只是城西范围,后来其他地方若有发现也来报埋。由于连年凶荒,流遗人口的尸体也不在少数。因怕有沽名之嫌,祖嫡不令人知,有知者也笑他迂腐。尽管负担不支,祖嫡还是尽力为之。他说,"私念生于两间,鸟兽虫鱼,仁人且怜之,矧同类哉"①。本来,掩骼埋胔为王政之先,而地方政府却无所作为,其他富户见了也未必心动,那只有仰赖像祖嫡这样有善心的士人来担当了。

(2) 灾荒的个体救助和鼓动救助

祖嫡在回忆亡女的善良天性时说道,"遇岁饥或愁霖、甚雪,必劝予煮粥食冻馁"②。其母"心慈好施。族人、亲戚孤寒、贫窭赖济者不可胜纪。每风雨浃旬,雪霰连夜,或春艰于食,必自煮粥食婆子。复念有病不能出乞,则嘱童仆携粥遍历村落、庙宇。未卒前二日,天欲雪,寒甚,犹施粥计米数石"③。家庭成员善举的相激相荡,将会支撑这种家庭施善行为达到高点并维持下去。在灾荒期间,祖嫡的个体救助和鼓动救助典型的有两次。一次是万历十二年冬至十三年(1584—1585年)春的个体救助。另一次是万历十八年(1590年)春个人和鼓动他人相结合的救助。

万历十二年,祖嫡因服母丧正值家居。信阳州一带,前半年"膏雨及时",二麦丰熟,百姓推测秋当大获,为插秧计,倾其所有,竞相粜卖,大麦一斗仅十五六文,小麦二十五六文。插秧后,"雨水更调,人心益侈",又向大户预借青稻钱。所谓青稻钱,就是稻谷收获前的预先借贷行为:一般在收成时一石稻谷值银3钱,先期借的话只有其半,这一半还包含十分之二三的主翁礼钱和保头说合钱,其实到收成时一石稻谷还不值银1

---

① 王祖嫡:《师竹堂集》卷一九《漫记》,第222页。
② 王祖嫡:《师竹堂集》卷二五《亡女王氏墓表》,第280页。
③ 王祖嫡:《师竹堂集》卷二一《亡母太恭人袁氏行状》,第237页。

钱5分。然入夏后,气候突变。"旱风炎日,万里赫然。入秋热甚,河流尽断。村落远汲,往返十数里。牛畜喝毙,不可胜纪",秋收无望。到了八月十日又雨,日夜滂沱,豆黍之类霉烂田间,"民始大困"①。入冬后便出现劫掠现象,祖嫡庐墓坟地(寻远堂),晚上即可听到百步外的焚劫之声。到十三年春,形势更加恶化,"盗贼、饿莩充斥于野"②。因母亲卒后次年末入葬,适值饥荒,依靠借贷,勉强襄事。即使这样,祖嫡和妻子并未坐视,积极投入个人救助。据祖嫡载,"甲申冬、(乙酉)春,道殣相望。予在丘园,以粥食饥者。皆淑人亲煮,不令热而稠。念粥不给,以钱佐之。至麦熟,贫人罗拜去"③。万历十六年七月前后,他在给赈济专使钟氏谈及救助方法时重温了这段救助境况。"仆往家居,值岁大侵。尝煮粥以食饿者,男妇老幼云集待哺。亦先戒以毋争夺、毋越序,自当遍及。粥至,则群赴争食,釜盂尽坏,粥流满地,互相蹂践。次日复然。"然欲政府维持,怕忌嫉者说他沽名和形彼等不救之短,乃"阴雇健夫十数,持巨梃,往来恐喝、戒谕,编以字号。粥不足,则视其困瘵状给以钱,多则三文,少则二文。盖得钱买粥"。"自冬迄春,以此法行之。四月麦熟,相率罗拜而去。"④

关于救助获得实效的方法,在此仍须着墨。祖嫡在亲历中积累了丰富的灾荒救助经验,他也注意把这些东西介绍给地方大员,以便加以推广和收到实效。从万历十二年起,到十四年间,河南连续闹灾。万历十二年下半年信阳地方的干旱情形在十四年重演,"今春至夏雨泽全无,塘竭泉枯,河流亦断,人以稻田为命,兹栽插绝望,西成毫无觊矣"⑤。这年四月,衷贞吉被任命为河南巡抚,下车伊始即面临赈灾问题。祖嫡给他

---

① 王祖嫡:《师竹堂集》卷一八《罗山李侯救荒记》,第204—205页。
② 王祖嫡:《师竹堂集》卷三五《与邓定宇年兄》,第380页。
③ 王祖嫡:《师竹堂集》卷二一《诰封淑人亡妻高氏行状》,第241页。
④ 王祖嫡:《师竹堂集》卷三一《与赈院(钟)公》,第341页。
⑤ 王祖嫡:《师竹堂集》卷三一《与衷中丞》,第342页。

写信,献上"务沾实惠"四字妙诀,指出赈灾中流于形式的各种弊端:"不佞尝见郡、县赈饥,村落四五十里或百里未必知,知之未能来也。其能来者,尚能步履者也,而奄奄待毙、阖门枕藉者,即谷如山积、钱如泉涌,能救其溘尽之命否也?能来者环聚城市,或数日,或旬余,唱名不及,借贷无从,太半饿死。及唱名而给者,多系奸黠、豪猾雇觅之人,官见其形容枯槁、艰难困苦之状,负粟而出,喜曰可沾实惠矣,抑孰知出即它人之有。守候多日,仅得雇觅数钱已乎。其有不肯雇觅者携米而去,则强健者三五伺之,至小巷静处或城郭之外,不惟夺米,且并其衣而劫之。"欲克服这些弊病,使四字落到实处,则应采取切实做法。首先,宜委任得力赈济人员,"为今之计,宜令各乡村镇店各举公正有力、素为人信服者一二人,即以本处赈济委之,令其互相纠察。多立棚厂以煮粥,宁就饥民,毋令饥民来就。又必时刻散给,毋令其争夺,至于颠仆"。其次,应强化赈济监督环节,"又须多差精敏畏法之人在在访查,或佐贰首领亲历周视。赈济有法、民沾实惠者,小则量行奖赏,大则迎老给以官带。其有侵渔为利与夫赈济无法、民不沾惠者,亦视其大小而惩治之,使人人知上之不可欺而又不忍欺也"。最后,还要发挥地方官员在赈灾中的主导作用,"然又必责之掌印正官,不时举其留心民瘼者一二人,劾其不尽心力者一二人"。这样,就形成了上下相维、彼此相制的赈济体系,"即不能人人沾实惠,而如前之弊断可祛矣"①。这对当时河南巡抚的赈灾具有重要的借鉴价值和指导意义。此外,还就政府发放临清、德州仓米赈济的具体事宜,提出了务实可行的通融意见。稍后的万历十六年,南方发生罕见大旱。七月左右,政府派专使前往赈济,祖嫡把给河南巡抚衷贞吉的信件附寄给他,并叮嘱说务必深入调查,切实了解地方灾情,使百姓沾惠。"门下宜兼程遄往,若抵地方,当屏去驺从,少霁威严,延问父老,遍行村落。仍出简明条

---

① 王祖嫡:《师竹堂集》卷三一《与抚院衷洪溪》,第340页。

约,人人各陈所见,采而行之,务使待毙者沾惠,贪黠者敛迹。"①这种贴心的建议集中体现了祖嫡的恤民思想和务实精神。

祖嫡因妻亡和自己胃病加剧,万历十八年(1590年)正月告退归里。从万历十七年始,信阳即已大旱,到十八年春,"河流亦竭,村落汲者率十数里外,得缶水不啻玉液",二麦幼苗渐枯。当时信阳以水田为命,到三月半时,"狂风烈日,沟渠成陆,栽插绝望。谷日踊贵,人心皇皇[惶惶]"。而湖广蕲、黄、荆、郧等州荒甚,当时他们并不知道信阳也灾,于是"老幼男女累累来就食者相属于道"。"哀乞之声盈于委巷,无肯捐一钱者。"②面对这样大批难民需要赈济的情形,祖嫡感到靠零星的单体救助于大局无补,于是试图采取鼓动里人普遍参与的方式:"仆既私赈之,而又为义会以倡里中人。"③他利用信阳人普遍信奉佛教的特点和与城东朝阳庵、城南丰泰庵高僧的良好关系,把信众引导到救助上来。祖嫡以自己纯熟掌握的佛教精髓为基础(下有论述),奔走联络,鼓动游说,创办了富有创意的义会,发挥了理想的救助作用。他分别在二庵前集大众环坐,宣讲道:

> 汝等心虽善而事未善。持念佛然[燃]灯、礼僧作会以为修福,如往西方,却从东去,必不可至也。大众惊疑,愿闻其说。予曰:佛在舍卫城说法度人足矣,达摩初祖何由来震旦?震旦者,东方也,即我中国。盖佛以慈悲为心,不忍中国戕害,故来觉之,如吾尧舜周孔欲万物各得其所是也。夫万物有一不得其所,圣人之心终不自已。视人之饥寒流离、委于沟壑,佛乃跌坐合掌、漠不动心,有是理乎?饥鹰馁虎,佛不惮以身布施,况同类者哉?昔梁武帝问达摩,朕建塔修寺、舍身布施,功德如何?达摩曰:全无功德。帝又诘之,达摩曰:

---

① 王祖嫡:《师竹堂集》卷三一《与赈院(钟)公》,第341页。
② 王祖嫡:《师竹堂集》卷一八《义会记》,第205页。
③ 王祖嫡:《师竹堂集》卷三四《答某中丞》,第373页。

此人天小果、有漏之因,故曰全无功德。达摩之意,盖谓武帝止知敬佛、不知利物。人能利物,虽谤佛不为谤;不能利物,虽敬佛不为敬也。武帝不悟,达摩遂去。今汝大众,止知烧香、点灯为敬佛,吃斋、饭僧为修善,不知此谓之不善固不可,谓之尽善亦不可,何也?不能利物故也。今方旱甚,四方来乞食者至多,汝等视其号泣而不顾;死者至多,汝等视其暴露而不恤,乃日日烧香、夜夜然[燃]灯,不知佛以清净为香、普照为灯,不赖汝等之供也。我今劝汝大众别作一会,以十之一点灯烧香、饭僧诵经,以十之九赈此垂死之命,既不废汝等之善,又可广利众生。但愿入会者诸色人等,我与平等,无有分别,如何?大众踊跃喜曰:敬闻命矣。①

这是祖嫡的演讲辞,既有说理,又举实例,道理阐释得非常明白,其结论就是:敬佛的本质即利物,利物济人即是礼佛的具体体现。于是,大众悦服,二月十五日在朝阳庵、三月初二日在丰泰庵举办义会,每会200余人,有序开展赈济活动。在赈饥办法上,考虑周密和可行:"二庵主僧先命其徒煮粥,不甚稠、不甚热,埋大缸土中,以担盛粥。择其最老、最瘵者为一处,妇人、小儿为一处,病者为一处。俱坐,每一行约六十人,则以一人主之。人先给一瓯一箸,以次与粥,周而复始。食竟,无一哗者,徐徐鼓腹而去。……自是每会食者不下千余。僧又蒸面食,包以菜,人各携去。"而二庵僧昼夜诵经祈雨。到三月十九日雨,二十二日大雨,"愿还乡土者,计道里远近资遣之"。祖嫡恐有不知者或病者不能赴,又命能干仆人持钱遍行市野。此后食粥者渐减,而会也不废。"不但饥者食之,死者瘗之,即不能婚嫁、不能丧葬者、苦于征求、病于逆旅者一切咸周之。"②救助内容更为广泛。

---

①② 王祖嫡:《师竹堂集》卷一八《义会记》,第205—206页,第206页。

在办会前,祖嫡是顶着来自不同方面的压力的。悭吝者说他迂腐,而捕盗者危言恐吓,说人众致寇。而祖嫡毅然不顾,组织义会。因他深知,真正致寇的不是救济,而是无视。"不思千疮百蠹起于荒岁、成于饥民,虽有粟吾得而食?矧有惨祸耶!"①堪称远见。潜藏在深层的果报思想和良知良心是这种善举的精神动力。如前所云,鱼鸟尚要施仁,何况同类?在万历十二年秋冬大灾中,罗山县知县李弘道以民命为重,救济得力,盗贼不起。祖嫡私下将此事记下,即《罗山李侯救荒记》。他在记中云,雪一冤狱、食一饿人即可得到善报。像李知县这样活人不下数万,天之善报难道会微小吗?正是基于这些经历,他写过一篇《阴德论》,批评了那种出自吝啬者口吻、意在自我辩护的对阴德的堂皇解释,说阴德是做了善事,不令人知,只有鬼神知之。王祖嫡说,世间有三种人:一种是圣人,即"无所为而为善"者,做善事不为什么,完全出自自然;第二种人是"有所为而为善"者,即为了沽名和获报而做善事的。还有第三种人,即"无所遏而自不为"者,或称可为而不为者,这种人表面上说做善事是为了沽名,市恩于己,归怨于人,是形有司不作为之短,而不去做善事,其实是给自己的吝啬辩护。所以,他鞭挞第三种人是担心他们的言论会造成恶劣影响:"己不能仁又恐人之仁,倡为阴德不知、恩怨孰归之论。俗之守钱悭夫援以自解,而好善不笃者闻斯言或生眩惑。为祸之烈若此,皆鬼神之所必诛、仁人之所深痛者也。"②

四 撰著中的思想流露

王祖嫡入仕后的经历基本限于翰林院史馆或相关职务,这种经历使他养成了善于和长于著述的习惯。事实上,在其早年就已显现出了良好

---

① 王祖嫡:《师竹堂集》卷一八《义会记》,第206页。
② 王祖嫡:《师竹堂集》卷二八《阴德论》,第315页。

的文学素养。现留下的有时间可征的最早作品是他 14 岁时所作的一首七律《咏檐前铁马》：

> 大宛从征获贰师，争如炉冶范形奇。
> 突围独与西风战，立杖羞随上厩仪。
> 峡口暮猿悲亦减，戍楼残角韵因迟。
> 千金谁买神驹骨，一夜秋檐万里思。①

和他纯熟阶段深而不晦的创作风格相比，虽不免稚嫩和着意打造的痕迹，但已锋芒初露。在祖嫡去世不久，当朝人对其诗即有评价："公诗气韵冲融，首尾匀妥，绝无斧凿、饾饤之迹。读公诗者知其从大复派中来也。"②就其一生诗文所达到的水平，刘海涵曾有评论，"师竹生大复后，诗虽稍逊，而文与大复实相颉颃"③。另处表达与此稍异，"师竹生大复后，诗虽稍逊，而文似出大复上"④。祖嫡和同样是信阳的前辈文学复古大家何景明相比，诗虽稍逊，然文却与之颉颃，甚至超而上之。除后来刊刻的文集外，根据书目线索知，其所撰作品尚有《烈妇录》《辩冤私录》《书疏丛抄》《空华录》《家庭庸言》等。现据其主要著述，就其所隐含的思想阐述之。

（1）《空华录》

王祖嫡体恤其母早年的艰辛，所以孝顺有加，已见前述。万历十一年（1583 年）底，其母病故，祖嫡筑室墓侧，依制守孝。"名曰三年，实二十八月耳"⑤，到万历十四年二月服除。在这个阶段，极度的静寂给了他思考问题的巨大空间。在他看来，鬼神是存在的，而不应视为诬妄。幽明、

---

① 王祖嫡：《师竹堂集》卷五《咏檐前铁马》，第 74 页。
② 王兆云：《皇明词林人物考》卷一二《王师竹》，四库全书存目丛书，史部 112 册，第 225 页。
③ 刘海涵：《龙潭文存·师竹堂尺牍序》，第 37b 页。
④ 王祖嫡：《师竹堂尺牍》卷首《序》，龙潭精舍丛刻本，第 1a 页。
⑤ 王祖嫡：《师竹堂集》卷二六《禫服祭太恭人》，第 295 页。

死生和人鬼是相对应的概念,如阴阳之对立、昼夜之循环一般。那种否定鬼神的无鬼之论,其实就和让阳不必有阴、昼不必有夜一样,是无法做到的。这种认知的确立,并非要人陷入鬼神崇拜的绝对境地,而是起到规范个体行为的作用,"致力于所当为,而不惑于不可知","钦于昭昭,惕于冥冥",在独处时如有鬼神在那里十目所视、十手所指,从而做到自律和慎行。所以,他"深夜默坐,有感鬼神事,乃以目击或闻之不诬者纪之,为鉴诫","取圆觉空华之语"名之《空华录》。①

他对鬼神的看法,和他对梦幻的理解以及对佛道的信奉也是相通和一致的。同期的万历十三年四月,他刊刻了好友、苏州府长洲县人张凤翼的《梦占类考》一书。张氏出入经史,旁及稗家,参诸群籍,验诸耳目。"参纪错柔,适于事用",把有关梦幻的记载分类编成该书,共分34类,总12卷。当时人们普遍具有相信梦兆的习俗,祖嫡也不例外。嘉靖三十四年(乙卯,1555年),在将要参加乡试前的七月三十日,他专门写了祷辞,拟五更时分到城隍庙去焚烧祈梦。可是,以后在多次经历了表面上看似神奇的梦境甚至细微可见的梦幻失验后,他对梦的这种精神现象有了更为理性的认识。"古今纪梦灼有奇异者,大率皆偶然耳。"②当别人问及他对梦境信否时,他只是模糊答道:"可信不可信,断之以理、主之以心而已矣。"可见他对梦的相信度是打了折扣的。那么,王祖嫡为何还要捐资刊刻此书呢?因为他从此书中看到了张的"用心良苦",而这正是他们认识的契合点。张氏在序中说,"若乃梦凶乃得吉、梦吉而得凶,则休咎无常、敬肆不一,亦存乎其人耳"③。之所以能出现这种梦幻和应验之间的错位甚至背离的现象,一些吉征不能实现,说明休咎并不固定;能够圈定吉境或使凶兆化为吉安,端在人自身的或敬或肆的态度,或善或恶的表现。王祖嫡对之做了更明晰的解释:梦幻从本质上来说是神谕的体现,"人有

---

① 王祖嫡:《师竹堂集》卷九《空华录序》,第115页。
② 王祖嫡:《师竹堂集》卷一八《纪梦》,第212页。
③ 张凤翼:《梦占类考》卷首《梦占类考序》,四库全书存目丛书,子部第70册,第2页。

妄念，梦亦因之。或造物稔其恶，示妖以祸之"。因此，只有"坚忠孝之志，销觊觎之心，必有余庆，自求多福"①。他自诩这是他的占梦神术，也是对张凤翼"敬肆之说"寓意的忠实诠释，由此可以看出他们刊刻此书的特别用意。

祖嫡信奉佛教，这与他的家族传统有关。作为始祖的高祖王悦（字伯和），时任千户，宣德六年（1431年）调来信阳时，在"野多荒田"的黄山岭下率众开垦，子孙集居。他"雅信佛"，在岭的南北各建一寺，相距五里许。岭南者称南寺，岭北者称北寺，即鸡鸣寺。"风清夜静，铃铎相闻。"每年他都要"设会饭僧，岁以为常"②。另据祖嫡说，他的伯祖母周氏、祖母耿氏和母袁氏，"俱笃信般若，寿俱七十八九。殁俱冬月，颜色如生，不惊不怖"③。男性和女性祖辈信奉佛教的传统对他的影响应是潜移默化的。幼时他父亲常带他到鸡鸣寺嬉戏。嘉靖十八年（1539年）时，因政府禁佛，鸡鸣寺中衰，父王诏"每过必太息，不忍去"，把寺院看作祖宗创业的成果。后来弛禁，曾住鸡鸣寺达20年的卢氏人柏堂"戒律精苦"，到京师、五台、峨眉、钱塘和匡庐等佛教圣地游历、化缘，嘉靖四十年代时返回，"虔叩佛天，倾其所积"，雇觅匠役，信众也受感动，"翕然乐施"。四十三年（1564年）九月动工，次年四月完竣，建成大殿、方丈、精舍、长廊等，泥塑、壁画一新。祖嫡感慨140年间寺院兴废变迁，心情复杂。在他入仕后，多次到寺院拜谒缁流，谈论佛理，有时还有赠答题写。母卒后，祖嫡从朝阳庵无碍禅师那里借来《金刚经》，让子侄朝夕跪诵，葬后庐墓，以《南史》所载王固母卒后他终身蔬食诵经作为昔贤的榜样，仍然不辍。当时适值大饥，离坟地百步外夜间即有焚劫之事，而他和陪同的两个童子却安然无恙，好像阴有护持者。因善本《金刚经》颇少，他先后购了十几

---

① 王祖嫡：《师竹堂集》卷九《梦占类考序》，第116页。
② 刘海涵：《王师竹先生年谱》附录，王祖嫡：《重修鸡鸣寺记》（嘉靖四十四年），第31b页。按，王悦的儿子即祖嫡曾祖王端，性格严毅，不喜二氏，常常与僧人畅谈因果报应之事。见王祖嫡：《师竹堂集》卷二〇《明广威将军竹里府君行状》，第230页。
③ 王祖嫡：《师竹堂集》卷三五《刻金刚经跋》，第385页。

个本子。万历十三年(1585年)春,其子延世得到一个"小帙精妙,易置怀袖"的本子,他便加以翻刻,"与具善根者共"。① 万历十四年春母丧除后,在州城西南利用隙地挖低垫高,凿池为桥,修建了名为"丘园"的家庭园林组合。其主体建筑瑞云亭西的蓄德斋(藏书数万卷及古今图画)后所建的白业精舍即为"供诸佛、大士"②所用。河东人高僧无碍禅师在伏牛山一带活动最久,"勤苦精进,大众敬仰",选择州城东隍地左、震雷山南的"畦田远近,烟树空濛"之地开辟寺院朝阳庵,"归者云集",祖嫡也常访之,万历十六年应其所求为其撰碑③。万历初,神宗生母慈圣皇太后"悯念辇下亿兆杂处,相戕相害,汩没苦海,扇以业风,吹以飓浪,种种恶趣,不自解脱。欲新其耳目、移其志念",乃在三圣寺旧基上修葺香火别院明因寺。因所处幽静,祖嫡公暇曾经过访,主持僧也为信阳人,因以寺碑为请。万历十七年(1589年),祖嫡撰写碑记。从碑记的内容看,他确实洞悉佛教真谛,关键是他还会通了儒、佛之道的精髓。大意谓:佛教在社会治理中可以补政刑之不足或不及。其核心是一"觉"字,即人心之灵,每人皆具。"觉则如来,迷则众生",有善有恶,"善恶殊途"。"能明厥因,自见本性。"因此,佛教是可"翊教赞化"的。所有四海圣人的淑世之心和拥持之理是相同的,那些昧于此而视轮回果报为妄诞的人"不可不明也"④。这种看法在当时儒释和合的思潮中不为新鲜,但对作为具有高深儒学修

---

① 王祖嫡:《师竹堂集》卷三五《刻金刚经跋》,第385页。
② 王祖嫡:《师竹堂集》卷三三《又与张阳和》,第363页。
③ 按,此碑记收入刘海涵所编年谱附录中,题为《朝阳庵碑记》(第29b—30b页),署时万历十六年岁次己丑冬十二月。万历十六年为戊子,己丑为十七年,两者不合。己丑冬十二月正是王祖嫡请告还乡之时,恐无时间和心境写此碑记,且碑记中也无透露出乞休的丝毫信息,故推测应为十六年所作。
④ 王祖嫡:《师竹堂集》卷一七《明因寺碑记》,第192页。按,该碑所撰时间,据《钦定日下旧闻考》卷五八《城市·外城南城二》所载明因寺条,时祖嫡为司经局洗马。据陆可教《师竹王公祖嫡行状》载,该碑深得神宗生母慈圣皇太后李氏的欣赏,多次派宦官赏赐银两、文绮、佛像和御药等物。当时祖嫡有重听和胃病,故有赐药之举。又说,文中有"涂膏釁血"语,微含耗费百姓膏脂讽喻。然今天所见者无,或许太后多次赏赐,暗示其抽去之意,而最终祖嫡删去此句欤?

养的王祖嫡而言,至少表明他并不封闭、保守,他的思想是开放和实际的。他对鬼神和佛教表面上的赞许,不唯是信奉,更可说是利用。

(2)《家庭庸言》

此为祖嫡在自己晚年的最后日子里给子孙留下的嘱托和教诲,属于家训性质。《明史》卷九六《艺文志一》著录。上海图书馆现存抄本。该书序中称,"兹不幸高淑人弃予先逝,而予胃疾大剧,惧卒尔溘先朝露,无以贻子孙,乃于注籍养疴、药饵之余,随所记而笔之"。其妻高氏卒后,祖嫡上疏乞休,得到允准,万历十八年正月至家,所以该家训应陆续完成于此年或稍后。王家有训诲子弟的良好传统。父王诏历经坎坷,在失去世职后,自号"耐辱",有忍辱之意。尝以五代时期王道为题作诗,"诗语明切,足为躁进妄觊者药石"。常诵此以自遣,"故辛苦备历,怨尤自寡",这是自修自解的良方。后将此诗写于自家余庆堂的粉壁上,告诫祖嫡兄弟说,"汝曹第如诗旨而行,可保身家,可祛疾患,不必质故布而讯季主也"。祖嫡将其写到纸上收藏,后自己作跋,让人勒石,使王氏子孙知先人垂训恳笃如此,"安分循理,毋萌它念",弗坠家声。① 父亲蒙受不白,"生死含冤",而对他们的教训,除"忠孝之外,无他说也",所以他一生"不敢为一不义事"。自己的成长从父亲的教诲中获取了无限的教益。循此理路,祖嫡也重视家庭训诲和延续这一做法。在他看来,朱熹曾有教人行为的《小学》一书,"原之曲礼,参之懿行",家传人诵,通行天下。这只是一般的做人规则,而家训更带有家庭性和针对性,"家训诸书,为其子孙者也",是"出自肺腑,托之笔砚"的口泽和手泽,谆谆恳笃,"不啻耳提面命"。良心不泯的子孙展卷读之,便会感奋流涕,因之兴起。"古今家训诸书,不下百余种,而子孙能行者十无一二。"因此,在拟写家训时要掌握"贵实不贵虚,贵近不贵远"的原则,事例要卑近,不尚高远,甚至是家庭行善的事例;行文要朴素,不取华丽。若"尚藻缋而忘恺悃,采异代而略

---

① 王祖嫡:《师竹堂集》卷三五《先将军遗墨跋》,第384页。

目前,非所以训子孙也"①。其《家庭庸言》的名称便由此而起,取其切近日常和可行而言。"期其必行",应"酌其可行",两者必须统一起来。祖嫡非常重视宗族建设,在建祠和族田等方面都有成熟的考虑,对子孙谆谆相嘱。兹为列出,姑且从这两点来观察他是否贯穿了在起草《庸言》时的意图。在建祠时说:

> 将营居室,必先祠堂。水火盗贼,先护神主。……祠堂不必广阔,洁净严肃,一依《家礼》,庶人心有所统摄。此第一当留心者。古不墓祭。墓者,亲之体;祠者,亲之神也。子孙能于此明其说,即孝子慈孙矣。祠堂内总为一大龛,如供卓之制。每代隔为一室,以中为主,昭、穆各以次列,不必以西为尊。②

在置田赡族时说:

> 义田不但赡族,实联属比合之深意,最不可缓者也。子孙分散,要之祖宗一人之遗,如异派之有源、丛叶之有根,不可不思也。诚思之,必不忍吾一身之饱暖安居、族人之流遗困苦,漠然亡情矣。范公义田,一时一事尔,迄今以为盛事。笃伦者往往取法,推恩有序。汝曹当力讲之。此而弗恤,虽博施济众,亦倒行逆施类耳。

> 田须以膏腴者,视族之多寡,不必多。大约以吾州、吾家言,三十石足矣。牛种耕耘,俱为主之,不必以烦族人。收贮一仓。其赈予法,临时斟酌,立为一簿。此在佳子弟留意,未可预拟也。赈时或与钱,亦便。③

这两则家训虽只是《庸言》中的很小部分,据此已不难看出王祖嫡关怀族众、推恩族人和他一贯务实的精神。

---

① 王祖嫡:《师竹堂集》卷九《家庭庸言序》,第114页。
② 王祖嫡:《家庭庸言·祠堂》,王司业杂著三种本,第106页。
③ 王祖嫡:《家庭庸言·义田》,第107页。

五　人品和学行的完美结合

嘉靖三十七年(1558年)王祖嫡中举,时年28岁,之后到41岁才中进士。在还未成进士之时,他就因扎实学问和良好操行受到当地人的注目。下面我们从两任知府对待他的态度上即可感受到,在他仍是举人身份时,其在地方上即已拥有了较高的知名度和影响力。

嘉靖四十年到四十二年(1561—1563年)间,徐中行任汝宁府知府。徐中行,字子舆,浙江湖州府长兴县人。嘉靖二十九年(1550年)中进士后加入李攀龙、王世贞等人组成的诗社。因诗社诸人与权臣严嵩党羽相左,徐氏在三十九年(1560年)守制期满后被外补为河南汝宁知府。当时,祖嫡对徐在文坛上的地位和影响已有了解,如他所云:"某申之鄙人,窃伏浉(溮水)滨,闻徐先生子舆[舆]久矣。毋论历下(李攀龙)、吴门(王世贞)并驰兢[竞]秀,而坦夷清粹,海内人士咸切登龙之念。"①信阳州属于散州,也在汝宁府辖内。徐氏对祖嫡也有风闻,"闻足下才、节如大复(何景明)"②,所以当巡历至信阳州时希望拜会他。祖嫡自感资历轻微,主要是其父不白之冤当时尚未洗雪,恐有攀附之嫌,便故意回避了。事后他专启呈达,说明逃避不见并非出自矫情,而是另有原因。他说,当时整个社会情弊是在上者失之倨傲,在下者失之趋附。自名为山人,不隐深山,攀附权贵,挟策糊口,"挥麈谈诗,扪虱抗礼。揣度上意,因缘为奸利。退或大言时政,诟讪要津,阳示憨直,阴持短长。一遭驱逐,亡命乞怜。事已复集。都下以此败者多矣"。所以他引以为戒,洁身自重,"夫士诚自重,宁掩荣名?苟不见知,天地至大,焉往弗适。何至怀刺伏谒,向舆人、阍吏謦折耶?"③通过对山人的批评可以看出他的节操和追

---

①③ 王祖嫡:《师竹堂集》卷三一《上郡守徐公书》,第336页。
② 徐中行:《天目先生集》卷二〇《答王太史》,第879页。

求。后来随着他对山人接触和了解的增多,态度有所改变。① 信中最后说,把自己写的《烈妇传》呈上,希望能对地方风化的矫正有所助益。此点已见前述。

在隆庆二年到三年间,先此曾任徽州府歙县知县的理学家史桂芳任汝宁府知府。他在汝宁推行乡约保甲制的同时"力行教化",希望化导百姓。"凡忠孝节义,在上世者无不崇,在当世者无不表。"王祖嫡和光山县举人官思恕因"皆有学行",深得史知府"雅敬",被列为"士民标表",作为当世忠孝节义的楷范倡导人们效法。② 把祖嫡作为孝行的榜样,无非是他卧薪尝胆,到处奔波,使父冤最终得雪的表现。不过,祖嫡给儒学教官和诸生表达了辞去这份荣誉的愿望,并希望他们转达史知府,但史氏并未放弃,又令复核。这令祖嫡十分感动,于是诚恳地给知府写信谈了自己的真实想法:

> 仆学不加人,行犹混俗。用世初志,既以病妨。延誉广交,皆为长物。况人易改节,论必盖棺。来檄奖予不肖者,毋论不敢当,恐未

---

① 按,山人群体大体产生于嘉靖初,到嘉靖末愈盛,渐成一种社会现象。此时的山人不乏奴颜婢膝、媚态尽现之例,但也并非尽然,说明王祖嫡此时的认识尚有局限。后来,他和名山人王稚登(字百谷,苏州府长洲县人)结为好友,书信往还。他给王的信见《师竹堂集》卷三三《尺牍》,题《与王百谷》,对王稚登推奖有加,说他"文似庄、左而达以宣畅之词,诗本颜、谢而发以沉郁之调",为吴中才数之杰出者。为他数运不佳、未登仕籍而遗憾,为他在东阁期间深得阁臣袁炜赏识而欣喜,更为他在袁死后"冒雨冲浪,千里哭之,搜辑遗文,经纪家事"的义举而感动。文中更提到嘉靖间入胡宗宪宾幕的沈明臣,在胡冤死后"宾客远避"的情形下,对他"独为文哭之,悲风苦雨,白昼四来"的义行表示赞叹,说沈和王一样皆属于"苦节弗穷,独行弗僻"皆富个性的人物(第364—365页)。在刘海涵《王师竹先生年谱》附录部分收有王稚登给王祖嫡的3封信件,其中第1封是专门讨论山人问题的(王稚登:《答太史胤昌》,第8a—10a页)。万历十四年春,祖嫡在为其母守孝结束后,心情抑郁,若有所失,便辗转借贷,殚力营建朴素而又幽雅的"丘园"景致群落。门首题额"丘园"两大字还是俞山人(允文)的手笔(见《师竹堂集》卷一六《丘园记》,第188—189页)。上述事实说明,王祖嫡对山人的认识不断深化和拓展,并且和他们有了直接接触和交往。山人现象其实是怀才不遇的下层士子群体在社会巨变中对自身生存机会的寻求和把握;依托达官贵人不应成为指责他们的理由。万历后其成分更加复杂,行为方式也有变化,应做具体分析。可参见牛建强:《明代山人群的生成所透射出的社会意义》,《史学月刊》1994年第2期。
② 夏子羽:《史惺堂先生年谱》隆庆二年戊辰,史桂芳:《皇明史惺堂先生遗稿》卷首,第14页。

遽信矣。如同檄节妇某、孝子某咸目击不诬,允宜厉俗,若仆者只自愧汗耳。……伏望明公察仆区区原非矫枉,俯停前议。其同檄节孝,乞速施行,勿为仆沮。……若阳辞而阴钓,索价以沽名,则良心炯如、鬼神昭布,万万不敢也。①

祖嫡这封信发自内心,反映了他谦虚自励的高尚品质。后来在考取进士、步入仕途后,仍一如既往地注重内在素养的修炼和忠孝伦理的践行,实现了人品和学行的齐驱并进。

大体在祖嫡的晚年,著名学者王世贞和同样熟悉祖嫡的一位茅姓客人一起谈论过祖嫡。王世贞将谈论的结果告诉了祖嫡:"仆谓当今冲雅如黄叔度(宪)、退让如羊巨平(祜)、渊博如杜征南(预)、文采如陆平原(机)者,老丈一人而已。"②把祖嫡放到当时具备评定资格的圈子中加以比较品骘,认为只有他才是兼具古来学者的冲雅、退让、渊博和文采诸优点的人。这封信大约写于他们都快要离开这个世界的时候。两人垂垂老矣,没有年轻时的激昂血性和思维的偏颇,回顾他们长期交往的过程和祖嫡近乎一生的表现,在思考和判断时更多透出沉稳和理性。而就王世贞一向严谨博识、不轻许人的性格而言,他对祖嫡的评价显然不是出于逢迎和溢美。祖嫡实现了人品和文章的水乳交融与完美结合:冲雅和退让映照出他谦让、虚心和儒雅的品格;渊博和文采则外化出他知识广博、累积深厚以及行文优美的表现。其实,这两大方面本来就是密不可分的,它们互为因果,相互促进,交相辉映。如同车之两轮,很难想象,缺少一个支点,另一个支点如何才能成立和具有意义。只有像祖嫡这样,才堪称真正的学者;只有真正的学者,才能如此做来。我们若把对祖嫡的如此评价和前面的诸项论说相联系,便可得到准确而清晰的印证。

---

① 王祖嫡:《师竹堂集》卷三一《上史府尊》,第343—344页。
② 王世贞:《弇州续稿》卷一九五《文部·书牍·王胤昌》第10则,文渊阁四库全书,第1284册,第774页。

居阁期间的高拱与河南地方政治

明万历初年的张居正改革对人们来说可谓耳熟能详,然其直接性的源头和启发则来自高拱及其隆庆改革。诚如著名学者韦庆远所云,作为始创期的隆庆改革,为万历朝大改革奠立了基础,确定了政策走向;后者是前者改革方案的合理延续和发展,其间的承传和衔接关系非常明显。如果没有隆庆时期奠定的初基,万历时的改革也就势难如此迅猛地展开。① 可见,对高拱隆庆改革的研究是完整理解隆万改革的必要前提。近些年来,这一看法已成研究者的共识,更多的人开始关注并致力于高拱及其隆庆改革的研究。关于高拱隆庆改革的吏治整顿、军事改革和边防建设等方面的研究,韦庆远《张居正和明代中后期政局》第九章做了深入而系统的论述,其他代表性成果有牟钟鉴《论高拱》(《中州学刊》1988年第5期)、王兴亚《高拱的吏治思想及其改革》(《商丘师范学院学报》1987年第1期)、张鸣芳《高拱整顿吏治的理论与实践》(《法学杂志》2007年第1期)、岳天雷《高拱的军事改革及其靖边功绩》(《郑州经济管理干部学院学报》2004年第2期)、赵世明《高拱军备边防建设及其历史地位》

---

① 韦庆远:《张居正和明代中后期政局》,广东高等教育出版社1999年版,第5页。

(《哈尔滨学院学报》2007年第12期)等。这些成果因其研究对象或范围的限定,皆未涉及居阁期间的高拱和河南地方政治间关系的问题。高拱出身河南,对家乡情况包括一些问题了解较多,有关地方的讯息对他来说也较畅达,这种天然的乡谊关系决定了他和河南地方间微妙联系的存在。同时他身任阁臣,柄握大政,以国家代表和形象出现,从这个角度言,他对河南地方政治的关注和参与实质上体现的是国家和地方间的关系。因此,我们尝试的这项研究不仅可以深化对高拱个人品格的理解及对隆庆改革的深度和细部的认识,还可窥知国家对地方施加作用的方式、过程和两者互动的实态。

一 高拱两次入阁概略及当时之社会问题

(一)高拱两次入阁概略

高拱,字肃卿,号中玄,河南开封府新郑县人。正德七年(1512年)十二月十三日生,万历六年(1578年)七月初二日卒。嘉靖二十年(1541年)成进士。后相继任翰林院编修、侍读、侍讲学士、太常寺卿管国子监祭酒事、礼部左侍郎、礼部左侍郎兼翰林院学士,继以吏部左侍郎兼翰林院学士掌詹事府事。其间的嘉靖三十一年至三十九年,担任裕王(即后来的穆宗)讲官达9年之久。四十四年(1565年)六月,升礼部尚书兼翰林院学士。四十五年三月二十八日,以礼部尚书兼文渊阁大学士入阁参与机务。时徐阶任首辅,因高拱"不为折节","丰裁"自出,两人意见时有不合而引发冲突。[①] 和高拱一同入阁的郭朴,系河南彰德府安阳人,与拱同乡,两人过从甚密,资格较拱为老,拱每事推之[②]。高拱因获盟友支持,对阶更是倨傲,"负才自恣",使阶无法容忍。当世宗宾天之际,阶起草遗

---

① 《明神宗实录》卷八四,万历七年二月乙巳,台湾"中研院"历史语言研究所影校本,第1962页,第1774页。以下凡引实录皆出此本。
② 王世贞:《嘉靖以来首辅传》卷六《高拱传》,文渊阁四库全书,第452册,第489页。

诏,"尽反时政之不便者",然"拱与朴不得与闻,大恚,两人遂与阶有隙"①,积怨加深。先此,兵科都给事中欧阳一敬等疏劾高拱屡遭论列而不思引咎,"反指言官为党,欲威制朝绅,专擅国柄,亟宜斥罢"②。继而南京都察院御史李复聘等劾奏拱奸恶五事,也请罢之③。高拱"前后疏辩,词旨颇激"④。而高拱门生、都察院试御史齐康以拱屡被论劾,疑阶主使,乃出来反击,疏论徐阶"险邪贪秽、专权蠹国"⑤,激起更大波澜。于是,"九卿大臣及南北科道官纷然论奏,极言丑诋,连章特疏,不下数十"。其他如"御史巡按在远方者,转相仿效。即不言,众共起之。大抵随声附和而已",形成更大的论拱声势。在奉迎徐阶的政治势力的强压下,高拱无奈,引疾求退。穆宗出于藩邸讲读旧谊,对拱或降谕慰留,或遣医诊视,然"拱终不出,求去益坚"⑥。隆庆元年(1567年)五月二十三日,称病乞休。这是高拱的首次入阁经历,前后仅一年零二个月。在该阶段,因与首辅徐阶间的矛盾和冲突,他的政治才能未能得到施展。

在拱蛰居两年半后,隆庆三年(1569年)腊月,穆宗召其还阁,兼掌吏部事。高拱疏辞,穆宗不允,说"拱辅弼旧臣,德望素著,趣令赴任"⑦。高拱在辞弗获准的情况下,次年二月初三日正式"陛见履任"⑧,到隆庆六年(1572年)六月十六日被阁臣张居正、司礼太监冯保合谋排挤止,共两年半的时间。这一阶段是高拱政治生涯中的辉煌时段。他通过为期不长的隆庆改革施展了自己的政治抱负和才华,为万历初改革铺垫了基础,深刻影响了明代政治历史的进程。标题中的"居阁期间"即是指高拱第二次入阁这一时段。

---

① 张廷玉等:《明史》卷二一三《郭朴传》,中华书局1974年版,第5643页。
② 《明穆宗实录》卷七,隆庆元年四月庚寅,第196页。
③ 《明穆宗实录》卷七,隆庆元年四月癸巳,第200页。
④⑥ 《明穆宗实录》卷八,隆庆元年五月丁丑,第235页,第236页。
⑤ 《明穆宗实录》卷八,隆庆元年五月甲戌,第232页。
⑦ 《明穆宗实录》卷四一,隆庆四年正月丙戌,第1026页。
⑧ 高拱:《高文襄公集》卷三《纶扉外稿·序》,四库全书存目丛书,集部第108册,第33页。

在高拱再次入阁前,徐阶已于隆庆二年七月致仕,李春芳继任首辅。李氏担任此职直到隆庆五年(1571年)五月间,但这只具形式上的权力意义,实际权力则掌控在高拱之手。一则是高拱得穆宗信任,兼掌吏部之权,从明朝阁臣权力的演变史上看已是无以复加了。二则从阁臣性格上分析,高拱强势,而春芳柔弱。史载,"春芳恭慎,不以势凌人"。当高拱再次入阁后,"直凌春芳出其上,春芳不能与争,谨自饬而已"①。另有载,"春芳位居高拱上,而局蹐选[巽]懦,务为容悦。拱任气使才,敢于有为"②。三年八月入阁的赵贞吉,也"刚而负气",不时与李相忤,"遇事即争",而李却"始终容之"③,也可印证李氏的柔懦性格和处事方式。尽管李春芳只是一个摆设,然在名分上仍为障碍。隆庆五年五月十七日,高拱唆使言官对李"峻击不休",还是将他挤出了首辅的位置而取代之。

(二)高拱第二次入阁前后面临之社会问题

高拱入阁前后面临的诸多问题,具有一定的普遍性。其中有些问题是短期内出现的,像自然灾害、地方社会动荡等。如隆庆三年(1569年)九月,总理河道翁大立上疏云,作为国家财赋之区的东南地区,因"江海泛溢,粒米不登"。内地的直隶、河南、山东地方,"霖雨既久,城廓[郭]不完,积贮空虚,赈贷无策"。北方"边镇关隘[隘],洪水冲激,墩堡倾颓,何恃以守?",虏患可虑。④ 这些说明当时地方社会稳定和北边军事防御等方面存在重大隐患。十二月,尚宝司司丞郑履淳也说,"四方多故,万民失业。燕云辽代,中原之脊也,而鼙鼓一闻,三关震动;徐梁汴卫,沃衍之

---

① 张廷玉等:《明史》卷一九三《李春芳传》,第5119页。
② 支大纶:《皇明昭陵编年信史》卷二,隆庆五年六月二十五日,四库全书存目丛书补编,第76册,第183页。
③ 赵贞吉:《赵文肃公文集》卷二二《谢李石麓阁老书》,四库全书存目丛书,集部第100册,第580页。
④ 吴瑞登:《两朝宪章录》卷一九,隆庆三年九月甲戌,四库全书存目丛书,史部第16册,第780—781页。

地也,而洪波荡析,四顾无烟;荆襄秦洛,形胜之区也,强梗凭陵而啸聚;浙直闽广,财货之薮也,奸宄剽夺而师劳。宗藩之坐窘无筹,中泽之哀鸣尤惨。物怪人妖,天鸣地震。彗星两见于女尾,日月继食于元春。天心人事,种种可骇"①。这和翁氏所云一致,特别强调了各地自然灾害给民生带来的灾难和引发的动荡,并以异常天象说明天心的丧失和问题的严重。

也有某些问题是数十年来一直存在且日趋恶化的痼疾,如吏治弊病。其集中表现为:贿赂公行,逢迎谄媚;无有廉耻,不知进退;习于故套,不思作为;流于形迹,不察实际。隆庆四年(1570年)十月,高拱拟对科道官进行考察,穆宗下谕道,"自朕即位四年,科道官放肆,欺乱朝纲,其有奸邪不职,卿等严加考察,详实以闻"②。十一月,阁臣赵贞吉遭高拱排挤致仕,归田后在给高的反思信中说,"数十年来,人臣党比成风,共欺罔君上,贿赂公行,纲纪荡坏,以致府库空虚、边防废溃、人才风俗陋弊已甚"③。可见,赵所揭示的除上边提到的边防废坏、府库空虚的问题外,主要的还是吏治败坏、风俗鄙陋等更为严重的病症。

高拱本人对此也有深刻而清醒的认识,从他的论述中可见吏弊多端。有弥缝推诿、枉法徇人、只图保全己位、无视国家利益者:

> 今之士风,可为极敝。从宦者全不知有君臣之义,徒以善弥缝、善推委、(善)移法以徇人者为贤,而视君上如弁髦,苟可欺蔽,无弗为也。亦全不知进退之节,徒以善援附、善躐取、善卖法以持禄者为能,而弃名节如土梗,由他笑骂,所甘心也。有人言及君臣之义、进退之节者,则骇异而非笑之。④

有只做官样文章、不务实际、沽名取誉者:

---

① 沈越、沈朝阳:《皇明嘉隆闻见纪》卷一二,隆庆三年十二月,四库全书存目丛书,史部第7册,第546页。
② 《明穆宗实录》卷五〇,隆庆四年十月丁巳,第1261页。
③ 赵贞吉:《赵文肃公文集》卷二二《与高中玄阁老书》,第580—581页。
④ 高拱:《高文襄公集》卷三一《本语》,第424页。

> 今人只用形迹,更不察实。故有务为夙夜奔走之状以为勤者,然有益于事则鲜;务为慷慨忧时之说以为忠者,然有济于事则鲜。夫无益于事,勤于何有?无济于事,忠于何在?①

有安于因循、苟且度日、尸位素餐者:

> 今承平既久,海内安于因循、蒙蔽,以故日就颓委,弊孔百出。仆诚不自量其不肖之力,欲唤醒而振起之。②

基于这样的认知,高拱感慨道,"念夫国家之弊久矣,数十年来曾无整顿之人。仆幸有斯志,然年已六十矣"。但他丝毫没有暮气和怠意,仍希抓住"桑榆之景","明祖宗之法,以唤醒久迷之人心;破拘挛之说,以振起久隳之士气。事务乎循名核实,而志在乎尊主庇民。率之以身,诚之以言,使天下皆知治道如此而兴,非若向者可苟然而为也"③。他以整顿为己任,希图唤醒久迷、振人奋起,革旧布新、无效不休。"当其成败、利钝之未形,不顾毁誉、身家而独任"④,可谓老而愈勇、暮而益健。

(三) 高拱的品格和追求

高拱具备了忠诚、务实、创新、廉洁、韧性、刚毅等品格,这是他能够高瞻远瞩、不计得失、锐意革新和务求实效的素质基础。

他忠君庇民。曾云,"人臣要以尊主庇民为心。苟有是心,惟其所为,必皆有益于国。不然,则所为者莫非粉饰之具,即奔走不息以为贤劳,求诸其实皆无有也"⑤。

他求真务实,这从他对一些具体问题的建议中可以窥出。如当时臣僚章奏繁词,"近自三二十年来,率务为支[枝]叶,铺缀连牍,日新月盛,

---

① 高拱:《高文襄公集》卷三一《本语》,第416页。
② 高拱:《高文襄公集》卷七《政府书答·答南京参赞王西石》,第105页。
③ 高拱:《高文襄公集》卷七《政府书答·答同年符后冈》,第106页。
④ 《明神宗实录》卷三七〇,万历三十年三月丁卯,第6929页。
⑤ 高拱:《高文襄公集》卷三一《本语》,第424页。

有增无减"。且"言多意晦,绪理难寻,翻可窜匿事端,支调假饰"。隆庆四年(1570年)七月初二日,他上疏建议严加禁约,内外大小衙门章奏"务要直陈其事,意尽而止,不得仍前铺缀"①。

他勇于创新,这和他注重实际的精神相通。如有民、社之寄的府县官员例应回避本省,但学官、仓官、驿递官和闸坝官等职微官员,一旦任以远地,有无法赴任者,离任时有不得归家者,欲其在官勤职也难以做到。隆庆五年(1571年)七月二十六日,高拱题请采用变通做法,允许他们在本省隔府地方任职,"不必定在异省",这样道途易达,妻子易携,他们也会珍惜机会而恪尽职守。②

他操守清廉,不像其前的阁臣严嵩,也不像其后的张居正赃迹昭著。隆庆六年三月,户科给事中曹大埜在弹劾高拱十不忠时说他因权招贿,接受过副使董文寀600两银子、吏部侍郎张四维800两银子的贿赂,"其他暮夜千金之馈难以尽数"。他还捏造谣言说,高拱新郑老家屡被盗劫,累计不下数十万两银子。③ 高在辩白这些谣言和攻击时说,"臣拙愚自守,颇能介洁,自来门无私谒,片纸不入。此举朝缙绅与天下之人所共明知"④。时人徐学谟(嘉靖二十九年进士)曾云,高拱"聪明绝世",在经学方面造诣颇深,而其"在事之日,亦能远杜苞苴"⑤应是可信的。

他富有韧性,不折不挠。"今海内贤杰渐次登用,第旧习虚套难尽改革。乃与诸贤共倡务实之风,以正人心、挽颓俗,或者行之既久,元气渐盛,客邪可望消也。"⑥在改革中暂时遇到困难,或者说最初效果不甚理想,从而对改革前景产生疑虑,是很正常的现象。但他不气馁,以花甲之年满怀壮志,希图通过务实的作风和同道的努力实现"元气渐盛"的目标。

---

① 高拱:《高文襄公集》卷三《纶扉外稿·请禁章奏繁词以肃朝廷疏》,第36页。
② 高拱:《高文襄公集》卷九《掌铨题稿·议处卑官地方以顺人情疏》,第134—135页。
③《明穆宗实录》卷六八,隆庆六年三月己酉,第1646—1649页。
④《明穆宗实录》卷六八,隆庆六年三月辛亥,第1651页。
⑤ 徐学谟:《世庙识余录》卷二六,续修四库全书,第433册,第680页。
⑥ 高拱:《高文襄公集》卷七《政府书答·答杨大参》,第104页。

他颇具胆识,从容应对。他曾说,"朝廷之上,不可无忠诚、刚正、远识之重臣。彼其气有夙养,可以当大事而不慑;谋有豫[预]定,可以平大难而不惊。猝遇缓急,国有所赖以为安,人有所仗以无恐"①。其实,他正是这样的堪当大任之人,因此才会在短短两年半的时间内开展了包括吏治整顿、边疆建设、社会治理等方面的广泛改革,并收到了显著成效。

二 高拱对河南地方政治的关注和参与

作为阁臣,高拱是以全国为关注范围和视野的。若和边疆紧要地区相比,家乡河南某些时候甚至可以放置到不甚起眼的位置,但它毕竟是国家的有机组成部分和整顿体系中的一环,因此也应是地方整顿的缩影,反映着隆庆后期地方政治改革的细部和深度。尤其是新郑县和所归属的钧州和开封府是他的家族和戚友所在,地方信息不断传到他的耳中,对他而言可谓及时、详细和熟知,这样自然会引发他与包括抚、按、布政使以及知府、知县等在内的各级地方官员间的联系以促成问题的解决。所以,高拱居阁期间对河南地方政治的关注和参与的史实未必皆属重大,若从上述意义上观照还是颇具典型的,从中既可发现他是如何与地方官员联系以施加影响、间接参与地方政治的,也可了解他是如何平衡家族、乡梓和国家间的利益的,不仅可以获得当时国家和地方政权之间互动的实态,还可加深对高拱隆庆改革和其个人品格的认识。

高拱为翔实了解地方具体事态的进展、及时传授机宜和指导办理,对待信赖官员常采取书信往来的方式(这似乎也是其他阁臣通常采用的方式)。高拱在这一阶段与地方官员沟通的书信皆收入《政府书答》中。这是研究他参与河南地方行政的直接性材料。此外,他还依照正常的公移传递、批复方式给地方官员以授意和支持,这些内容皆收录于《掌铨题

---

① 高拱:《高文襄公集》卷三一《本语》,第412页。

稿》中。该书是他第二次被召入阁兼理吏部事务后对于人事考核、任免、黜陟的奏本汇编,皆为其亲草,代表他的主张和意见。由于高以阁臣的特殊身份兼管吏部事务,所以《题稿》不能简单地作为一般部院大臣的例行文书对待,理由如次。

高拱以阁臣身份兼掌吏部事务,首先被人们所关注的是他炙热的权力,阁臣具有对臣僚奏疏和部院题复的拟票权,而吏部拥有官员考核和黜降的权力,两权叠加,自然显赫。这个判断无疑是正确的。隆庆四年(1570年)十一月,被高拱排挤的阁臣赵贞吉在辩疏中说:以他的理解,当时他被委以兼掌都察院事,实则是为了制约和牵制高拱过分集中的权力①,"诚明君御臣之术",最后恳请和提示穆宗说,"伏望皇上将臣放归田里之后,仍令拱复还内阁供职,毋得久专大权以树众党,别选用老成之士以掌吏部、都察院"②。这里的大权指的就是吏部权力。隆庆六年三月,户科给事中曹大埜在弹劾高拱十不忠的奏疏中也说:"昔日严嵩止是总理阁事,未尝兼吏部之权。今拱久掌吏部,不肯辞退,故用舍予夺皆在其掌握中,升黜去留惟其所欲,在外抚按之举刺不计,在朝之清议不恤,故其权之重过于嵩,而其引用匪人、排斥善类甚于嵩。此其专权效[放]恣,不忠七也。"③因为他拥有连当年阁臣严嵩都未掌握的吏部权力,所以被认为是专权恣肆达到极点。这些都是从权力角度着眼的,其实两职共兼也存在着制度上的扞格和冲突。高拱或系真的为了避嫌,或只是出于策略上的考虑,他在请求辞去部务的多次上疏中对此做了清晰表达。如隆庆五年五月他在三乞辞免兼职疏中说:

---

① 按,赵贞吉《赵文肃公文集》卷八《乞致仕疏》云:"窃思皇上恐高(拱)以内阁近臣而兼掌吏部,人参密勿,外主铨选,权任太重,虽无丞相之名,而其兼总之权,即古丞相亦不是过。此圣祖之所深戒而垂之训典者。皇上委臣以都察院弹压之司与之并立,岂非欲以分其势而节其权耶?"(第366页)
② 赵贞吉:《赵文肃公文集》卷八《乞致仕疏》,第367页。按,《明穆宗实录》卷五一,隆庆四年十一月丁酉条对其主要内容有撮述(第1279页)。
③ 《明穆宗实录》卷六八,隆庆六年三月己酉,第1648页。

> 我国家之事,皆属部臣题行,阁臣拟票,或未当则为之驳正,或未妥则为之调停,不嫌异同,务在参伍,所以事多得其理,而人不敢为奸,是阁之与部不容混而一也。臣昔以阁臣奉命摄铨而不敢辞,既辞不得请而不敢再者,实以名居大学士李春芳之次,其驳正、调停有在,而臣可以无避耳。今春芳既解任去,而臣又忝居二辅之先,若仍领铨务,则自所题行,自所拟票、驳正、调停,终为未便,是谓以水济水,谁能食之,此其不可一也。又,人臣不可操权太重。今内阁平章重事,吏部进退百官,皆权所在也。臣既忝阁臣之先,而仍总吏曹之职,则操权不亦太重乎?权太重,非惟臣难以居,而国体亦非所宜,此其不可二也。①

高拱在这里说得很清楚,他兼吏部职时李春芳任首辅,现在李致仕了,他便成为元辅,位居张居正和殷士儋之上,所以他觉得再兼吏部事已不合适,因为这和"居内阁者不当出理部事,理部事不当复与阁务"②的制度设定相矛盾。然事实上,直到隆庆六年五月穆宗去世、六月神宗即位之初,他也一直未曾卸掉吏部的职位。如前所述,在李春芳去位前,高拱早已把持着内阁的实际权力,所谓吏部的题奏,内阁的拟票、驳正、调停云云,其实全系他一人所为。上述论述表明,自隆庆四年初起,所有各方面的改制和更张,都和高拱密切相关,因此兼任吏部事务的《掌铨题稿》中的奏疏、拟旨皆应看作是独揽阁权的高拱的意见,那么其中有关河南地方事务的题复和批文,也应成为我们研究该课题的重要文献依据。

高拱对河南地方政治的关注和参与,可从下述具体事务的处置中得以体现。

---

① 高拱:《高文襄公集》卷三《纶扉外稿·三乞天恩辞免兼任疏》,第38页。此疏也见《明穆宗实录》卷五七,隆庆五年五月庚寅条,文字稍有改动(第1412页)。
② 王世贞:《嘉靖以来首辅传》卷六《高拱传》,第495页。

（一）新郑城墙的改筑

追溯新郑明代城墙的历史可以发现,隆庆之前大的变动有两次:一是城周和城高的变化。宣德元年(1426年),知县朱佩始修土城,周5里,高1丈5尺。正德六年(1511年),知县桑伫重修时将城墙高度增加了5尺多,累计高度约2丈,至此城墙的高度和长度格局基本稳定。二是城门数量的变化和重调。最初系四门,弘治九年(1496年)知县戴锡拓展北面城墙百余步,增一北门,这样共有五门。到嘉靖三十三年(1554年)知县邵鹤年将两北门合而为一,又回复到了原先四门的状态。① 隆庆四年,知县匡铎因西南隅城墙被水浸毁,请求改筑。时任河南巡抚李邦珍得知后,或许是为了迎合阁臣高拱,给高去信主动请缨。因时值灾荒,又兼工程浩大,高拱希望暂缓修筑,等到丰年时再行考虑:

> 闻公议为敝县筑城,多感! 第今民财敝匮,年岁凶荒,重大工程岂宜轻举？望姑已之,待丰稔之时,不妨再议。②

但李邦珍表现欲望强烈,未听高拱劝阻,早已把筑城需用的钱粮备置齐整;还为讨好高拱,筑城人役全取自邻近州县。根据有关材料所载"巡抚李邦珍檄卫辉府推官卫生协董其事"推测,调用的应是黄河北边的河南卫辉府的劳力,建筑所需砖石等材料也取自他处,均与新郑无干。且行动快捷,短时间内即行开工。高拱得知上述情况后,很诚恳地给李写了一封长信,希望他尽快撤销错误决定,散归他处工役,砖石在本县设处,一切皆由从中受益的新郑人来承担,并委婉地对他提出批评:你若是为我修城,那无疑是给我招来怨望。

> 修城一节,有劳经画。仆昔力辞,实出衷悃。而公乃谓地方公事,非为仆者;且钱粮已集,工役已兴,故仆不敢复言。第闻供役者

---

① 康熙《新郑县志》卷一《建置志·城池》,稀见中国地方志汇刊,第34册,第403页。
② 高拱:《高文襄公集》卷七《政府书答·与河南李巡抚》,第101页。

皆邻境州县之人，则甚不可。夫新郑之城，新郑之人所以为固者，而乃使邻境之民离家室、裹糇粮、荷畚锸、疲筋力，风餐露宿，为他人筑城，则岂不拂人情而敛怨乎？望亟命散之，乃所以为爱也。若夫砖石，亦只宜于本县从容设处。如派于外处，不惟累及他人，而远亦难致，亦非计之得也。大抵此事非可急促而为，况既有设处钱粮，本县亦自有可顾[雇]之人、可庀之物，何待外求乎？若为仆修城，为城招怨，非仆平生之所安也。恃爱，敢布腹心！①

高拱其实是从整体利益和一般情理上立论的，也反映了他在对待家乡利益上毫不偏袒和不为私沽名的明确态度。他所持的公正立场即是所谓的国家利益，即基于他是全国的阁臣、河南其他地区的阁臣，而非新郑一地阁臣的认识。这对一个封建时代的大臣而言，是非常难能可贵的。这次拓城由知县匡铎负责，是新郑城墙史上的一次重大变动：一是将城墙"易土以砖"，更加坚固；二是在高度未变的情况下，"拓东北十余雉"，城周延长为6里；三是四门各建城楼，并置匾额，东曰宾阳，南曰惠济，西曰钟嵩，北曰拱辰，四门外建月城或称罗城，更加壮观；四是在东、西城墙上建二望楼（东曰焕璧，西曰观澜）、二角楼和八敌台。当大工垂成时，匡铎升任去，"知县燕好爵继以落成"②。查材料知，隆庆五年（1571年）九月，匡铎升任兵科给事中③，而燕好爵为隆庆五年进士，那么城工应竣于隆庆六年左右。其实，这次工程还是得益于高拱的，因为如此高规格的城墙配套设施在同期河南其他县级城墙中是仅见的。

（二）郭店驿站的添设

新郑县处于往来京师南北官道的枢纽位置，通常称为"六省入京孔

---

① 高拱：《高文襄公集》卷七《政府书答·又与河南李巡抚》，第101页。
② 康熙《新郑县志》卷一《建置志·城池》，第403页。按，万历《开封府志》（四库全书存目丛书补编，第76册）卷三《沿革·疆域城池附》新郑县条所载城池附属设施与此稍异（第478页），此以县志为准。
③ 《明穆宗实录》卷六一，隆庆五年九月戊寅，第1488页。

道",北距郑州 90 里,南距许州 120 里。在和其周围诸州县所形成的交通网络上也为中心结点,西南距禹州 90 里,东北距中牟 90 里,东距尉氏 90 里,西距密县 80 里,所以"皇华络绎,日且数至",马疲夫困,穷于应付。因此,"天下驿传之累,未有甚于新郑者已"。北直境内官道上的驿站设置,一般是在每隔 90 里的府治和州治或县治等主体驿站之间设一腰站,以减轻两端驿站的负担。如从真定府治到其北所属的新乐县驿 90 里,中间设有阜城驿;从保定府治到其南所属的庆都县驿 90 里,中间设有陉阳驿。而新郑县驿至北边的郑州驿 90 里,南边至许州驿已超过 90 里,然中间却没有像北直境内那样设有中间驿站(俗称腰站)。所以,时在京任都督府都事、高拱的弟弟高才,集中了家乡百姓的意见,认为"宜于南北中道各添腰站,以济人马困乏"①,并把这个意见传递给了高拱。

史载,隆庆四年(1570 年)七月,政府已同意河南巡抚李邦珍的上奏,在新郑县驿即永新驿(至清仍设,在城内县署之西)和郑州驿之间添设郭店驿。该驿位于永新驿北 40 里,基本处于两个主体州县驿站的中点。②隆庆四年七月恐怕是增设驿站的上奏时间,不是最终完成的时间。在完善期间,高拱曾和河南布政司参政查志立有过书信讨论。查考有关材料知,查氏隆庆五年正月方升为河南布政司参政,此前为河南按察司副使。③ 也就是说,直到隆庆五年正月时,郭店驿仍在完善之中。在新驿完善的过程中,高拱和相关的各级官员直接进行了讨论。他在给参政查志立的信中说:

> 添驿一节,过承留意,亦可少苏奔走之疲。第郑州驿马驴既多,而县驿亦有五十三。今议新驿止二十五,则往来接应不敷,翻[反]

---

① 康熙《新郑县志》卷一《建置志·邮驿》,第 407 页。
②《明穆宗实录》卷四七,隆庆四年七月辛未,第 1174 页;康熙《新郑县志》卷一《建置志·邮驿》,第 407 页。
③《明穆宗实录》卷五三,隆庆五年正月庚寅,第 1325 页。

贻重累,仍须有处可也。①

在给开封府知府张梦鲤的信中说:

  设驿一节,初以郑州、新郑马驴既多,而新驿独少,往来不支,反以为累。故有与永新驿相同之说,止为马驴言也。若夫廪给则不必有,铺陈则不必备,当如阜城、荆[陉]阳二驿故事,则就中所省亦多矣。盖添马驴所以苏民困也,若添廪给、铺陈以奉过客为何?故愿于此处再裁酌也。②

从中可以看出,在新驿即郭店驿设置后仍然存在着调适的任务,当时存在的突出问题是驿站的马驴数量过少,只有25头匹,和县驿永新驿相差28头匹,更不及数量更大的郑州驿,若此"往来不支,反以为累",达不到最初设驿的目的。所以他建议,关键是补上与永新驿的马驴缺额,达到相等数量。至于廪给和铺盖,可仿照阜城、陉阳二驿的做法,"廪给则不必有,铺陈则不必备",因为设驿的目的是解除民困,而非"以奉过客"。高拱这些务实意见为保证郭店驿的正常持久运转发挥了重要作用。

(三) 民兵操备的撤除

  隆庆二年(1568年)八月,河南、山陕一带灾荒,陕西人魏太清等率500余人东越黄河,劫掠山西平阳府的绛州及宁乡、太平等县,寻渡河遁去。山西巡按宋纁奏闻说,上述地区"民穷盗起,恐渐不可长"③。隆庆三年十月,河南巡抚李邦珍等奏,以地方重归宁谧,裁撤原增设于河南府嵩县的一员参将,恢复原来的守备弹压体制。④ 这说明隆庆二三年间河南地方因灾荒确实面临着严峻的动荡形势。大概从此时起,为备不虞,编

---

① 高拱:《高文襄公集》卷七《政府书答·答河南查大参》,第102页。
② 高拱:《高文襄公集》卷七《政府书答·答开封张太守》,第102页。
③《明穆宗实录》卷二三,隆庆二年八月壬辰,第619页。
④《明穆宗实录》卷三八,隆庆三年十月癸丑,第959—960页。

审各地民兵①或称民壮在通往北直的彰德府磁州和省城开封等要害地方进行防御。后来形势有所缓解,但这种操备仍未解除,反成为拖累百姓的一项繁重的职役负担。

隆庆四年十月,昌平护陵兵马提督栗永禄任河南巡抚②,五年十一月升兵部右侍郎③。在此期间,高拱曾给他写信,提醒他早日具题上奏,解决这一问题:

> 民兵在省团操及磁州屯扎者其事已久,然于国无一毫之益,而于民有十分之害。今既数年,曾何所用?可见之効已如此矣。于今不处,又待何时?愿早为题请,使血脉仍归故处,则病尚有医也。至于选留精壮以卫会省,似亦不必。盖省中自有军卫,何用外兵?今只复先朝之旧,则上下皆安矣。④

高的建议非常明确,只有恢复到嘉靖时的状态,血脉才能回复,上下才会皆安。在当时官员苟且因循成风之时,高拱不时提醒、鞭策,并提出具体解决方案,体现了他革除地方弊政的务实精神和关心民瘼的情怀。

(四) 新郑归属的调整

明代行政区划中的州分为两种类型:一类直接隶属于省,称为直隶州,和府的行政级别相当;另一类隶属于府,称为散州,其特点是"既隶于府,复可领县"。在这种制度下,县份自然也有两种类型,"有径为府属

---

① 按,此兵也可能是隆庆元年河南巡抚刘应节(隆庆元年五月至十月间任)为加强省城和地方防务所调遣之兵。据冯琦《资德大夫正治上卿刑部尚书白川刘公应节行状》载:"汴当都会,五方杂处。藩封据其中,宗人当军民之半而轻犯法。又,里中多无赖,骠[犷]悍习弓矢,喜乱,而开封三卫士马凋耗日甚。公陟夷门,指黄河谓诸藩臬曰:'隔此衣带水即河朔,古昔战场也,岂宜无备至此?'因调汝南、睢陈诸道兵六千更番入练,都指挥一员领之,以备缓急。而以彰义旅别遣一都指挥统之,听兵部调入卫。"(焦竑:《国朝献征录》卷四五《刑部二·尚书·刘应节》,中国史学丛书初编本,第1885页)
② 《明穆宗实录》卷五〇,隆庆四年十月己亥,第1247页。
③ 《明穆宗实录》卷六三,隆庆五年十一月戊辰,第1518页。
④ 高拱:《高文襄公集》卷七《政府书答·答河南栗巡抚》,第101—102页。

者,有直接为州属而间接为府属者"①。新郑县属于后者,即两属县类型,既隶属于钧州(万历三年四月,为避神宗名讳改为禹州),又属于开封府。在行政运行中,诸如赋税缴纳、公文传递等,和州、府都要发生关系。而钧州在新郑西南 90 里,开封府在新郑东北 160 里,非在一个方向,这样新郑县一些事务的运转则需南北周折,多绕行许多途程。知县匡铎上疏反映了这个意见,隆庆五年(1571 年)七月,"改河南开封府钧州新郑县径隶开封府。以县治去州远,从民便也"②。这次变动使新郑直接隶属于开封府,改为单一归属关系,同时也使县份实现了隐性升级。

新郑行政归属的调整符合行政中的经济和高效原则。新郑县清代行政隶属的再次变动同样体现了这一精神,反证这一举措的客观性和正确性。雍正二年(1724 年),禹州升为直隶州,直属于省,在行政级别上和开封府等同。③ 新郑县距离禹州较之开封府更为毗邻,这样在改属开封府 150 余年后重又改隶了禹州。但仍须看到,这一变动和属于新郑籍的阁臣高拱有着直接的关系。因为位处新郑之西、同样隶属于钧州的密县,若寻求两属体制下不便理由的话,恐怕比新郑更要充分。高并没有像新郑那样把这一便利施及邻县,或许是考虑到钧州下面至少要有一个属县的缘故吧。

(五) 宗藩禄米的筹措

随着明代宗室人口的繁衍,及至明中期,宗禄渐成为国家财政的沉重负担。国初,亲王、郡王、将军才 49 位,到隆庆五年时玉牒所载已达 28924 位,还不包括郡县主君及仪宾在内,然这个数字已是国初的 590 倍。岁支宗室禄粮共 870 万石有奇,而天下岁课只有 400 万石,禄粮超

---

① 徐凌霄、徐一士:《凌霄一士随笔》卷一《明代府州县隶属之制》,山西古籍出版社 1997 年版,第 95 页。
② 《明穆宗实录》卷五九,隆庆五年七月乙丑,第 1438 页。
③ 雍正《河南通志》卷三《沿革上·开封府》,中国书店 1959 年影印本,第 10a 页。

出国家赋税的一倍还多。① 而河南是藩王最集中的地区之一。隆庆之前,除卫王、秀王和汝王早卒绝嗣外,其宗支仍存者(有的亲王虽除,然其伯叔兄弟辈的郡王府仍存)有周王、唐王、伊王、赵王、郑王、崇王、徽王 7 府。宗室人口之集中、宗禄数量之浩大,情形格外严重,所以宗禄问题是困扰河南抚按官员的一大难题。

在高拱再次入阁前的隆庆三年(1569 年)六月,河南巡抚李邦珍上奏,当时本省积欠禄粮至 60 余万石,为缓解周府宗禄压力,请求将南陵王(睦楔,周悼王第九子。正德八年封,隆庆元年卒,因无子除封)所遗资产的一半免其解京,留作补充周府宗仪禄米之用。② 隆庆五年六月,河南巡抚栗永禄、巡按杨家相又提出宗禄问题,引发礼部对关联问题的深层思考,即政府减少宗禄后如何解决宗室人等的出路和制定相应的法律等。高拱对河南存在的这一情形和国家所面临的这一问题是熟悉和关注的,因此同意礼部提出的限期王府讨论这一问题并拿出意见的建议,以便在达成共识的基础上"以成一代章程"③。

隆庆六年正月,原任新郑知县、刚升兵科给事中 4 个月的匡铎,根据自己掌握的钧州和新郑等县交纳赋税的情况,为寻求宗禄来源提出了切实意见。新郑最初是通过钧州而间接隶属于开封府的,所以担任过新郑知县的匡铎对钧州的情况应是熟知的。钧州是徽王府所在地,英宗庶九子朱见沛始封。到第四代徽王载埨时,因微服南游和诸不法事,嘉靖三十五年(1556 年)被降为庶人,除封,其所属群牧所改为钧州千户所,有官军千余人。至隆庆时"尺籍渐虚",然"粮饷不减"。新郑和密县因就近的关系皆有纳税任务,所以匡铎上疏建议将剩余官军或革回原卫,或改发附近卫分填补逃亡之数,新郑和密县所纳额粮改解布政司以充宗室禄粮。户、兵二部复议后,请以钧州千户所军编入开封的宣武等卫,军粮俱

---

①③《明穆宗实录》卷五八,隆庆五年六月丁未,第 1423—1424 页,第 1423—1426 页。
②《明穆宗实录》卷三三,隆庆三年六月丙子,第 857 页。

改折色征收,存留作为禄粮,得到政府允准。①

(六)族众奴仆的约束

高拱出身世宦家庭。祖父高魁,成化二十二年(1486年)举人,弘治年间任山东兖州府金乡县知县。任上"刻廉励节",民深德之,为立生祠。正德初年,擢为工部都水司主事,继升该司郎中,因不满宦官刘瑾专政而乞归,至嘉靖四年(1525年)去世前家居的10余年间,"不冠带不出庭户,非礼燕不入官府。官府事闭耳不欲闻,子姓有私语、有所论刺者,辄斥责之。族党姻旧生无以育、死无以葬者,公皆给之,赖以为命者百余家"②。父亲高尚贤,正德五年(1510年)举人,十二年(1517年)进士。先后曾任工部主事,礼部主事、员外郎,山东、陕西按察司佥事,至光禄寺少卿。为官期间,"持廉秉公"。自奉甚俭,"器无错银,衣无锦制"。后归居家,"筑室郊墅,玩心理学。乡郡髦俊,多执经受业"。科道和地方抚按屡荐,称他"经纶蕴藉,学问该[赅]博。闭门养高,罔随时好。清才逸思,可备翰林"。嘉靖十五年(1536年)卒。③ 可以看出,高拱父祖的表现,即任官时尽职,清廉为民;退官时静处,不与官事;遇族党危困时,救恤不吝。其兄弟也一样继承了这一家风。大约在万历五年(1577年)稍后,新郑县学的一些学生,因家境穷寒,或荒废学业,或乞哀于人,而县学无有学田资助。教谕李廷谟(江西丰城人)目睹此景,怅然不悦,决心创置学田,扶植穷士,培养士节。李氏以当地士人郜子贞、李馨为介,捐己俸30两8分银子,购买乡人高定田147亩置办学田。高拱弟高拣在此义举的感召下,慨然将己200亩膏腴田并庄基上的牛只、车辆和农器,约值银百余两,全

---

① 《明穆宗实录》卷六五,隆庆六年正月癸未,第1573—1574页。
② 王廷相:《王氏家藏集》卷三一《杂文·志铭·明故工部都水司郎中进阶中宪大夫高公墓志铭》,四库全书存目丛书本,集部第53册,第207页。
③ 郭朴:《郭文简公文集》卷二《碑·明赠光禄大夫柱国少师兼太子太师吏部尚书中极殿大学士高公神道碑》,四库未收书辑刊第五辑,第19册,第432—434页。

部捐出,以增学田。此事奏知提学后被批示道,"儒官之俸最薄,捐金之义可风"①。从高家父祖子孙前后一系的举动看,廉洁奉公、慷慨大义的精神一以贯之,这应是高家的传统,自然也浸染着高拱。所以,他在为阁臣时,对留守老家的仆人严禁嘱事、放债,不像前阁臣徐阶那样,容忍或默许子弟纵容纪纲奴仆豪横妄为、祸害乡里;对待族人,严加训诲,使其循法守分,不得惹是生非。且给新郑知县写信:

> 仆虽世宦,然家素寒约,惟闭户自守,曾无一字入于公门,亦曾无一钱放与乡里。今仆在朝,止留一价在家看守门户,亦每严禁,不得指称嘱事、假借放债。然犹恐其欺仆不知而肆也,故特有托于君:倘其违禁,乞即重加惩究。至于族人虽众,仆皆教之以礼,不得生事为非。今脱有生事为非者,亦乞即绳以法,使皆有所畏惮,罔敢放纵。然此有三善焉:一则使仆得以寡过,一则见君持法之正,罔畏于势而有所屈挠,一则小惩大戒,使家族之人知守礼法而罔陷于恶,岂不善欤?古云,君子爱人以德,不以姑息。仆之此言,实出肝膈,愿君之留念也。②

这封信出自肺腑,表明高拱不依势压人、不枉法为族人提供方便、大力支持县行政的明确态度。他希望知县大胆执法,不要顾忌;并云,这样做可成三善,对高拱本人、知县和族人都有益处。这反映了高拱大义灭亲、公正无私的可贵品格。

(七)地方治安的强化

前面关于民兵团操撤除一节,已经涉及了隆庆年间盗贼盛行、社会动荡的内容。依高拱的说法,当时"遍地皆盗"。隆庆五年,他在给河南布政司参政查志立(正月升为参政)的信中说,"今海内少安,惟多盗为可

---

① 安九域:《创置学田记》,乾隆《新郑县志》卷二六《艺文志六》,清乾隆四十一年刻本,第41b页。
② 高拱:《高文襄公集》卷七《政府书答·与新郑县尹》,第104页。

忧,而燕、赵、青、兖、丕[邳]、徐、颍、亳、襄、邓、嵩、河之间为尤甚"①,即主要集中在北直、山东、河南、南直北部地区。大体同时,山东济南府德平人葛守礼在给高拱的信中也说,"曹(州)、濮(州)地方,四省接界,盗贼容易出没"②。葛氏所说的四省交界地带和上面高拱所说的区域是重叠的。

隆庆五年十一月,山东巡抚梁梦龙由都察院右佥都御史衔升为右副都御史,来任河南巡抚。此前,梁在隆庆三年六月至四年二月间曾任河南布政司右布政使,继而任山东巡抚,任上配合高拱,积极推行赋役改革和实施海运计划,深得高的赏识。③ 所以,指定他来河南担任巡抚是事先考虑过的。梁氏刚抵省城开封即给高拱写信报知,高在给他的复信中说,因事务头绪多端,不能细讲,唯以盗情相嘱,可见其寄托所在。

> 辱书教,多感! 且知宪节已抵大梁,甚慰! 不知士民之喜幸又何如也? 敝土事仓卒不能觏缕,惟有盗情一节,其敝仍前。地方全不着意,酿成巨寇,到处行劫。揭竿之呼,行且有之。此关系宗社大计,非细务也。昔蔡白石、刘伯川肯捕盗,彼时民得稍安,过此复如旧矣。今有公在上,当必有处,安宁可望也。④

信中提到嘉、隆之交捕盗甚力的前河南巡抚蔡汝楠、刘应节的良好表现,还指出大盗酿成而行劫的原因是"地方全不着意",已经提醒梁关注府州县官员敷衍蒙蔽而使盗情滋大的问题。随后,梁就弭盗的实质做法思考后给高做了汇报,得到高的赞赏。高在回信中专门就地方有司的责任问题做了详细分析:

> 承示弭盗之法可为曲尽,自兹中土之民得安生矣。大抵多盗之

---

① 高拱:《高文襄公集》卷七《政府书答·答查大参》,第103页。
② 葛守礼:《葛端肃公文集》卷九《又(与高中玄阁老)论召募客兵》,四库全书存目丛书,集部第93册,第360页。
③ 《明穆宗实录》卷三三,隆庆三年六月癸巳,第864页;卷四二,隆庆四年二月丁卯,第1071页;卷六三,隆庆五年十一月甲戌,第1520页。
④ 高拱:《高文襄公集》卷七《政府书答·答河南梁巡抚》,第102页。

故,只是有司蒙蔽,以有为无。而盗亦有款有司之法,其劫库与夫劫有名之家便不肯为,恐声著而累有司不得不捕也,却只与小宦与百姓富家任意为之。有司见其事小、不得闻于上官,故亦不问。及至养成大势,则劫库与有名之家公然为之而莫敢谁何矣,自此而上非揭竿而呼之事耶?①

高在给参政查氏的信中也说,"有司者全不在意,且务为蒙蔽,玩以殃民。民至有被劫、被杀而不以报官者,曰官不为理,徒益重寇怒也。以故盗益炽而民益受害,无所控诉"②。盗贼由小到大的发展,劫掠对象由小宦、富户到名家、府库的变化,以致最后局面不可收拾,演变成为揭竿起事,乃地方有司的不负责任、遮盖真相和变相纵容的结果。若有司肯以捕盗为务,有即殄灭,哪能滋大失控?若肯以稽查为务,凡健侠不务生理之人加以拘治,哪能肆意流毒?所以他在给梁的信中特别示以具体的捕盗之法:

> 今遍地皆盗矣,其势愈盛,而有司愈益怯,可不亟为之处乎?然所以剪除之者,又非可以急遽为也,必是务修弭盗之实而不可多弭盗之文。弭盗之实在未生者防之使不得生,已形者制之使不得逞。是处有兵,可以随手而用。凡有动作,一二即捕获之,勿俟其多。又宽首赃未尽之法,使捕者有利可艳而肯自向前。其贼伙众大者,必密招贼中之人宥其罪,许以擒获贼首而遂有其财,且得以永为良民。利之所在,其中必有自变者。大抵有心算之,用计为上,正不必多出榜文激之而使愈为备也。③

关键要抓住时机,防微杜渐,制其未形。一旦有小的动作,就将其捕获,不使其壮大。对于捕盗者,适当放宽容隐所获的法条,以利益相激励。对于众盛的贼伙,采用许以贼首财富和良民出路条件致其内部分化,达

---

① ③ 高拱:《高文襄公集》卷七《政府书答·又答河南梁巡抚》,第102—103页,第103页。
② 高拱:《高文襄公集》卷七《政府书答·答查大参》,第103页。

到瓦解之目的,不必先出榜文、走漏风声而使有备。总之,要讲求实效,心计为上。

(八) 抚按职事的支持

巡抚、巡按皆兼都察院职衔,负有督察地方官员的责任,对循吏题荐,对不职弹劾,同时也兼有维风敦俗的教化责任。高拱利用阁臣的便利和权力,积极配合抚、按大员对地方实施管理和控制。

1. 庇护能吏

隆庆四年(1570年),匡铎任新郑县知县,"廉明公正,敏于干理",一洗其前吏、皂非为之弊,"百务修举","衙门肃然",可谓数十年来所罕有。前面所述修城、添驿、改属等大政皆和匡氏有关。当书吏、皂隶不能如前贪残时,便造言流谤,恶意中伤,混淆视听,舆论不明。所以,高拱给河南巡按杨家相写信,希望他为匡做主,并且展开调查,将流言者绳之以法,起到打击邪恶、鼓励正气的目的:

> 敝邑自成化年来,无一进士官,以故善政甚少。如前令者,昏暗无为,事皆吏书与皂主之,任其所为。上司提差者喧骂公堂,则以馆钱买其去。百姓无主,不可以为县也。新尹匡铎,廉明公正,敏于干理,盖数十年来罕见者。到任之日,百务修举,且痛惩前令之弊,衙门肃然,乃吏书与皂暨各提差者不得遂意如前,遂各造言流谤,情甚可恶。恐匡或怀疑畏,愿公为作主张,明谕此意,令其放心展布。且访其造言者绳之以法,务息此风,则不惟匡得以行其志,而后来者亦可立。不然,人将以好官为戒,必如前令而后已,于群小则诚快矣,乃独如县事何?霜台高远,此等情状或不得闻,故用奉告,愿君之垂察之也。①

---

① 高拱:《高文襄公集》卷七《政府书答·答河南杨巡按》,第102页。

比更接近地方的大员还了解地方,在当时国务丛脞之时,抽出时间不厌繁复地与地方大员沟通、交流,以为地方施政和主张之据,非务实和精力充沛者无以及此。

2. 惩戒不职

在阁臣兼吏部事务任内,高拱对河南巡抚李邦珍、栗永禄,河南巡按蒋机、杨家相皆给予过大力支持,加大对地方贪污官员的处置力度,以改善行政环境和提高行政效能。隆庆四年初,河南巡抚李邦珍和巡按蒋机各自具题,参劾开封府祥符县知县谢万寿"性资刚暴,气量轻浮",偏信张弘道和李贵等人妄言,任用张宗仁等,擅用非刑,杖死苏仲仁等无辜12人。依法当拟斥逐,虑其初涉仕途、在任日浅,建议改调闲散职务。三月初三日高拱题复,认为谢万寿残酷已极,草菅人命,不可原谅,于人命、国法皆不能容。既不合留,更不宜调,依酷例革职为民,以惩当事,以警凶残。①

稍后,河南巡按蒋机参劾布政司参政、分守汝南道沈寅"赃迹昭著",乞行罢斥。四月初十日高拱在题复中说,沈寅赃迹甚多,处罚恐怕"不止于罢斥者",必须勘查明白,依法处分。所以,建议一面命沈氏回籍听勘,一面移咨都察院转行河南抚按衙门查明后"径自具奏定夺"。②

隆庆五年(1571年)四月,河南巡抚栗永禄参劾开封周府左长史许邦才请假回籍一年以上,仍不复任。据其平素"赋性疏狂,纵情诗酒"和公开接受宗室贿赂的操行,请求罢斥。本月十五日高拱题复,照不谨例令其冠带闲住。并请通行地方抚、按衙门强调,以后王府长史若有类似贪肆情状,"不必候五年考察之期,许不时参劾,以凭惩治"。③

隆庆五年年底,河南巡按杨家相论劾归德府知府罗大玘"才识昏庸,贪酷显著",原任尉氏县知县、后调四川什邡县的韩天衡"虽经改调,赃迹

---

① 高拱:《高文襄公集》卷一九《掌铨题稿·复河南抚按参官疏》,第254页。
② 高拱:《高文襄公集》卷一八《掌铨题稿·复河南巡按御史蒋机劾参政沈寅疏》,第237页。
③ 高拱:《高文襄公集》卷一八《掌铨题稿·复河南巡抚都御史栗永禄参长史许邦才疏》,第241页。

著闻",原武县知县李召"性既罢软,守亦欠洁",建议分别给予罢斥、改调闲散和改为教职的处罚。十二月初八日,高拱不仅接受了杨的建议,并做了更为严肃的处理:罗、韩依照贪例革职为民,李以不谨例冠带闲住。①

3. 敦厚风俗

对致仕期间密切关注地方公益事业的官员给予嘉奖,既是抚按官员的责任,也是敦厚地方社会风气举措的一个方面。当高拱闻知这类情况后,便大力给予表彰,使之发挥激劝作用。隆庆五年(1571年)十二月,河南巡抚栗永禄和巡按杨家相具题,开封府杞县乡宦、原任四川按察司佥事陈乙,20年前因病乞休致仕,年届七十,丘园高卧,躬耕自食。将价值1000余两的附郭肥田12顷捐给县里。招人佃种,每亩课银1钱5分,除纳粮外每年共课银140两,"给助贫生婚丧之用"。复因水患风灾,又捐出庄地6亩3分并其上所盖的楼瓦房和草房,县里将楼房变卖银60两,庄地和草房每年课银4两6钱5分,用于"赈济贫民"。德行卓著,诚为尚义,相应给予旌表,以彰激劝。本月二十五日高拱具题,给陈乙"量加四品服色,用示优奖"②。

三 余论

高拱在再次入阁后的短短两年半的时间里,抱着誓死报答主恩的信念,凭着坚毅奋励的性格,不顾身家性命和毁誉得失,肩负着强烈的改革使命感和满怀对改革前景的期待,如他在与人的信中所云,"仆本薄劣,谬当重任,乃不自知其不肖,欲为主上进忠直、黜谗邪、振纪纲、正风俗,崇举敦明之治,实夙夜尽瘁,不敢自有其身","先立规模,见其大意"③,在吏治、边防、海运等方面进行改革。尽管他曾谦虚地说,变革弊端"乃如

---

① 高拱:《高文襄公集》卷一九《掌铨题稿·复河南巡按御史参官疏》,第262—263页。
② 高拱:《高文襄公集》卷一一《掌铨题稿·议加致仕佥事陈乙服色疏》,第156—157页。
③ 高拱:《高文襄公集》卷七《政府书答·答同年符后冈》,第105—106页。

画脂镂冰,随手复旧"①,客观地讲还是产生了成效的,对地方社会的治理和干预也取得了一定效果。通过上面我们对高拱于其乡梓河南地方施政的密切关注和直接指导的个案研究中可以获得这样的体认和感知。同样,这样的效果也体现在他对边疆地区和其他地方的整顿过程之中。

在历史研究中,对于重要历史阶段关键人物的性格作用,必须将之上升到一定高度来认识。个性禀赋,人各殊异,我们不能简单地论其好坏,然对政治家而言,其所拥有的某些品格对他的政治生命确会产生重大影响。关于高拱的个性,时人王世贞(嘉靖二十六年进士)云,"拱为人有材气,英锐勃发,议论蜂[风]起。而性迫急,不能容物,又不能藏蓄需忍。有所忤,触之立碎。每张目怒视,恶声继之,即左右为之辟易"②。从中可以看出他做事有魄力、遇事敢担当、英姿勃发、议论风生的豪迈性格的一面。其中对高拱的批评性评价,我们不排除王因恩怨对高诋毁和掺入成见的可能③。倘若冷静分析,还应看到高确实存在着缺乏隐忍、疾恶如仇的性格弱点,即他史书所说的"性直而傲"④,这是他作为政治家的大忌。尽管他没有恶意,但不加遮掩的直性,加上盛气凌人的傲慢,常使阁臣同道难堪,无法与之持久相处。这一直性的延伸便是他没有城府、心不藏私的表现,这在险恶的政治环境中就容易入人机阱、遭人暗算。隆庆初,先冯保而任司礼监监正的陈洪(原姓名为郭某,河南许昌人),"权倾中外",和高拱"相得欢甚。然驯谨,不敢干预政府事"。他深知冯的狡狠,在冯夤缘入司礼监事时,就与高商议,建议"疏具其恶",褫夺其职,而高拱轻心,"力言不必,当徐图之",结果遭到了冯的暗算。高败后,陈洪

---

① 高拱:《高文襄公集》卷七《政府书答·答南京参赞王西石》,第105页。
② 王世贞:《嘉靖以来首辅传》卷六《高拱传》,第497页。
③ 按,朱国祯《涌幢小品》卷九《中玄定论》云:隆庆初,王世贞上疏为其父伸雪,高持异议,王对之怨甚,徐阶因以收功,故王在首辅传中对高"极口诋毁"。并云"要之,高自有佳处不可及,此书非实录也"(续修四库全书,第1173册,第23页)。据此知,王世贞和高拱之间存有恩怨,因之其对高抱有成见也是难免的。
④ 张廷玉等:《明史》卷二一三《高拱传》,第5641页。

也受牵连,被流放到南京,遭受禁锢,直到冯败后才得以自由,曾对同情高拱境遇的开封府洧川人范守己和盘托出了上面之事,并深切要害地说,"高公持正,而暗于事几"①。别处材料载,高"性刚而机浅"②,也是此意。用现在的话来说,就是昧于政治斗争的策略和手段,真正点中了残酷政治较量中高拱性格上的死穴。这种粗直的性格成就了他的事业,也中断了他的前程。和直肠直肚的高拱相比,张居正可谓深藏不露、老谋深算,所以穆宗死后,当高失去了弟子皇帝充分信任的政治环境和有力支持的恒定屏护时,便很快被淘汰出局,丧失了继续主持改革的机缘。高拱的政治生涯虽然结束,然他已"先立规模",初步绘制了蓝图,开启了改革步伐。这种改革精神和一些成果被继起的、小他13岁的张居正所继承(有些被取消,如为对付黄河冲压运道而探寻海运东南物资的通道、吏部两月一次推升府同知以下官员的合议制度等),成为万历最初10年更大规模改革的起点和弥足珍贵的经验遗产。如高拱所预言的,"如其得行,当毕吾志。如其不可,以付后人。倘有踵而行者,则吾志亦可毕矣"③。张居正历史地成为高拱改革遗嘱的执行者和实践者。实录评价高拱"才气英迈,遇事能断"④,"实有忧国家之心,兼负济天下之具"⑤,毫不为过。这是他的非凡政治才能和他在那段短暂且关键的历史的书写中证明了的。

---

① 范守己:《御龙子集·御龙子二十四·曲洧新闻》卷四,四库全书存目丛书,集部第162册,第715页。
②⑤《明神宗实录》卷三七〇,万历三十年三月丁卯,第6929页,第6928页。
③ 高拱:《高文襄公集》卷七《政府书答·答同年符后冈》,第105页。
④《明神宗实录》卷八四,万历七年二月乙巳,第1774页。

明万历二十年代初河南的自然灾伤与政府救济

水、旱、蝗、疫等自然灾害的泛滥和流行,代皆有之。而政治的清明程度、国家财力的厚薄以及平时预备的好坏等因素,也会对灾害的流行范围和破坏程度产生直接影响。也就是说,自然灾害并非单纯的自然现象,它是和政府行政以及人事应对密切相关的。诚如正统初年阁臣杨士奇所云,"尧汤之世,不免水旱之患。而不闻尧汤之民至于甚艰难者,盖预有备也"①。弘治年间江西巡抚林俊也说,"古无常丰之岁,而民不患于不给。无他,积之有豫也"②。上古的时候也有灾害年景,然未能对百姓生活构成威胁,主要是思患预防、先事有备的原因。二氏对上古时期有灾无伤、民不重困的描述不免美化,但其中提到的积储预防可以有效抵御灾害负面影响之说确是事实。明万历二十年代初河南等地严重自然灾害的发生及其处理过程进一步印证了上面的道理:政治的乖舛使最初可控的灾害不断恶化,有责任感的官员的介入

---

① 杨士奇:《东里别集》卷三《奏对录·论荒政》,东里文集本,中华书局1998年版,第424页。按,清乾隆年间四库馆臣也有类似说法:"金穰木饥,天道恒然。尧水汤旱,圣朝不免。其挽回气数则在于人事之修举。"(《四库全书总目》卷八二《史部三八·政书类二·康济录》,中华书局1965年影印浙江刻本,第710页)
② 林俊:《见素奏议》卷二《西巡稿·请复常平疏》,文渊阁四库全书,第1257册,第359页。

使问题得到相对妥善的解决。它从一个角度较为集中地反映了明代后期国家政治和基层民生的状况,也从技术层面为现实中应对突发性自然灾害提供了一些有益的借鉴。由于灾荒问题直接关乎基层民生和社会稳定,自清代以来即着意对前朝的荒政进行总结,如乾隆初年,推出了按照前代救援之典、先事之政、临事之政和事后之政分类编次的钦定《康济录》。1937年,上海商务印书馆出版了邓云特[拓]的《中国救荒史》。特别是近十数年间,许多学者对荒政问题给予了高度关注。就明代荒政的研究而言,有些学者或从综合方面着眼,如载于《中国农史》1996年第4期叶依能的《明代荒政述论》,或从荒政展开的主导方面赈粥切入,如载于《东南大学学报》2003年第4期龚小峰的《论明代的赈粥》,然皆概而论之,脱离了灾伤的具体场景和条件制约,缺乏对典型灾伤及其救助过程中各互动要素间关系的分析,因而无法获得对明代不同阶段自然灾害及其救济手段差异和变化的客观认识。关于该课题的系统研究,迄今尚未睹击,故敢试触。刍荛万一,方家是正。

一 灾伤过程之勾勒

(1) 水灾发生和向饥馑蔓延(万历二十一年五月至该年年底)

万历二十一年(1593年)五月[①],在二麦将要收获之时,河南大部地区忽降大雨,连续数旬,平地积水三尺,麦禾浸泡水中。百姓尽管无粮,侥幸还有安身之所,不期黄河泛涨,大水浩淼,庐舍漂没,鸡犬荡然,无奈

[①] 按,孙奇逢《中州人物考》卷一《理学·杨尚书东明》将河决时间说成是万历三十年(文渊阁四库全书,第458册,第20页),误。据乾隆《虞城县志》卷一〇《杂记·灾祥》载,万历三十二年甲辰,当地发生大饥和疫病,"河役繁兴,民死十七。邑给谏杨公东明绘《饥民图说》奏闻。诏发帑金,遣大理寺丞钟化民赈济两河"(清乾隆八年刻本,第11b页),将时间系于万历三十二年,也误。还有诸多有关杨氏的传记把决河之事放在他任刑科给事中时,也误。据《明神宗实录》卷二六六,万历二十一年十一月甲子条载,万历二十一年十一月后,杨氏由礼科给事中改任刑科给事中(第4944页)。显然,五月河决之事在杨的礼科给事中任内。

"架木而居,乘筏而处","累日不能一饭,昼夜冒乎淋雨",泥湿难耐,枵腹嗷嗷。① 归德府虞城县人杨东明时正居乡,目击了当时的惨状:

> 麦禾既已朽烂,秋苗亦复残伤。且河决堤溃,冲舍漂庐,沃野变为江湖,陆地通行舟楫。水天无际,雨树含愁。民乃既无充腹之资,又鲜安身之地,于是扶老携幼,东走西奔,饥饿不前,流离万状。夫妻不能相顾,割爱离分;母子不能两全,绝裾抛弃。老羸方行而辄仆,顷刻身亡;弱婴在抱而忽遗,伶仃待毙。跋涉千里,苦旅舍之难容;匍匐归来,叹故园之无倚。投河者葬身鱼腹,自缢者弃命园林。②

杨氏文字简约,诸种灾伤概括无遗,将背井离乡、妻离子散、途行无力、返归无望的情形,描摹得逼真淋漓。这虽只是杨氏的家乡闻见,想必也是豫东其他地区的情形。当时大雨连绵,内涝严重,接着黄河溃堤泛溢,加重了水灾的破坏程度。自然灾害并非是按规范的行政界限和范围发生的,当时直接波及的地区还有山东西南部的兖州府、北直江北地区的徐州、淮安府、扬州府等地。在河南地方,未受黄河决口影响但仍遭受灾害的有黄河一线以南的开封府、河南府、汝州、南阳府和汝宁府。此次灾害涉及范围广大,其中以河南、山东和南直三省交界地区的灾情最为严重,即所说的"岁值河决,泛滥齐、梁、淮、徐间"③。具体受灾范围见下示意图。因河南系主要受灾区域,且为行文上之便利,故文题只标出河南一地。

---

① 杨东明:《饥民图说》第2幅《河冲房屋》,虞城县志编纂委员会:《虞城县志》附录,生活·读书·新知三联书店1991年版,第666页。
② 杨东明:《饥民图说疏》,乾隆《虞城县志》卷八《艺文》,第7a—7b页。按,该疏也载于雍正《河南通志》(广陵古籍刻印社1987年影印本)卷七六《艺文五》(第30a—32b页)。乾隆《虞城县志》将该疏的具奏年代误系于万历三十二年,应为万历二十二年二月十一日。杨氏在该段文字后面说道,"凡此皆臣居乡时闻且见者也"。
③ 雍正《河南通志》卷五八《人物二·归德府·杨东明》,第18a页。

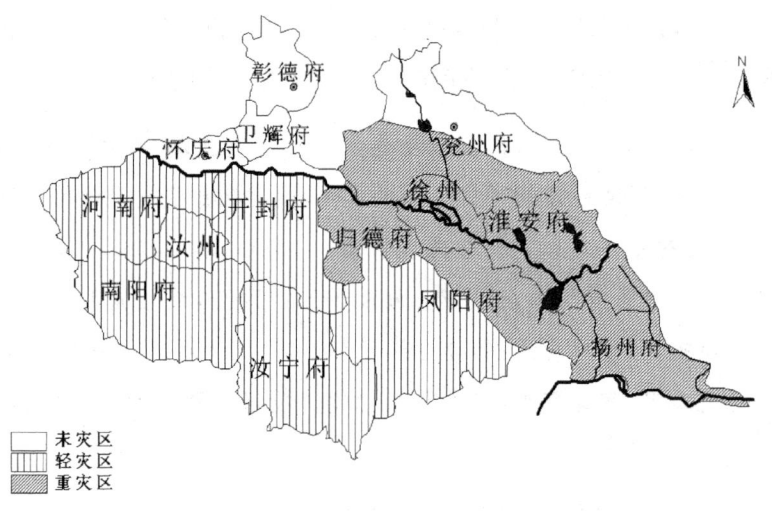

万历二十年代初河南等地水灾泛滥示意图

河南此次水灾,在一些重要的史籍中似乎受到忽略。作为正史的《明史》在相关部分中没有太集中的文字记载。如"本纪"在该年末条中云,"是年,振[赈]江北、湖广、河南、浙江、山东饥。河南矿贼大起"①。矿贼和这次灾害有关,是水灾之后的冬季发生的。前句只是和其他省份捆绑一起说的,看不到五月份河南水灾的痕迹。在史志"水潦"的记事中,万历二十一年间只有"五月,邳州、高邮、宝应大水,决潮堤"②一条,讲的是淮安、扬州二府诸州、县的水灾情况,应该说和河南这次大水有直接关系,但却没有指明,似乎为另一独立事件。在史志"年饥"中有载,"(万历)二十二年,河南大饥,给事中杨(东)明绘《饥民图》以进,巡按陈登云进饥民所食雁粪,帝览之动容"③。这则文字只是这次灾害后续阶段饥馑情况的揭示,对这次饥荒的缘起是水灾抑或是旱灾只字未提,且把"杨东明"错成了"杨明"。在明朝官方编纂的编年体"实录"中,在相关条目中也未有相对集中的记述。这些史籍缺乏专门记载,绝不等于说这次灾难

---

① 张廷玉等:《明史》卷二〇《神宗本纪一》,中华书局1974年版,第276页。
② 张廷玉等:《明史》卷二八《五行志一》,第453页。
③ 张廷玉等:《明史》卷三〇《五行志三》,第511页。

不存在，或者说其程度甚微。史籍或拘体裁，或因疏忽，记载之缺略乃经常之现象，因此我们不能据此轻率地做出推定。

这次灾害以河南东部的归德府所受最烈。除雨水和河水合一造成水量超常的因素外，当地低洼的地势也助长了水患的肆虐。这也是这一带自近世以来屡次发生黄河决口的重要原因。虞城县在归德府东北，北面紧濒黄河，毗邻县份如考城、砀山等县的地理形势大体也都体现出了整个豫东地区的地理态势。明人王尚贤说，虞城"邻比数县皆洼低，为聚流之所。每经河水，互相倾注，不数年间迭为变迁。如河决考、砀则土聚虞城，河溃虞城则土聚考、砀，故黄河旧道尽为淹没，历年水患，(民)甚艰苦，居无室庐，食无粟麦。将筑堤，则无山陵可倚，四望相平；欲浚河，则易于淤塞，徒费人工，甚为无策，至于霖涝泛溢"①。可见这里地势平衍，河道决后，河沙堆积；间隔若干年代后，河道又会朝别的方向滚动，将固有渠道淤塞，没有宣泄的沟洫，一旦遭遇大雨，河堤即便不溃，也成漫溢平湖。

这场水灾导致夏麦无收，秋苗也遭损坏，这样便引发出持续性的饥荒，灾害范围进一步扩大。当时政府并未采取紧急而有效的救助措施。直到九月十七日，户部还就河南的秋粮征解提出如下方案：

    河南重罹水灾，开封、归德、河南三府并汝州所属州、县，系河之南，俱照灾重例，不分正兑、改兑，每石折银五钱征解太仓，候给军饷。其彰德、卫辉、怀庆三府所属州、县，系河之北，原无重灾，尚堪出办，仍照旧征纳本色，坐拨天津、蓟、密等仓。②

未遭水灾的黄河以北的三府赋税，本色如数征解，而遭受水灾的黄河以南的三府一州地方的赋税也并未减免，只是采取折银征收的方式而已。

到了十一月份，南阳府属东北的裕州叶县发生了矿徒啸聚和暴动。

---

① 王尚贤：《虞城河患述闻说》，乾隆《虞城县志》卷九《艺文》，第6a—6b页。
② 《明神宗实录》卷二六四，万历二十一年九月戊辰，第4919页。

这些所谓的矿徒主要来自灾荒引发出的流民。尽管地方官员提出重惩首恶、杜塞其源,严行保甲、遏绝其本的主张,并采取了在各矿洞添兵防守的措施,然河南抚、按合奏还是希望"加厚赈恤,以安辑其心"。该月十三日,临近河南的湖广郧阳抚治董裕更明确地说,"各徒窃矿,迫于饥寒。即今解散,安保不来?文马等洞虽添兵防守,而必须大加赈恤,以安其生"①。铤而走险是生活绝望者的无奈选择,暴动是水灾和饥荒日益严重的逻辑结果;欲遏制这一形势的恶化,必须给予实质性的赈恤。十五日,户科都给事中王德完基于"河南民饥,矿盗啸聚"的现实,提出赐钦赈、蠲起运和行平籴三种缓解办法。赐钦赈就是拨付内帑或是部帑加以赈济;蠲起运就是将起运的地方赋税蠲除;行平籴就是政府出资籴粮然后减价粜卖。而户部复议的结果却令人失望:就第一事而言,只字未提下拨银两,只是"酌议被灾府、州、县动支贮库饷银并奏留赃罚等银、各官仓谷,务委任得人,俾合勺毫厘尽归饥民"②。表面上讲得堂皇,地方库储往往空虚,哪来的银两和谷粟?稍后也有人讲,如果政府不发帑金、不留漕粟,"徒使仰给于郡县仓廪之粟,是以杯水救车薪之火耳,必无幸矣"③。就第二事来说,起运的税粮"例不蠲免",内府和济边正项"必当抵补"。也就是说赋税绝不能免。就第三事来看,将黄河以北的彰德、怀庆和卫辉三府的9万余石漕粮截留,根据灾情轻重转发多寡,"量减市价,遍地出粜"④。姑且不究那些极贫者是否有能力购买,单就这9万石粮食而言是否在灾区粜卖还是疑问。

可以肯定地说,直到万历二十二年(1594年)初,蠲免赋税和赈济帑金的政策根本未曾实施。当时工科给事中桂有根和刑科给事中杨东明的奏疏即是明证。桂氏说,在府、县水潦之时,各抚、按申请蠲免,自然蒙

---

① 《明神宗实录》卷二六六,万历二十一年十一月癸亥,第4944页。
②④ 《明神宗实录》卷二六六,万历二十一年十一月乙丑,第4944—4945页,第4945页。
③ 桂有根:《敬陈末议恳乞圣明采纳以保民生疏》,吴亮:《万历疏抄》卷八《民瘼》,续修四库全书,第468册,第433页。

旨俞允,而实际上则是"存留姑缓,漕运未停,则蠲者十一,征者十九。民且不见免之恩,而只苦于征之为害。悬罄孑遗,何以堪此诛求"①。杨氏说,"今蠲租之令不下,则有司之催科犹严;内帑之金不施,则下民之仰望顿失"。"今也生民相食,何忍剥髓敲骨?且暂停之,终属难完,又岂若显除之,使民以快哉?至于发赈一节,向来未见允行。"②当时,给事中逯中立也强烈呼吁,"方今徐、淮、兖、豫之间,千里一壑,积骸盈野,仳离之状、愁叹之声惨目悲心,有不忍见且闻者"。"乃日者科臣王德完为民请赈,疏两上而不报。""皇上为民父母,忍视数百万生灵嗷嗷待毙而不为之拯救者乎?"③

(二) 灾伤情势愈趋恶化(万历二十一年冬末至万历二十二年初春)

止于精神慰藉的温谕,只不过是画饼涂羹。赋税未能蠲免,发赈也未实行,平粜在多大程度上实施也是疑问。随着节气推移,到了冬季,气候愈益寒冷,可以勉强资生的树皮、野草也愈难寻觅了。因该年为闰十一月,更觉冬日漫长。及至次年正月,百姓处境更为艰难,形势也更加严峻。如都察院监察御史夏之臣就此问题云,"昨岁夏秋以来,阴沴异常,饥馑荐至。转徙者扶老携幼,不辞浮水而行;流寓者夷灶涂门,甘于结茅而处"。"以日为岁,兼值闰月之年;自秋徂冬,难缓须臾之命。盖至槐头麻叶、豆饼谷糠、草根榆皮,无所不啖,则民之穷真彻骨矣。民之不胥而死亡也,仅十而一矣。"④桂有根奏称,"乃今江北、河南、山东水潦为灾,是处米珠薪桂,人皆菜色枵腹。老稚填于沟壑,而横野肉骸,尽属饿夫充口之具。少壮逃于四方,而饥寒流移,群为劫夺啸聚之谋"。"方内数千里

---

① 桂有根:《敬陈末议恳乞圣明采纳以保民生疏》,吴亮:《万历疏抄》卷八《民瘼》,第433页。
② 杨东明:《饥民图说疏》,乾隆《虞城县志》卷八《艺文》,第9b—10a页。
③ 逯中立:《两垣奏议·论罢太和山织造疏》,文渊阁四库全书,第430册,第252—253页。
④ 夏之臣:《积弊尚存伏乞剔除以抚灾黎疏》,吴亮:《万历疏抄》卷八《民瘼》,第435页。

之广,绝无生计","中原百万生灵,濒于危亡"。① 杨东明也云:

> 迫至今日,更不忍言。断草莱以聊生,刮树皮以充腹。枯容黧面,人人俱是鬼形;恨天怨地,个个求归阴路。向言犹卖儿女,今则割儿女之尸体;昔也但弃亲身,今则食亡亲之骨肉。道路警急,行旅戒严。村落萧条,烟火断绝。难支数月,乃相约以捐生;无耐饥寒,遂结聚而为盗。昼则揭竿城市,横抢货财;夜则举火郊原,强掠子女。②

如他在《饥民图说》第9幅《刮食人肉》中更详细地说道:"草根、树皮都吃尽了,眼睁睁又熬不将去,只得将饿死饥民憔瘦身子割将皮肉来,放在粪火上砂铫中烧煮。不拘生熟,且救眼下饥饭。人肉不是养生之物,吃了几日,眼红心热,依旧丧了性命。"③和发大水那阵子相比,饥寒更向人们逼近,灾害程度更加酷烈:原来是贩卖,现在是宰割;原来是弃亲,现在是食亲。上年初冬,虽然矿徒啸聚,但很快平息,未能滋大而溃瓜,而现在伙盗频发,城乡骚动,道行断绝,村落萧条,气氛更加紧张,"已有岌岌起变之形"④。

二 灾伤恶化之反应

(一)京师科道官员和阁臣的关注

面临此种恶劣局势,内阁和一些科道官员开始做出积极反应:或剖析严峻形势,引起皇上警醒;或建议急拨帑金,作速实行救济。该年正月,御史梁铨上奏,"方今天时为灾,中州、东土及于徐、淮,所在灾民颠连无告。东倭、北房,一时交横,增兵足饷,当事者束手无策。闾阎、边鄙,

---

① 桂有根:《敬陈末议恳乞圣明采纳以保民生疏》,吴亮:《万历疏抄》卷八《民瘼》,第433页。
②④ 杨东明:《饥民图说疏》,乾隆《虞城县志》卷八《艺文》,第7b—8a页。
③ 杨东明:《饥民图说》,虞城县志编纂委员会:《虞城县志》附录,第673页。

外内交祸。有识者方在寒心流涕之时"①。把这次灾害的蔓延和当时辽左报警、东倭犯顺的边疆危机相提并论。该月二十日,内阁大学士王锡爵上奏道,"即今中原一带荒乱异常,户部钱粮罄空无措。臣等欲再拟蠲租、放赈之旨,恐所司不能奉行,皇上徒为反汗"②,道出了中央财政吃紧的实情,并警告道,若只是口头许诺,反会失信于人。同日,王氏在为神宗草具的敕谕中说:

> 昨岁各省灾伤,山东、河南及徐、淮近河之地为尤甚。民间至有剥树皮、屑草子而食,又至有割死尸、杀生人而食者。朕虽居深宫之中,念切恫瘝,不遑寝处,曾经屡旨蠲、赈,不知有司曾否奉行、小民有无沾惠? 况值此公私交绌之时,不知各该地方除内帑、漕粮或留或发之外,别有急救便宜措处方略否? 其各处矿徒、劫盗啸聚成群,又不知果已安插归农、防御有备否?③

这虽是照着皇帝口吻草拟,实则是阁臣们的担心。他们也怀疑先前所行的救荒之策只是形式而未见诸效果。二十三日,工科给事中桂有根根据灾荒的情形,提出五项弭荒事宜:发帑藏以苏重困(发帑金10万两,留漕粮20万石);停征额以示宽恤(春夏之前不许征解税粮、起俵马匹,与河工、运河攸关的费用等麦秋之后从容收敛);并工作以均募力(常额之外增加运河修浚人额,发挥以工代赈的作用);省繁文以专责成(减少从巡抚到州、县之间文书传递环节,提高灾荒期间的应变能力和工作效率,充分施展巡抚的便宜之权);禁流言以安反侧(在大荒之时,提防豪杰利用流言传播和社会动荡实施不轨之谋)。这些都是很切实的救荒措施和主

---

① 《万历大政类编》,万历二十二年正月"停御史梁铨俸",北京图书馆古籍珍本丛刊,第54册,第276—277页。
② 王锡爵:《文肃王公奏草》卷一七《赈济拟圣谕责成抚按守令疏》,四库全书存目丛书,集部第135册,第332页。
③ 《明抄本万历起居注》,万历二十二年正月己亥,中国公共图书馆古籍文献珍本汇刊本,第7册,第286—287页。

张,户部复议后对其中具有实质意义的"停征额"给予了否定,说内帑称诎,光禄寺和京、边银两照样征解。各省直的起运银两除起解外,河南从现储库中留6万两,山东、江北各留2万两。河南、江北共留漕粟20余万石;山东因漕粮全部改折,无从议留,先借支备倭米豆3万余石和本省的漕粮折银2万两。① 从户部的角度看,由于中央财政匮乏,是不会轻易满足蠲免要求的。② 因此,起解后地方上有无剩余银两还很难说,而漕粟是否足额也不能断定。即便是截留了一些漕粮,也不一定采取赈济方式,可能更会倾向于平粜或说平籴。二十五日,刑科给事中李先芳提出的救灾建议中有"借运米"一款,经户部商讨后,"酌定平粜,米价解部,俟丰岁召商和籴"③。同时,工科给事中黎道炤上言,献陵修葺的预算资金为6万两,因献陵尚且完好,只需微修即可,"请以所省赈山东、河南、淮、徐饥民",得到同意。④ 到了二月十二日核算后工程约需19267两⑤,较预算可节省4万余两银子。这笔银两是否如最初允准那样用到了赈灾上面,不得而知。

科道官员在奏疏中除表明他们对这场灾难的同情外,大都提到了盗贼啸聚、闾阎不宁的社会危机可能给社稷带来颠覆的隐忧。而且随着时间的后延,这种威胁表现得愈加显明,颇令兵部和地方官员不安。桂有根在建议禁流言时说,"流播不根之言,一倡百和,信以传讹,能令无知之辈猖狂四起。万一豪杰乘而图之,其究有不可胜言者。况东土、中州又

---

① 桂有根:《敬陈末议恳乞圣明采纳以保民生疏》,吴亮:《万历疏抄》卷八《民瘼》,第433页;《明神宗实录》卷二六六,万历二十一年十一月乙丑,第4944—4945页。按,《明神宗实录》在罗列概括桂有根的救荒建议时,落掉了第三项。
② 按,万历二十二年三月六日,户部在复议仓场总督褚鈇"饥荒善后事宜"奏疏时明确指出,京边钱粮即使灾荒时候也不蠲停,并且是考核地方官员的依据。"省直钱粮其京边紧要者,例不因灾荒蠲停。本部于抚、按通参至日,备查疏内各官,必京边钱粮到部完纳始准豁免,否则仍前参罚。"《明神宗实录》卷二七一,万历二十二年三月甲申,第5029页)此可视作中央政府的一般财政政策。
③《明神宗实录》卷二六九,万历二十二年正月甲辰,第5005页。
④《明神宗实录》卷二六九,万历二十二年正月壬寅,第5005页。
⑤《明神宗实录》卷二七〇,万历二十二年二月辛酉,第5013—5014页。

流言易惑之人。往年,师、刘大盗群起,摇动天下,皆此中流言之为"。接着举例,说了自己在山东兖州府金乡县任职期间经历的一件事情:在金乡县南不足百里,有南直徐州的丰县。当地有一人妄言,士夫和一般百姓受其蛊惑,误听轻信,四处纷逃。经他和丰县知县费氏的百般抚慰,旬日后才使局面安定下来。① 可见谣言的蛊惑作用之大。杨东明也道,"山东、河南之地,无为之教盛行。倘奸雄攘臂一呼,则四方望风响应"②。正如桂氏所言,这一带确有起事的群众基础,在嘉靖年间曾发生过规模浩大的师尚诏起义。③ 殷鉴未远,余悸尚在。这一问题若不引起足够重视,到时"欲蠲以辑之而民不从,欲赈以怀之而民不听。收拾无策,懊悔何及"④。《饥民图》第12幅为"盗贼夜火",其中就讲了盗贼烧毁房屋、杀害性命、劫去财帛的举动,特别提出了这些做法于"国家之患不浅"的警示。拥有言责的科道官员,在灾难逼临之时,怀抱忧虑,从各自角度围绕救荒这一中心议题具奏献策,奔走呼吁。

有救荒经验的刘世教认为:

> 小潦、小暵者,一岁之祲也。而大潦、大暵者,数岁之祲也。祲之小者,竭贤有司之力而可办。乃若非常之祲,则亦必有非常之举而后济。自非朝廷沛德音、发帑藏,破拘挛之见、越故常之规,而能迓既乖之天和、收将涣之人心乎?⑤

大灾,即所谓的大祲,也即非常之灾,其破坏力大,对民生和经济的影响会贯穿和表现在相当长的时间里。在中央财政尚可维持的阶段,要使大

---

① 桂有根:《敬陈末议恳乞圣明采纳以保民生疏》,吴亮:《万历疏抄》卷八《民瘼》,第 434 页。
②④ 杨东明:《饥民图说疏》,乾隆《虞城县志》卷八《艺文》,第 9a 页,第 9a—9b 页。
③ 按,据张廷玉等《明史》卷一八《世宗本纪二》载,嘉靖三十二年春、夏之交,河南、山东大饥。七月二十六日,归德府柘城人师尚诏率众起事,到十月二十七日伏诛,前后历时 3 个月,攻下了归德府城和属于该府的柘城、鹿邑等县,远近震动(第 241—242 页)。
⑤ 刘世教:《荒箸略》,盐邑志林本,第 2a 页。按,刘氏,字少彝,浙江嘉兴府海盐人。万历二十八年举人。曾任福建闽清县知县。万历三十六年春夏之交,江南大雨达 45 日,灾害颇重。他直接参与了家乡的赈灾活动,为借鉴传统荒政经验,更好指导救荒实践,乃著《荒箸略》。

灾得到缓解或相对解决,必须依靠国家力量。而国家力量的启动,则取决于皇帝的态度。

明神宗从万历十七年(1589年)起,居宫静摄,久不视朝。外间问题的处理依托内阁首辅及其成员,内中的意见则通过手札的方式由内侍文书官传达给阁臣。一些臣僚的意见若拂于心,神宗便留中不发。对于习闻和竞相争论的问题,皇帝常感聒耳烦躁,失去了敏感,加重了麻木。本来是很重要的事情,也因而连带着轻轻放过。如何才能引起神宗对这一严重问题的关切和倾情,恐怕还得采取出人意表的独特表达方式。

(二)杨东明《饥民图说》的震撼作用

大抵在万历二十二年(1594年)二月十一日,刑科右给事中杨东明起草了一份大约1500言的奏疏,并绘《饥民图》,每图皆有解说,一并呈与神宗。正如所期,这组图产生了使皇帝动容的效果。神宗偶尔看到图说,在奏疏后批曰"图说留览",当即下谕内阁,"朕今日览文书,见刑科给事中杨东明《饥民图说》。朕心甚惊惶、忧惧。卿等可传与该部,可蠲可赈,作速看议来说"①。阁臣王锡爵也从神宗这种态度的转变上看到了某种希望,为之一振,随即上本道:

> 伏惟今岁河南等处灾伤,至于父子夫妇相食,乃从来未有之变,即东明疏中尚有讳而不忍尽言者。臣等日夜忧惶,已经连次拟旨拟谕,议赈议蠲,冀以少纾燃眉之急,暂安思乱之心。而特恐德意不宣,有司玩视如故。正展转无措间,忽捧圣谕,怵目感心,忧深词切,即古帝王之子惠困穷、视民如伤不是过也。德音一布,度蛰虫、腐草无不昭苏,岂有天意不可回、人心不可定之理?②

皇帝既然做了公开表态,问题就有望得到解决。

---

① 《明抄本万历起居注》,万历二十二年二月十一日庚申,第7册,第312—313页。
② 王锡爵:《文肃王公奏草》卷一八《议拟救荒事宜疏》,第339—340页。

杨东明的奏疏和《饥民图说》是一同进呈上去的。从奏疏内容来看,和前面一些科道官员陆续所上没有什么特别的不同,但文字确实感人。他先是描述了初灾和灾情日重的变化,然后讲了如同父子的君民关系以及"保民所以保社稷,弃民所以弃国家"的道理,接着又谈了蠲免、赈济存在的徒具虚文的问题,并据先例建议从户、工二部发赈银20万两,为使赈灾产生实效,特别推荐光禄寺丞钟化民担当此任,最后讲了绘图附说的意图。这充分体现了他对国家的强烈责任感和对倒悬百姓的深厚怜悯心,既"为苍赤抱痛",复"为宗社怀忧"。文字诚恳、深切,"臣秉笔属草之时,皆饥民奄奄待毙之际。早一日则多活数千万之生,迟一日则多毙数千万之命。臣望皇上速留意焉"。"臣言有限,臣虑无穷。臣之临毫,一字一泪。臣之伏阙,万恳万哀。""万民死生之关、邦家安危之本在此举也。"

事实上,真正引起神宗对该事注意的应该是《图说》。杨东明所绘《饥民图》共14幅,前13幅备绘流民之状,分别是:水淹禾稼,河冲房屋,饥民逃荒,夫奔妻追,卖儿活命,弃子逃生,人食草木,全家缢死,刮食人肉,饿殍满路,杀二岁女,盗贼夜火,子丐母溺。末一图乃东明拜疏之像。整个图幅采用素描方式,人物骨瘦如柴,毛发稀疏散乱,衣衫褴褛不整,背景森然可怖。每图系有解说,"皆以俚语纪实事,盖取其易明"。"殆以神宗宴安深宫,无由知外廷之迫切,故并绘此窘急入告之形欤"。①绘制图画,解说通俗,显然出于神宗接受效应上的考虑。图幅再现事物仿佛如生,意出言外,具有直观效果和震撼力量。因此,综上考虑可以这样说,在这次持续性灾害的反映和求助过程中,杨东明的上疏和他独特形式的《图说》产生了显著的效果。

就这种图说的形式来说,它不是杨东明的发明,而有历史上类似做法的借鉴。宋代郑侠图说之事颇为流传。北宋神宗熙宁六年(1073年),

---

① 《四库全书总目》卷六四《史部二〇·传记类存目六·饥民图说》,第574页。

王安石正在进行青苗法和免役法的改革。华北地区叠降灾害,先是大蝗,继而秋、冬亢旱,直到次年三月春耕时仍未降雨,"麦苗枯焦,黍、粟、麻、豆粒不及种。旬日以来,街市米价暴贵,群情忧惶,十九惧死。方春斩伐,竭泽而渔,大营官钱,小求升米。草木鱼鳖,亦莫生遂"①。大量百姓从土地上游离出来,"河东、河北、陕西饥民皆流入京城,而京城外饥民尤多"②。当时流民的情状可怜,而京师市民的生活也同样可悲,"每风沙霾曀,扶携塞道,羸瘠愁苦,身无完衣。并城民买麻粞、麦麸,合米为糜,或茹木实、草根,至身被锁械而负瓦揭木卖以偿官,累累不绝"③。作为京师安上门监者,睹此情景,鼻酸不禁,认为乃变法所致,遂据逐日睹见绘成一图,于二十六日奏达皇上。神宗看后,暂时中止了某些变法的措施。这就是闻名史册的郑侠《流民图》和《进流民图状》,被后来朝代的臣僚视为楷范而歌颂和仿效。

郑侠的图疏和事迹对于明代一般士夫来讲并不陌生。明初永乐十四年(1416年),杨士奇、黄淮等奉成祖之命,编纂成卷帙多达350卷的《历代名臣奏议》,郑的奏疏即被收入卷二四四"荒政"类中。大约正德时,一位姓曹(字承之)的主事,系南直松江府人,喜欢购藏图史。当他收得郑侠的《流民图》后,要求同乡学者陆深(弘治十八年进士,上海县人)为图幅作跋,陆氏题以诗句。其中有云:"此图浅淡颇有工,描写人物间关里。骨肉牵联老稚兼,衣裳褴缕面目紫。云是郑侠流民图,仿佛啼号声满耳。"④可见直到明中期,此图幅依然存在,并被人们所珍视。大体同期,南京人陈沂(正德十二年进士)参照《宋史》郑传的内容,专门作过一篇题为《宋郑侠流民图说》的论说文字⑤。较杨东明年龄稍小的相知、同

---

① 郑侠:《西塘集》卷一《上皇帝论新法进流民图》,文渊阁四库全书,第1117册,第369页。
② 陈均:《九朝编年备要》卷一九,神宗皇帝甲寅熙宁七年,文渊阁四库全书,第328册,第510页。
③ 《宋史》卷三二一《郑侠传》,中华书局1977年版,第10435页。
④ 陆深:《俨山续集》卷二《题郑侠流民图》,文渊阁四库全书,第1268册,第665页。
⑤ 按,该文收入黄宗羲所编《明文海》(文渊阁四库全书本)卷一〇六《说六》(第1454册,第215页)。

乡乔胤(宁陵县人,属归德府)在为杨的奏疏集《青琐荩言》所作序中称,"既居谏掖,多所建明。今其牍具在,试取而读之,《饥民图疏》似郑监门"①。此郑监门即宋代之郑侠。一般人都把杨的图疏和郑侠图疏相联系,那么博学多识的杨东明对郑的图疏应是熟知的。

在杨氏之前,本朝的前辈们沿用郑侠模式给皇帝反映民瘼的个例也不为少数,似乎已成套路。这些对杨来说或许是了解的和有启发的。弘治二年(1489年),刑部左侍郎兼都察院佥都御史彭韶巡视、整理两浙盐政。当他看到灶户"粮食不充,安息无所","小屋数椽,不蔽风雨。脱粟粝饭,不能饱餐","晒淋之时,举家登场,刮泥吸海,午汗如雨,虽至隆寒砭骨,亦必为之","煎煮之时,烧灼熏蒸,蓬头垢面,不似人形,虽至酷暑如汤,亦不能离"的生活上和劳作上的苦难情状后,发出"庶民之中,灶户尤苦"的感慨,并认为,士大夫少有知之者,在上之人自更不必说。于是,他将两浙盐场景物和灶户情事分为八部,各绘为图,包括两浙盐场图、山场图、草荡图、淋卤图、煎盐图、征盐图、放盐图和追赔图。每图前为解说,后系以诗,装裱成册,于六月初三日连同奏疏一起派人上进,希图使明孝宗"目击贫灶之迹"②。山西太原左卫人侯纶,正德六年(1511年)进士。在其任湖广按察司副使期间,"遇岁荒,流离载道。绘饥民图上之,得旨赈救,全活无算"③。江西南昌人姜儆,嘉靖三十二年(1553年)进士。在其任湖广巡按期间,"值岁侵,民舍漂没载道",乃"上流民图,多方赈救,百姓乃得安业"④。隆庆三年(1569年)七月,河决徐州沛县。时任河道总督的翁大立(字孺参)急求赈贷,并请发漕粮平价出粜,皆蒙允许。

---

① 乔胤:《青琐荩言》,杨东明:《青琐荩言》卷首,四库全书存目丛书,史部第64册,第367页。
② 彭韶:《彭惠安集》卷一《奏议·为进呈盐场图册事》,文渊阁四库全书,第1247册,第15—19页。
③ 雍正《山西通志》卷一〇七《人物七·太原府·侯纶》,文渊阁四库全书,第545册,第668页。
④ 雍正《江西通志》卷六九《人物四·南昌府四·姜儆》,引《淡溪姜氏事实》,文渊阁四库全书,第515册,第404页。

为使穆宗周知"下民昏垫、闾阎愁困"的情状,翁乃绘 12 图,并奏疏以献。① 后在邸报上登出时,称作《流民图疏》。② 万历十四年(1586 年),沈子木(字汝南)在任山西左布政使时,"晋中大饥,仿郑侠绘流民图奏上,得捐、帑金十万为赈,命吏治粥,以饲饿人,全活者甚众"③。或曰稍远者可能是杨所不知的,然时近者若万历十四年的沈子木事,距他绘具饥民图疏仅 7 年,在他中进士后 6 年,作为一直在京中任职的杨东明不会不知。

其实,明神宗对这类《图说》册页是很熟悉的,而且恐怕还有某种嗜好。这或许是引发深处九重的他仍能对此问题敏感和关注的原因。隆庆六年(1572 年)六月初十日,年方 10 龄的神宗因父亲穆宗的早逝而登基。为使他能够很好地吸取历史上帝王为政的教训,熏陶作为英明君王的素质,时任内阁首辅的张居正和讲臣一起,根据小皇帝的年龄特点,别出心裁地为他编绘了一本图文合璧的教科书《帝鉴图说》。色彩鲜艳,图画生动,文字浅白,易入耳目,因而收到了比枯燥说教好得多的教育成效。④ 当杨东明的《图说》出现在他眼前时,这种在幼小心灵深处留下的记忆便会很自然地激活,对这种形式感觉非常熟悉,相应地也就接触了画面的内容。

杨东明在关键时刻草具的淋漓酣畅的上疏和颇具匠心绘制的《图说》的这一举动非出偶然,与他始终关切民众苦痛的高尚人格是相关联的。受士夫善世和应具恻隐之心的封建伦理的作用和熏陶,他关注民生,体恤民命,感情真挚,非出造作。他豪放倜傥,敢于担当,提携后进,乐于助人。"义所当予,不爱千金。难所欲急,不负一诺。"⑤在此 4 年前

---

① 张廷玉等:《明史》卷二二三《翁大立传》,第 5868 页。
② 王世贞:《弇州山人四部稿》卷一二五《文部·书牍·翁司马孺参》,明代论著丛刊本,第 5831 页。
③ 雍正《山西通志》卷八六《名宦四·统辖·沈子木》,第 98 页。
④ 参见牛建强、汪维真《从〈帝鉴图说〉看 16 世纪末的中国帝政》,《史学月刊》2000 年第 4 期。
⑤ 吕坤:《吕新吾先生去伪斋文集》卷五《杨晋庵文集序》,四库全书存目丛书,集部第 161 册,第 155 页。

的万历十八年(1590年),时任礼科给事中,告假在家,秉持着"士大夫家居善世"的理念,联合知交,开办社仓,目的是"积德行义",在灾荒时利用积谷救济百姓,同时也希望能够起到倡率的作用,使他人闻风兴起,"裨益于世"。其基本思想支点便是,"人虽万有不齐,实天地一气所生。古人父母乾坤,胞与民物,疲癃残疾,鳏寡孤独皆为兄弟,颠连而无告,是合天下人本同一体也"。"且夫恻隐之心,天地生生之心也,即人之所恃以立命者也。如遇可哀矜而念不少动,则此心之生生者灭矣。"①所以在百姓深陷涂炭危难之时,以百姓利益为重的杨东明设法向皇帝请命便也顺理成章了。

三 灾伤危局之挽救

(一) 钟化民被委以重任

政府参与灾荒救济是否需要遣派使者的问题,在前朝即有争议。北宋神宗时,司马光曾说,当时每有一事,中央即遣使者,而不责成将帅和地方监司、守宰自为方略、发挥作用,结果则是徒为骚扰。南宋中期人董煟[光宗绍熙五年(1194年)进士]很认同这种看法,并将之引入荒政的认识上面说,"古人救荒,或遣使开仓,遣使赈恤,遣使循行,周询民间疾苦。然法令尚简,故所过无扰"。而在灾荒之时,"民方饥饿,官方窘匮。而王人之来,所至烦扰,未必实惠及民而先被其扰者多矣"。②如果任用非人,确实会产生如董所说的这种纷扰的弊端,其结果可能比不遣还要糟糕。杨东明当时也顾及到了这一问题,说"然或委用不当,又徒骚扰地方"。但问题也非绝对,关键在于委任之人是否有为。所以,他在派遣人选的问题上慎重地做过一番调查,"博采舆论之公,兼酌才品之当",发现光禄

---

① 杨东明:《社仓序》,乾隆《虞城县志》卷八《艺文》,第25b页。
② 董煟:《救荒活民书》卷中《遣使》,文渊阁四库全书,第662册,第263页。

寺寺丞钟化民是很合适的人选，并鼎力推荐，说他"一任县令，两任按差，到处皆能救荒，至今人犹颂德。如令奉命而往，必于荒政有裨"，并说"尤须假以便宜，方可展其才略"，使他完成弭盗和恤民的双重任务。

钟化民，字维新，号文陆，浙江杭州府仁和县人。万历八年（1580年）中进士后，初授福建泉州府惠安县知县，"察民疾苦，次第施行，或著为令以垂后"。某岁苦旱，他"斋戒步祷，甘霖随澍。凡至再，皆响应"。当时御史安九域巡行诸县，"所在持枯苗告歉，入惠安则穰穰满车，迨出境则枯苗如前"，周围县份唯独惠安有秋。询问其故，旁县百姓无不称颂钟氏平日廉仁和遇旱时的虔祷之状。被荐于朝，举清廉第一。后调任江西饶州府乐平县知县，治绩较惠安更为突出。"时时亲历村落，为百姓谆复说高皇帝六谕，勖以孝弟力田。进三老询利弊，凡有益于民者，挺身持之不少回。时称为三不要，谓不要钱、不要官、不要命也。"因廉能卓异而升为都察院御史。在巡视陕西茶政期间，"甘、榆饥，令所司虚仓廥发赈，然后奏闻，全活甚众"。在巡按山东期间，"时旱魃为灾，下车即虑重囚，出冤系百余，悉仓谷行赈，亦先发后闻。所历必躬祷，雨随车下。蝗起，吁天以身代稼，蝗尽随大风入海"。① 钟化民在地方为宦时廉洁持身，敢于任事，务于治理，先事有备，所以在灾害出现时百姓无伤。他三次经办赈灾之事，以民命为重，先行赈济，而后奏闻，使其实现平稳过渡。钟氏这些经历，使他积累了丰富的灾荒救助经验，同时也树立了救荒干臣的形象。所以其最终被踏实任事的杨东明发现也就不足为怪了。

（二）灾伤的具体救济

万历二十二年二月十五日，遵照部议免除河南上年赋税；并发银8万两，"令光禄寺丞钟化民兼河南道御史前往赈济"。② 又特为范铸"钦差

---

① 徐象梅：《两浙名贤录》卷二〇《经济·明四·巡抚河南都察院右佥都御史钟维新化民》，北京图书馆古籍珍本丛刊，第17册，第617页。
② 《明神宗实录》卷二七〇，万历二十二年二月甲子，第5015页。

光禄寺寺丞兼河南道监察御史督理荒政之印",给予便宜行事之权。钟受任之时,"矢诸天日,苟毫发不尽其心、处置不竭其力,天地神明殛之"①,誓死不负所望。随又草拟了《救荒事宜》,制定了大体的救荒计划,做了较为充分的准备工作。约于二十一日急发,二十九日抵达河南省城开封。②

在钟氏未至河南救济前,也有一些相关的反应。二月二十日,兵部基于"河南、山东、淮扬等处岁荒盗起,而河南更甚"的情形,建议"蠲停给赈,晓谕解散",还要训练兵壮以资防剿。③ 二十一日,河南抚、按奏请,将河南的周王、唐王等王府的禄米改折粳米,并停征或缓征王府庄田子粒。④ 二十五日,都给事中吴文梓等主张,"河南已发之寇急宜驱散"。倘不受招抚,则当分别渠魁和胁从、乱民和窘民加以对待。⑤ 二十八日,河南巡抚张一元奏请内帑。户、兵二部会议,不从正面回答,只是要求河南、山东和江北抚、按查实地方积谷数目和是否给赈的情形。而无灾地方的税粮可改输米谷,根据道里远近运至有灾去处,然后按照时价估算,从发给受灾地方的赈银中扣除相应的数量,准抵改输米谷的价值。⑥ 其实,这不过是官样文章,没有实际效果(下面将要谈及)。三月初一日,神宗传旨,让阁臣王锡爵等传示河南巡按陈登云封进饥民所食雁粪。⑦ 初九日,陈登云又奏请截留汝州鲁山、宝丰二县应解的兑军银两,等麦秋后再行补征。为了解决饥民问题,河南按察司副使王任甚至提出"暂许开矿以救旦夕"的主张,并请发临清、德州二仓米2万石,请给南京漕银30万两,候岁丰时"加二抵还"。还要求邻郡不得遏籴,违者听抚、按题参。⑧

---

① 钟化民:《救荒图说》第1幅《恩赈遣官》,墨海金壶收荒政丛书本,第8b页。
② 俞森:《钟忠惠公赈豫纪略》,墨海金壶收荒政丛书本,第1b页。
③《明神宗实录》卷二七〇,万历二十二年二月己巳,第5018页。
④《明神宗实录》卷二七〇,万历二十二年二月庚午,第5018页。
⑤《明神宗实录》卷二七〇,万历二十二年二月甲戌,第5020页。
⑥《明神宗实录》卷二七〇,万历二十二年二月丁丑,第5021—5022页。
⑦《明神宗实录》卷二七一,万历二十二年三月己卯,第5025页。
⑧《明神宗实录》卷二七一,万历二十二年三月丁亥,第5031页。

上述陈氏和王氏奏疏虽然在"实录"中系于三月初,其实是二月中旬所奏,当时还不可能获知蠲免赋税和钦差钟化民南下河南督理荒政的消息,所以才会有上述提出要求之事实。

大量赈灾资金的获得是至关重要的。其实,最初拨付给钟化民的8万两银子对于这场日渐深重的灾害来讲犹如杯水车薪,远不能济。三月初一日,当内阁首辅王锡爵看到皇帝传示的饥民所食雁粪后,心情沉重,急忙题奏皇上,谈了当时中央的财政状况和所面临的严峻形势,财政捉襟见肘,形势危机四伏:

> 目前(内阁)难处,而户部更难处。盖先时饥荒或止一方,而今则各处告灾,虽江南亦不全熟,米价皆踊,籴贩为难,此一苦也。先时各边止有年例,今加以宁夏、朝鲜之变,例外费过三百万,内帑耗竭,势不能无米而炊,此二苦也。先时荒而不乱,则发赈之外,遂可坦然无忧,今群盗四起,该部一面赈饥,又将一面为军兴之备,此三苦也。先时户部用诎,则太仆银可借、南京粮可借,今马价银已发尽,而借支于草料、南粮,又方备江南兵变,不可多发,此四苦也。先时各布政司、府州县各有赃罚等项余积,今取解一空,有急尽靠内帑,此五苦也。先是民间殷富,事例一开则奔走上纳,今例既开尽而大户多为官吏刻削,无复余财,此六苦也。①

南北皆灾,到处告荒,南北之间无米粟可以通融,皆在仰望赈济。由于朝鲜和宁夏之役的发生,北边年例银之外又增加了新的开支,数目已达300万两。先前户部太仓紧缺的时候,可以挪用太仆寺的马价和南京户部的粮食,因江南地区"豪荡之子暗相号召,包藏祸心"②,随时可能引发事变,所以不能无备,这样南京钱粮就无法挪移。因群盗四起,赈济之外,还要预防叛乱发生,不得不考虑可能的军费开支。而地方上的赃罚等银,全

---

① 王锡爵:《文肃王公奏草》卷一八《劝请赈济疏》,第352页。
② 《明神宗实录》卷二七〇,万历二十二年二月戊辰,第5017页。

被取解到了中央,在赈灾上没有一点机动的余地,所以又不得不依靠内帑。此外还有河工、募兵等费,势不可"以国财尽耗于赈济"。这是个很难解决的矛盾,一方面地方已失去了赈灾能力,另一方面国家财政因多种支出而见诎,无法为赈灾提供有力支持,处于尴尬的两难境地。钟化民已带着8万两的救济款额前去救济,具体情况还没报来。若仍前荒乱,"惟有尽辞俸薪以助贫民,而亦望皇上暨两宫各院量发内藏十分之一,分投布施。此急救生命即所以自积己福,而功德胜于斋僧造寺万万者也。且此举一倡,则中外百官万民皆将兴起好善之心,而捐俸、捐资者不赏而劝也",也就是要皇上和皇族起表率作用,拿出内藏,激发社会信心,动员包括官员、百姓在内的全社会力量参与救济活动。其中说的救人功德胜于造寺,实是就神宗生母慈圣皇太后而言。史载她"好佛,京师内外多置梵刹,动费巨万。帝亦助施无算"①。王锡爵的这个建议果然有效。同日,深得神宗宠幸的郑贵妃也看到了饥民之图,并对吃树皮、人相食的荒乱情形深表怜悯,积极响应,拿出自己累年所赐的5000两私房钱用以施救。② 三月初九日,两宫圣母(即居慈庆宫的仁圣太后和居慈宁宫的慈圣太后)闻河南饥荒,发内帑银33000两,命该部解去赈济。部请分赈河南、山东和江北三地,得允。③ 河南所获数量由陈惟贤解来。钟化民在最终的赈灾报告中说,河南使用的宫闱发帑,即两宫圣母、中宫皇后和皇贵妃等所捐银两达30500两。④

初四日,户部奉旨通查河南、山东和江北三地的赈济银米数,结果河南存留、挪借和太仓给发银379480两,截留漕米10万石。另外,山东存留和太仓给发银10万两,动支备倭米豆36900石;江北存留和太仓给发银82500两,发临清仓米及截留漕米247500石。这里,河南的赈灾漕

---

① 张廷玉等:《明史》卷一一四《后妃传二·穆宗孝定李太后传》,第3536页。
② 《明神宗实录》卷二七一,万历二十二年三月己卯,第5025页。
③ 《明神宗实录》卷二七一,万历二十二年三月丁亥,第5031页。
④ 钟化民:《救荒图说》第2幅《宫闱发帑》,第9a页。

粮 10 万石,银两接近 38 万。二十八日,神宗命户部通查内外捐助之数。户部奏称,妃、辅臣和官员等共捐过 12300 余两,建议分解各地,由抚、按和钟化民等"通融普济"。得旨:河南分 7000 两,山东 3000 两,其余分发江北。① 河南获得多数。除中央赈款外,清理和利用地方各种零散的未解银两,也可以获得一定的资金补充。如钟化民以距离麦熟还有 2 个月,"糜粥难支",请求免解布政司库贮吏承贴班银、户工二部事例银和历年积剩站银共 25000 余两以解燃眉,得到准留的答复。②

此外,还有一部分赈灾银粮来自某些地方藩王。藩王的利益和国家其实是一致的。只有当国家存在能够保证,藩王才能充分获得自己的利益。但各藩表现出不同的态度。就藩王宗室而言,随着代系的疏远也有贫富的较大差别。如,四月初八日,河南抚、按会题,中州由于岁饥,贫宗有 4000 余位等待赈济。③ 在提供赈银或者赈粮的藩王中,主要有藩封在河南开封的周王、藩封在山西潞州的沈王和藩封在河南卫辉的潞王三位。周府在灾区内,当然有义不容辞的责任。四月十九日,周端王朱肃溱和母袁氏(周敬王朱在铤妃)捐银 1000 两,和周王同系的郡王原武王朱朝堬、永宁府宗室朱睦橘各捐银 100 两,镇平府宗室捐谷 300 石,"散赈贫宗"。④ 二十四日,沈定王朱珵尧进银千两、粟千石助赈。⑤ 沈府和朝廷有着密切的信任关系。史载,沈定王"仁孝恭慎",深得神宗宠信。他兄弟 6 人,按规定只能有 2 人封为郡王,"余例不得封"。神宗为奖掖他的恭顺,破格对待,"皆封郡王而不与禄"。⑥ 如三月初七日,封其弟朱珵垍和朱珵埏分别为灵寿王和六合王,"禄仍镇国将军"。其他诸藩不得

---

①②《明神宗实录》卷二七一,万历二十二年三月丙午,第 5041 页。
③《明神宗实录》卷二七二,万历二十二年四月丙辰,第 5046 页。
④《明神宗实录》卷二七二,万历二十二年四月丁卯,第 5050 页。
⑤ 谈迁:《国榷》卷七六,万历二十二年四月壬申,中华书局 1958 年版,第 4727 页。
⑥ 张廷玉等:《明史》卷一一八《诸王传三·沈王模传》附沈定王珵尧传,第 3606 页。

"援例渎请",否则"以违制论"。① 二十七日即铸给"麟钮银印"。② 既然沈定王和神宗存在着这样非同一般的关系,无怪他会捐献银谷做出象征性的表示了。另,"实录"载,五月初二日,福王捐录[禄]3000 两。③ 谈迁《国榷》载,该月潞王捐 3000 金助赈。④ 综合考虑,实录记载有误,捐银者应为潞王。潞王即潞简王朱翊镠,和神宗系同母所生。万历十七年(1589 年)之藩河南卫辉。未之藩前"居京邸,王店、王庄遍畿内"。既居藩后,"多请赡田、食盐,无不应者"⑤,应该有丰厚积蓄。而神宗子朱常洵万历二十九年(1601 年)始封福王,四十二年(1614 年)始就藩洛阳。⑥ 因此,万历二十二年(1594)之捐款不可能是福王。

据钟化民的赈灾报告知,河南的整个救济活动共使用帑金 30 余万两、漕粮 10 万石。⑦ 他代表中央政府所进行的这次救济活动,包括以下 4 个方面的内容:

(1) 解决救济粮源

由于灾荒,粮价腾踊。最初,地方有司为了平衡米价,采用强力压价的手段,商贩见无利可图,便避而不至。迫于饥饿,饥民群起抢夺,政府还得调兵防御。这种做法本来是善意的,但违背了规律,产生了不良结果。再者,邻近地区有收,有司恐也罹灾,实行地区保护,多采闭籴政策,阻止商人运粮出境。钟化民一到河南,在赈银未至之时,即针对这些问题,利用便宜处置之权,驰檄照会有关各省出米地方,使其驰禁,毋得遏籴。⑧ 并提出禁止抑价的政策,放开粮价,"米到,任价高下,毋抑勒",吸引粮商。还飞檄河南布政使撤去所有防守兵力,分置黄河口,保护运粮

---

① 《明神宗实录》卷二七一,万历二十二年三月乙酉,第 5030 页。
② 《明神宗实录》卷二七一,万历二十二年三月乙巳,第 5040—5041 页。
③ 《明神宗实录》卷二七三,万历二十二年五月己卯,第 5059 页。
④ 谈迁:《国榷》卷七六,万历二十二年五月乙巳,第 4730 页。
⑤ 张廷玉等:《明史》卷一二〇《诸王传五·潞王翊镠传》,第 3648 页。
⑥ 张廷玉等:《明史》卷一二〇《诸王传五·福王常洵传》,第 3649—3650 页。
⑦ 钟化民:《救荒图说》第 1 幅《恩赈遣官》,第 8b 页。
⑧ 佚名:《赈荒事实·禁闭籴》,墨海金壶收荒政丛书本,第 4b 页。

船只,"为米舶传纤,护送至境"。并设置官单,记录所到时刻,以便稽查;若有迟缓,罪及将领。此时米价昂贵,石值5两。"远商慕重价、无攘夺患",闻风而来,"米舟并集,延袤五十里"。① 粮食充盈后,价格自然回落,最后降至每石8钱。为了广开米源,还劝义民出粟,根据数量多寡给予不同奖励。他深知,"尚义之民可以德感,难以势加"。"愿输赈者或银或粟,立册汇报。出粟者送之粥厂,出银者即在本家分给,不许收混官帑。""视所捐多寡,优以匾额、冠带,仍免其徭役。"②这样,用于开办粥厂和散金籴买的粟米就有了保证。

(2) 整顿官员作风

良好的官员作风是赈灾产生效果的组织保证。钟化民以身作则,树立榜样。"去仪从,选捷骑,素服驰巡,昼夜寝食鞍马间。随行止精力吏胥六人","所至,止食厂粥,禁供给,不坐公署,随地问民疾苦"。③其他记载也云,"化民约驵骑,日诣田间,遍视灾状。食粗砺,与闾阎同苦"④。他本人认为,简化随员,食在粥厂,可以免去地方供亿,减轻负担;还可起到风示地方官的作用,"督荒者既同食粥,不避劳苦,则地方官无不望风感动,竭力赈救"⑤他同样要求地方官员遍历乡村,深入调查,分散银米,务求实效。创制所谓拾遗法,以督励地方官吏救济的执行效果。每到一地,"预示饥民,令进见时人具一纸,勿书名姓,开所当兴革及官吏豪猾有无侵克横行,散布于地。择金同者察之,即行兴革处分"。由于钟氏勤于廉察,驰驱迅速,官吏"莫测所向,不及预为备。以故人各尽心,民皆得实惠"⑥。除自己在巡历时用拾遗法测知官员贤否外,还要求有声名的道、府官和巡察推官访查、推举"实心任事、多方全活灾民"的官员,"即为破格荐扬"。"其有贪暴纵恣,以致饿殍枕藉、不肖之尤者即时驰参。一时

---

① ③ ⑥ 俞森:《钟忠惠公赈豫纪略》,第1b—2a页。
② 佚名:《赈荒事实·劝尚义》,第4b页。
④ 林之盛:《皇明应谥名臣备考录》卷九《功业名臣·钟化民》,元明史料丛编本,第978页。
⑤ 佚名:《赈荒事实·多立厂》,第3a页。

群吏实心力行,饥民多所全活。"①如发现汝州郏县知县叶时荣克扣赈银时,即予纠劾逮问,"诸司望风奉令惟谨"②。饥民奄奄待毙,命在须臾,必须提高效率,务不失时,尽量减少公文往复的环节。"令各州、县,凡有关荒政利弊兴革,许便宜径行,俟按临时类行详验。事有干系重大者,方为复议。"③要求有司在救济期间,除非强盗、大逆,禁止所有刑讼,一则可以减去百姓不必要的钱财花费,更重要的是府、县可以全力以赴于救济之事,"通行府、州、县尽停词讼,惟以粥厂、散银为务"④。命令州、县清查狱囚以配合救济,对于捕役所捕疑似人等和涉命案件中验审后的无辜者,速予开释。⑤

(3) 实施有效救治

其一施粥。屡荒之后,仓庾若洗;饥民嗷嗷,已近垂毙。当时"中州贫民,半无家室",可谓极贫之人。对于彼等,食粥则是有效的办法,"煮粥乃救荒第一急务。以其能挽垂亡之命,且无不均之叹也"⑥。命各府、州、县正官遍历乡村,集保甲里老,推举良善管理粥厂。设置粥厂的原则是就便多立,"每厂收养饥民二百"。饥民就食的原则是"不拘土著、流移,分别老幼、妇女"。为便管理,每人以片纸绘清相貌,注明某厂就食。"印封以油纸,护系于臂"。将名单汇成一册,"州、县正官不时查点,使不得东西冒应"。其在城市,"即因公馆及寺观立厂,量大小居饥民多寡"。其在乡间僻处,则鳞次建厂五大间,一用贮米,其他四间用于煮粥和司厂者居住。食粥每人日米8合,每日两餐,于辰(7—9点)、未(13—15点)时就食,餐各2盂,各给2尺5寸见方的位置用以坐食,期至麦熟而止。

---

① 佚名:《赈荒事实·严举劾》,第4a—4b页。
② 林之盛:《皇明应谥名臣备考录》卷九《功业名臣·钟化民》,第978页。
③ 佚名:《赈荒事实·急赈救》,第6b页。
④ 佚名:《赈荒事实·禁刑讼》,第6a页。
⑤ 佚名:《赈荒事实·释淹禁》,第6a页。
⑥ 钟化民:《救荒图说》第5幅《粥哺垂亡》,第10a—10b页。

"煮粥务洁且熟,严禁搀水",且"供粥者不得减浅盂数"。①

其二赈银。一些身份尊贵的宗室、清操自守的寒士和顾惜面子的贫民,不愿混同食粥。"有等贫民,虽朝不谋夕,顾恤体面,不与饿莩同厂而食。非散金无以赒之也。"②对于这些人等,采用散银的办法救治。"而自顾惜不就厂者,散银赒之。"名单的确定非常严格,不得虚报,鼓励揭发,实行责任追究制度。"令各州、县正官遍历乡村,唤集里长保约,公同查审。胥棍作奸,许诸人举首,得实者重赏,冒破者抵罪。"将贫民厘为等差,给银有别。"极贫、次贫,给与印信小票,上书极贫户某,给银五钱;次贫户某,给银三钱;鳏寡孤独更加优恤。"也制订了可行的分发办法,并对可能出现的短少不足、抵债扣减的弊端做了预警,"正官下乡亲给,分东、西、南、北四乡;先示期,以免奔走、守候。贫民领得银、谷,里长豪恶或以宿逋夺去者以劫论;出首者赏所发帑金。正官监凿,秤分封固,加印立册,每月期日分给,差廉能推官不时掣封秤验"。"如有侵克,视轻重律处。"③仅获得赈银的贫乏宗室即有14600余位,共用银22766.29两。④

其三散盗。从万历二十一年(1593年)冬月起,由于局势恶化,汝南、南阳等府饥民利用地方山地"啸聚盘踞","出没剽掠"。如,"汝南饥民啸聚,出没山谷,劫掠焚烧,结党数千人,势甚猖獗"⑤。当事者或缉或抚,不能止息。钟氏初至,心怀至诚,单骑晓谕,遍历寨栅,召其渠魁,以情感人,谆谆不倦地宣上德意:

> 圣天子万分哀恻汝等,寝食不宁,大发帑金,特敕本院到此多方拯救。凡尔百姓,各有良心,乃是迫于饥寒,情出无奈。尔等宜相传

---

① 佚名:《赈荒事实·多立厂》,第3a页。
② 钟化民:《救荒图说》第6幅《金赒窘迫》,第11a页。
③ 佚名:《赈荒事实·慎散银》,第4a页。
④ 钟化民:《救荒图说》第3幅《首恤贫宗》,第6b页。
⑤ 钟化民:《救荒图说》第11幅《解散盗贼》,第13b页。

说:圣天子九重悯念,遣官赈济我等小民,何福顶戴。必有咨嗟流涕、焚香顶祝圣天子者。且粥厂、散银之法,尔等具闻,必俟麦熟方止。尔等即时解散,便做良民;若执迷不悟,自有法度,虽悔何及。今日正尔转祸为福之时,悟处便是天堂,迷处便是地狱。始迷终悟,便化地狱为天堂。尔须前思祖父,后念子孙,中保身命,莫待后来追悔。

他由省城开封出发,历南阳、汝宁等府,亲赈面谕。啸聚人等"无不流涕感悟,环拜投戈,各归本土为良民"①。

其四工赈。钟氏令各州、县普查堪动工役,如建学、修城、浚河、筑堤之类,"计工招募兴作"。每人日给谷三升,"借急需之工,养枵腹之众。公私两利"②。

其五医疗。"大荒之后,必有大疫。况粥厂丛聚,传染必多。医药无资,旋登鬼录。"为了防止疫病的扩散,钟氏让有司从原设惠民药局中选出精通脉理者大县20余人,小县10余人,散处村落。"官置药材,依方修合。""凡遇有疾之人,即施对症之药,务使奄奄余息得延人间未尽之年"。据各府、州、县申报,医过病人达13120名③。

其六代赎。饥寒所迫,垂亡在即,"苟图活命,贱鬻他人。妻妾跟随后夫,寸肠割断;子女飘零异域,五内倾颓。原非少恩,实出无奈"④。钟氏令卖者赴有司报名,"官赔给原价,取赎完聚"。"若有力之家能尚义、不索原价放还者,视所还多寡,照粥厂例奖赏。"换个角度看,这等于说替政府节省了这笔赎取费用。可根据其当初买价累计总额,比照输粟或输银粥厂例给予奖励。总计官赎4363人,其尚义给还的和民间奉行代赎

---

① 佚名:《赈荒事实·散盗贼》,第5b页。
② 佚名:《赈荒事实·兴挑浚》,第6b页。
③ 钟化民:《救荒图说》第7幅《医疗疾疫》,第11b页。
④ 钟化民:《救荒图说》第9幅《赎还妻孥》,第12b页。

的殆以万计①。

其七埋瘗。"饥民遗骸满野",增加疫病流行的概率。钟氏令各府、州、县和村墟、乡落遍为收埋。"凡掩一尸给工食银三分,衬席银二分。"②

其八归农。流民在外乞食,离乡背井。情况好转后,情愿归家者苦无路费,又恐途中饿死。钟氏令开封等府、州、县调查愿归流民,量地远近,资给路费。仍给加盖印信的小票一张,上面开写流民的籍贯、名字和愿意归农字样,所过州、县给银3分作为路费,并可执票到本州、县领取赈银,务令复业。据祥符等县申报,资助过的流移男妇有23025名口③。

(4) 追求长期效果

当饥民免于垂危后,继随的任务就是灾后自救。只有这样,才能避免新一轮的流动,才能变被动的救荒为主动的备荒,有效地抗御以后到来的灾荒。钟化民着眼长远,从发展的角度施治,而不仅限于局部的医头医脚,因此他的救济措施是积极的和成体系的。

其一分给牛种。流移复业,家室萧条,缺乏耕具,束手无策。请留事例、积站等银,令布政司分发各府、州、县,由掌印官亲自下乡踏勘荒地,量给种子。仍买耕牛,照田分给。耕牛永存民间,官置簿籍登记,以广孳生。④ 钟氏为了劝农,从百姓知识贫乏的实际出发,利用通俗的民歌形式创作《劝农》九歌,分发守、巡各道,督促州、县正官巡行郊野,劝课农桑。同时,谕民出入讽咏,诱导他们养成追求良善的社会风气。如,其第二首云:"时雨润,水盈盈。节候至,及时耕。东作莫辞辛苦力,西郊到底好收成。"其第三首云:"不好斗,免刑灾。不争讼,省钱财。门外有田须蚤种,县中无事莫频来。"其第四首云:"肯务农,有饭吃。不贫穷,免做贼。请看窃盗问徒流,悔不田间早用力。"其第五首云:"莫纵酒,莫贪花。不好

---

① 佚名:《赈荒事实·赎饥民》,第6a—7a页。按,钟化民《救荒图说》第9幅《赎还妻孥》中云,府、州、县开报的官赎妻孥4263名,和此相差100名。疑其中一处有误,可能系传写所致。
② 佚名:《赈荒事实·收遗骸》,第7a页。
③ 钟化民:《救荒图说》第8幅《钱送流移》,第12a页。
④ 钟化民:《救荒图说》第10幅《分给牛种》,第13a页。

赌,不倾家。世间败子飘零尽,只为当初一念差。"其第七首云:"五谷熟,菜羹香。率子妇,养爹娘。哥哥弟弟同安乐,孝顺从来是上方。"其第八首云:"朝督耕,晚课读。教儿孙,成美俗。莫笑乡村田舍郎,自古公卿出白屋。"①朗朗上口,可读可诵,文浅意深,切合百姓生活。

其二鼓励蚕桑。钟氏在巡回调查时,当他得知虞城县"民间栽桑不多,养蚕之家亦不纺丝,止是卖茧,颇无厚利"的情况后,责令各府、州、县正官循行阡陌,随地课农。按照一定数量的土地,栽种相应比例的桑株。"桑多则蚕多,蚕多则丝多,丝多则利多。"此外还强调,麦豆粟谷,要及时深耕;枣梨柿栗,可随地遍植。这样,即可做到人无遗力、地无遗利。② 这里所说的这些做法,其实是明初太祖朱元璋用以增强小农家庭适应能力的桑枣政策在新的条件下的运用和延伸。③

其三劝课纺织。当时"中州沃壤,半植木棉,乃棉花尽归商贩,民间衣服率从贸易"。基于这种现实,钟氏与乡村父老合计:一妇每日纺棉3两,月可得布2匹。数月之织可供数口之用,其余或换钱易粟,或纳税完官。他希望地方利用丰富的棉花原料进行棉布加工,使上述局面得到扭转。这样,既使用了现成原料,又降低了消费成本,家庭经济运营的机能得到增强。因此,令各府、州、县官在下乡劝农时,乘便访查纺织之事,根据民家纺棉线之多寡,判定其纺织之勤惰,以为赏劳或责戒,从而起到政府引导的作用。④

其四修复仓廒。只有先事储积,才能预防灾患。在民莫善于义仓,在官莫善于常平。义仓为民间所办,常平为官方经管。义仓设置的目标是"以本乡所出积于本乡,以百姓所余散于百姓。则村村有储,家家有蓄,缓急有赖,周济无穷"。"每堡各立义仓一所,不必新创房屋,以滋破

---

① 佚名:《赈荒事实·重农桑》附九歌,第8a页。
② 钟化民:《救荒图说》第12幅《劝务农桑》,第14a—14b页。
③ 关于明初太祖在北方地区所采取的鼓励桑枣种植、增强抵御灾荒能力的政策,请参见牛建强:《明代人口流动与社会变迁》,河南大学出版社1997年版,第34—38页。
④ 钟化民:《救荒图说》第13幅《劝课纺绩》,第14b—15a页。

费。即庵堂寺观,就便设立。每仓择好义诚实、有身家者一人为义正,二人为义副。每遇丰收之年,劝谕同堡人户各从其愿,或出谷粟,或出米豆,少者数斗,多者数石,置立簿籍,登记名数。至荒歉时,各令领回食用。如未遇荒,今年所积,明年借出,加二还仓,义正、副公同收放。此民间之粮,不入查盘,不许(官方)借用。"①常平设置的目标是"以平谷价。民间谷贱,官为增价以籴之;民间谷贵,官为减价以粜之",起到平衡粮价、保证供应的作用。钟氏令各府、州、县查核库贮籴本银及可以动用的官银,秋收时籴谷上仓,以行常平之法。② 可以肯定地说,这一做法在当时已产生实效。六月十四日,河南巡抚张一元上疏条陈荒政,恐怕州、县贮谷无多,建议将积谷多寡作为"奖戒"地方官员的依据。户部担心地方政府若将赃赎银两全都用到积储上面会影响中央财政,企图从另一角度予以否定,说河南连年罹灾,一些官员不愿催科,可能会造成积谷欠多的情形,所以应将这种情况和"故意怠玩者"区别开来,"不应混罚"。③ 但不管如何考虑,"各处谷宜增"已经成为灾后人们的共识和事实。

  其五敦厚风俗。明代中期后,随着经济的进步,衣着、居处、饮食、宴客等生活方式发生了很大的变化,日趋奢靡和铺张,甚至有过度消费的情况,无形中降低了家庭的积蓄水平和适应能力。一旦出现灾荒之类的不测,家庭正常生活进程便会迅即中断。处于明后期的中原地区,在社会整体变化中也发生了新的异动,"中州之俗,率多侈靡,迎神赛会,揭债不辞。设席筵宾,倒囊奚恤。高堂广厦,罔思身后之图;美食鲜衣,惟顾目前之计。酒馆多于商肆,赌博胜于农工。及遭灾厄,糟糠不厌,此惟奢而犯礼故也"。钟氏把这些奢费行为视作越礼犯分之举,将之看作社会动荡的根源,因此需要整顿礼俗以挽回淳风,于是著《四礼辑要》对冠、婚、丧、祭四礼进行规范,令布政司分发有司晓谕士民,以实现中礼节财

---

① 钟化民:《救荒图说》第 14 幅《民设义仓》,第 15b 页。
② 钟化民:《救荒图说》第 15 幅《官修常平》,第 16a 页。
③ 《明神宗实录》卷二七四,万历二十二年六月辛酉,第 5078 页。

的目的。其基本精髓就是根据家庭能力行事,稍能体现礼的精义即可,如婚礼可以荆钗裙布,祭礼不妨菜羹瓜祭。① 他还将灾伤期间出现的义夫节妇的事迹,加以采访,予以表彰。② 这也是维系风教的一个方面。

其六设置学田。用赈银使寒士摆脱饥寒之苦只是解燃眉之急,还要为计长远,使他们有修学长进之资,于是广置公田,分给学使加以管理,以学田租入补充贫士不足。③

其七保甲乡约。设保甲以防奸,设乡约以劝善,二者并行不悖。鉴于地方矿徒窃发,添兵增饷徒然耗费,而擒获中真正发挥作用的往往又是乡兵的情况,保甲的优势是明显的。钟氏令各府、州、县申明和推行保甲之法,"至有矿地方,择其有身家、有行止者立为保正、保副以统领之。不许为盗,亦不许容留面生可疑之人。一家有犯,九家连坐。则不必添兵,不必增饷,而盗贼潜消矣"。其无矿地方也申明此法。钟氏认为,百姓不知亲上死长之义而啸聚为乱,完全是由于乡约不讲之故,于是根据太祖圣谕六言,"绘图衍义,述事陈歌,令有司分行约长、约副,每月朔望聚集乡人,悉为讲解。仍置善恶二簿,当众纪录以示劝惩"④。在强化治安管理的同时也不放弃道德教化的作用。

在这次长达两个多月的灾荒救济过程中,按钟化民自己的话来说,"食不下咽,坐不帖席,奔走于穷民饥饿之乡而不辞,出入于盗贼纵横之所而不避,周旋于瘟疫流行之际而不惜"⑤,是以生命作为代价的。从他最终达到的结果,回观其受命之初的誓辞,可谓践行不渝,不辱使命。根据河南布政使开报,获得赈银的贫宗、寒士和饥民有 24495869 人,获得赈粥的饥民有男妇 22960912 人⑥,累计 47456781 人。此次救济活动

---

① 钟化民:《救荒图说》第 16 幅《礼教维风》;佚名:《赈荒事实·敦礼教》,第 16b 页。
② 佚名:《赈荒事实·搜节义》,第 16b 页。
③ 佚名:《赈荒事实·置学田》,第 8a 页。
④ 钟化民:《救荒图说》第 17 幅《乡保善俗》,第 17a 页。
⑤ 钟化民:《救荒图说》第 18 幅《复命天朝》,第 17b 页。
⑥ 钟化民:《救荒图说》第 1 幅《恩赈遣官》,第 8b—9a 页。

因杨东明绘制的《饥民图说》而引发高潮,所以钟化民在救济活动结束后也仿照和对应着杨的做法绘制《救荒图说》复命,把救荒原委和采取的救荒措施浓缩其间。由于他救济治绩的突出,神宗给予褒嘉,命吏部优叙,他遂由原先从六品的光禄寺丞升转为正四品的太常寺少卿。这次救济活动也深深刻印在受益者的百姓心中,而在两年后,钟化民被委以巡抚,重又莅任河南,这应是他这次救济活动赢得民心的最好注脚。万历二十四年(1596年),河南"旱蝗赤地",河南、南阳二府矿徒又起,"不下数万"。九月,吏部会同九卿急需选拔和委任一位能够胜任"调度弹压,建威销萌"的巡抚。正因钟氏"尝赈济河南,夙娴方略,其恩信犹在民心",所以在最后的候选名单中他能够脱颖而出,获得普遍认可而赢得此任。①

四　余论

(一) 只有放到当时的具体情境中,才能对政府的这次救济行为获得深层的认识

当时,地方各级官僚的职业追求和观念发生扭曲,不是以百姓和国家利益为轴心,而是围绕自身得失行事。如阁臣王锡爵所披露的:

> 目今四方吏治,全不务讲求荒政、牧养小民,止以搏击风力为名声,交际趋承为职业,费用侈于公庭,追呼遍于闾里,嚣讼者不能禁止,流亡者不能招徕,遇有盗贼生发则或互相隐匿,或故意纵舍,以避地方失事之咎。其各该抚、按官亦只知请赈请蠲,姑了目前之事,不知汰一苛吏、革一弊法、痛裁冗费、务省虚文,乃永远便民之本。②

这是官僚政治日益腐败的反映。其具体表现是多方面的:赋役随意转嫁,赋税额外加征,银两另加银耗,水利事业荒废,预备仓储空虚,等等。

---

① 孙继皋:《宗伯集》卷二《疏·催发河南巡抚疏》,文渊阁四库全书,第1291册,第221页。
② 王锡爵:《文肃王公奏草》卷一七《赈济拟圣谕责成抚按守令疏》,第333页。

因此,灾害的频频生发,人事难辞其咎。就灾荒之救济而言,更是如此。不管民命,只知贪墨,这已成为上下恬然的风习。我们姑举一例:万历十六年(1588年),全国发生了较大范围的灾荒,南直、浙江、江西、河南、山东、陕西等地"水旱频仍,蒸黎失业","流离琐尾,道殣相望"。各地或水或旱,似乎表现出南北相反的特点。"自春徂夏,大江以南,淫雨绵绵,田圩淹没。淮、扬以北,旱魃为虐,赤地千里。"①其中的浙、直地区自然属于水灾区域。万历十七年,浙、直地区和上年情形相反,又发生大旱。七月,南京山东道御史刘寅上奏道,"迩来数月不雨,旱魃为灾。春末之播,夏末之耘,秋末之收,即草木亦多枯槁,井泉亦且干渴[涸],旱之极矣"。同时还伴随着疫病,"而瘟疫之流行,十室有九。一家之老幼,十去二三"。② 接连灾伤,多重灾害,使国家的财赋之区陷入困境。国家拨出内帑,钦差给事中杨文举往赈。而杨文举置君命嘱托于脑后,所萦怀的只是挥霍、享乐和贪黩:

> (杨文举)入境(浙江省城杭州),顾左右曰:如此花锦城,奈何报荒?以欺妄挟制有司。有司惴惴盛供,张伎乐。文举遨游湖山,作长夜饮,每席费数十金,有司疲于奔命。诸绅士进见,日已午,宿醒未解,惛惛不能一语,趋揖欲仆,两竖掖之堂上,糟丘狼藉。歌童环伺门外,置赈事不问,惟令藩司留帑金十一贿当路。藩、臬至守令悉括库羡赂之,东南绎骚,咸比赵文华之征倭云。③

万历十九年(1591年)四月二十五日,南京礼部主事汤显祖也就此事弹劾道:

---

① 黄正色:《敷陈救荒要务以济时艰疏》,萧如松等:《皇明留台奏议》卷一二《民隐类》,四库全书存目丛书,史部第74册,第730页。
② 刘寅:《乞备荒停刑疏》,萧如松等:《皇明留台奏议》卷一二《民隐类》,第733页。
③ 林希元:《荒政丛言》附录,墨海金壶收荒政丛书本,第19b—20a页。按,俞森辑录"荒政丛书"所收林希元《荒政丛言》附录的前面引有徐光启的言说,然附录作者未详,或系俞氏本人根据相关材料添加。徐光启有无关于林氏《荒政丛言》的注录本,还待查检。

文举所过,辄受大小官吏公私之金无算。夫所过督抚、司道、郡县取之足矣,所未经过郡、县亦风厉而取之。郡、县官取之足矣,所住驿递及所用给散钱粮庶官亦戏笑而取之。闻有吴吏检其归装中金花、采币、盏盘等物约可八千余金,折干等礼约可六千余金,古玩器直可二千余金。而又骑从千人,赏犒无节,所过鸡犬一空。迨至杭州,酣湎无度,朝夕西湖上,其乐忘归,初不记忆经理荒政是何职名也。①

若是把此5年前之杨文举举动和上述5年后的钟化民行为相比,差异何啻天壤。杨文举也非故意堕落,只不过在他身上体现了当时主流官员的追求和通行做法。钟化民这次救荒活动的成功也非偶然,与他此前积累起的救荒经验、所具备的救荒素质和能力,还有他那一往无前的关心民命的责任意识和激烈情怀,是密不可分的。正如林之盛所云,"救荒无奇策,而无策之策在遣精悍、习劳、多心计之臣司赈济之柄,民方少苏耳。夫救荒与平时不同。平时可从容措理,兹则民命在旦夕,非精悍者不能速及;平时可坐堂皇,兹则民散处四郊,非习劳不能巡行;且公帑有限,待哺无穷,非有心计曲处金粟者不能广惠"②。仅有其中一项是不够的,而钟氏兼具了精悍(讲求效率)、习劳(能耐劳苦)和多心计(富有主张)三者,所以"荒政底绩"也是必然的。钟化民能够特立独行,则是对当时政治环境的超越,更显示出他人格的高大和事业的辉煌。这和前述杨东明为引起皇帝对灾荒关注的匠心独运、阁臣王锡爵为筹措赈灾资金的居中协调一起共同促成此次救济活动取得实效。这也进而表明,在固有制度体系的框架内和政治败坏的情况下治人因素的重要性,"大抵亲民之官,得人则百废举,不得其人则百弊兴"③。这是我们在认识中国的中世社会

---

① 汤显祖著,徐朔方笺校:《汤显祖全集》卷四三《疏·论辅臣科臣疏》,北京古籍出版社1999年版,第1277页。
② 林之盛:《皇明应谥名臣备考录》卷九《功业名臣·钟化民》,第979页。
③ 杨士奇:《东里别集》卷三《奏对录·论荒政》,第425页。

时应特别注意的。

(二) 随着国家财政压力的增大,逐渐表现出灾荒救济主体由政府向民间转移的趋向

　　从前面所阐述的程度酷烈的自然灾害的救济过程中,可以发现政府难以为继、勉强为之的特征。在这次灾荒救济中,财力的提供者仍是国家,还有一些宗室、官员和民间的捐助。但随着明末北方边疆危机的日渐深重,年例银两与年俱增。加上以皇帝为首的贵族大地主集团消费的不断膨胀,官僚、内侍的侵克,国家财政赤字的情况日益严重。如,从万历二十四年(1596年)起派遣矿税使赴各地开矿收税、明末对民众普遍实施的赋税加派,即是企图缓解和摆脱财政危机的努力,但因执行中的扭曲或根本背离了实际而导致了相反的结果。所以,明末江浙地区自然灾害的救助,已无望从政府那里得到支持。如崇祯十三年(1640年),浙江大水,"淫雨不止,水潦盛昌。菽麦瓜蔬,遍野漂没。人情汹汹,朝不保暮。米价踊贵,斗米值钱四百文。居民日食一餐。踞高(四)望,突多无烟"。在这种情势下,绍兴府山阴县的缙绅"闻风起,议蠲、议助、议赈济,奔走无虚日",采用不同方式参与地方救济活动。刘宗周主张煮粥,金兰、余煌、祁彪佳主张平粜。而张陛则直接将家中二顷薄田卖掉,用售金籴买500石米,经过踏勘调查,制订周密计划,全部用于城内赈济,"施及一城,不数日而遍"①。可见,及至明末,在实施灾荒救济、稳定地区秩序的活动中,缙绅阶层已扮演了主导角色,替代国家担负起了协调社会各阶层间利益的功能。这种动向既是明末社会变动的重要表现方面,也是它的最终结果。

---

① 张陛:《救荒事宜·引》,学海类编本,第2b页。

明代黄河下游的河道治理与河神信仰

有关黄河灾害及其治理的研究,岑仲勉《黄河变迁史》(人民出版社1957年版)第十三节,徐福龄《黄河水利史述要》(水利出版社1982年版)第八章皆有集中论述;另有代表论文如姚汉源的《明代山东、河南的借黄行运——济宁西河及沙颍运道》和《明代的引黄济运》(收入氏著《黄河水利史研究》,黄河水利出版社2003年版)、郭涛《明代黄河下游的河患及前期的分流》、吴萍《略论明代黄河治理的复杂性》(两文收入《黄河水利史论丛》,陕西科学技术出版社1987年版)等。上述论著或因论题侧重不同,或因利用材料单一,对黄河治理与治河河神信仰关系的研究皆未涉及。笔者利用新材料在相对细致勾勒黄河治理相关史实的基础上,对有别于传统河神祭祀的明代治河河神信仰做了系统探讨。明代治河河神信仰是黄河治理史上值得重视的特殊精神现象,它既反映了当时在河道治理过程中面临技术困境的背景下民间信仰向官方祭祀的过渡,同时也是黄河严重灾害的时段坐标。

一 明代黄河灾害的表现

从华北平原地质年代的构造和黄河灌溉、水运等利用角度来讲,黄河是条利河,然从具体历史时段对具体地域的破坏而言,它又是条令人恐惧的害河。明成化末年学者丘浚的议论颇具代表性。他说,"天地间利于民者莫大乎水,害于民者亦莫大于水"。"中国四大水,惟河之来为最远,其为害亦最大。""自汉以来,屡为中国害。""今日为中原民害之大者,莫甚于河。""中国之水非一,而黄河为大,其源远而高,其流大而疾,其质浑而浊。其为患于中国也,视诸水为甚焉。"由于黄河源远流长,所经地域广大,不少支流汇入其中,加上它穿越黄土高原,水体浑浊且携带大量泥沙,至下游时便沉积并抬升河床,自然就在中原地区酿成决溢灾害。他还从预防角度讲,旱灾和涝灾只要"先事为备",防患在先,在某种程度上是可以预防的,而大河、大海就不同了,由于其破坏力强大,一旦遭际,人力相形见绌,所谓"若夫河海之患,则有非人力所能为者矣"①。对黄河的这一看法其实并不始于明代,在之前的宋、元时期即已出现,它是与当时黄河危害不断加重的情形相联系的。自北宋仁宗时起,黄河从较早的河道南徙,形成二支,其南派由南清河(即徐州至邳州一线运河,所谓泗沂故道)入淮。到金、元时,形成了黄河大致在今河南东北部和山东西南部范围内滚动的格局,给这一地区带来灾难和破坏,以致当时人发出"今河之害可谓大矣""河之为中国患久矣"②的声音。而明代河患变得愈形剧烈的因素较为复杂,除自然因素外,作为人为因素的治河方略的作用尤其值得关注。

(一)黄河灾害的自然因素

　　河南东部和山东西南部成为黄河泛滥的主要区域,这有诸如地貌等

---

① 丘浚:《大学衍义补》卷一七《治国平天下之要·固邦本·除民之害》,文渊阁四库全书,第712册,第247、252页。
② 按,此语出自北宋中期孔武仲之口,见孔武仲:《送顾子敦使河北序》,《清江三孔集》卷一五,文渊阁四库全书,第1345册,第347—348页。后语出自北宋中期苏轼之口和元人余阙之口,分见苏轼《东坡全集》(文渊阁四库全书,第1107册,第519页)卷三七《奖谕敕记》和万历《兖州府志》(天一阁藏明代方志选刊续编,第54册,第435页)卷二一《黄河》。

方面的自然因素。黄河自孟津以降,地势平衍,河面展阔,流速减缓,河床淤垫,加上土质疏松,堤防极易溃决。在元武宗至大三年(1310年)十一月,河北河南道廉访司就曾言:

> 大抵黄河伏槽之时,水势似缓,观之不足为害。一遇霖潦,湍浪迅猛。自孟津以东,土性疏薄,兼带沙卤,又失导泄之方,崩溃决溢可翘足而待。①

明景泰六年(1455年),被委以治理张秋决口重任的徐有贞曾说:

> 河自雍而豫,出险固而之夷斥,其水之势既肆。又由豫而兖,土益疏,水益肆。②

万历十六年(1588年)二月,工部在复议工科都给事中常居敬和河南抚按的集议时奏道:

> 黄河为患自古已然,而治河之难中州为甚。何也?其地沙壅土疏,修筑既难。平原多旷,一望千里,无崇山复岭之束,独恃卷扫[埽]以列防自为悍蔽,故功难就而费亦滋。③

稍后,曾4次受命治水并有27年治河经历的潘季驯也在一份奏疏中说:

> 黄河防御甚难,而中州为尤难。盖河自昆仑,历关陕以至河南,则伊、洛、渭、沁谓[诸]水合焉。水愈多,势愈盛。而自三门、七律[津]以下,地皆浮沙,最易汕刷。故自汉迄今,东冲西决,未有不始自河南者也。④

---

① 《元史》卷六五《河渠志二·黄河》,中华书局1976年版,第1620页。
② 徐有贞:《敕修河道工完之碑》,黄训:《皇明名臣经济录》卷五○《工部》,文渊阁四库全书,第444册,第422页。
③ 《明神宗实录》卷一九五,万历十六年二月丁丑,台湾"中研院"历史语言研究所影校本,第3678页。以下所引实录版本同此。
④ 潘季驯:《河防一览》卷一一《申明河南修守疏》,中国史学丛书初编本,第978页。按,"谓"字据文渊阁四库全书本改,"律"字据《河防一览》卷一《全河图说》中标示文字改。

众口一词,可见平缓地势确实是中原地区屡遭河患的重要因素。在如此区域内,即使黄河不发生决口之事,若连续霖雨,也会积水成湖,引发内涝。若是碰上数十年一遇的大水年份,黄河河道的溃决就难以避免了。

(二)黄河治理中漕运与治河间的纠结

元时,作为全国经济中心的江南地区乃是京师粮食的依赖之地。"元都于燕,去江南极远,而百司庶府之繁、卫士编民之众,无不仰给于江南。"①元初,南方物资北运曾借助陆运和河运两种途径联运的方式,即"自浙西涉江入淮,由黄河逆水至封丘县中滦②旱站,陆运至淇门,入御河(即卫河),以达于京"。不过,由于元朝的开拓性格以及海运成本低廉和每次运载数量庞大等优势,海运渐成为主导运输方式,"终元之世,海运不罢"。到了元末,海上漂溺损失和海口沙壅迫使朝廷寻求内河漕运的新途径。至元二十六年(1366年)开凿会通河,只是"河道初开,岸狭水浅,不能负重载,每岁运不过数十万石,不若海运之多也"③。

明代经济上对江南地区的依赖程度较元远为过之。明初,起先是出于防御北方蒙古势力对北边威胁的需要;稍后到了永乐十四年(1416年),因政治中心北移,漕粮等物资皆需从南方调集,以苏州府为中心的江南地区的赋税成为国家命脉。明前期有人议论说,"苏,畿内重郡也,粮赋居天下之半。国用所需,多于苏焉取之"④。到了明后期,这种看法更成通识,如云"国家定鼎金台(指北京),官饩、军饷仰给东南,岁输粟四百万石"⑤。"国家都燕,西北地皆硗瘠,财赋不得不仰给东南。"⑥这些议

---

① 《元史》卷九三《食货志一·海运》,第2364页。
② 按,此"滦"字在实录中常写作"栾",误。据明初洪武间所修《寰宇通衢·至河南其路有二·至卫辉其路有二》载,中滦驿在大梁驿北50里,故知应为"滦"字(续修四库全书,第586册,第349页)。此地后因黄河河道滚动而被淹没。
③ 宋礼:《会通河记》,万历《兖州府志》卷二〇《漕河》附,第415页。
④ 徐有贞:《武功集》卷三《史记稿·送太守况侯述职诗序》,文渊阁四库全书,第1245册,第107页。
⑤ 万历《兖州府志》卷二〇《漕河》,第321页。
⑥ 徐三重:《采芹录》卷二,文渊阁四库全书,第867册,第392页。

论充分道出了江南地区对作为京师的北京的价值和意义。

洪武二十四年(1391年),河南原武县黄河决口,流向东北方向,漫过山东安山湖,导致会通河(自济宁到临清运河的称谓)淤塞,漕运功能丧失。永乐元年(1403年),明成祖改北平为北京,因运河淤阻,物资北运只得采用类似于元初河运和陆运结合的联运模式:先是由江浮淮,通过黄河南支(即南直颍州—河南陈州—中牟县),经黄河混流区(荥泽县和原武县)运抵阳武县或者新乡县的八柳树,经陆路运至卫辉,在淇口入卫河,然后运抵北京。在山东境内似乎也存在着陆运方式,共设8处递运所,"每所用民丁三千、车二百余辆"用以转输。① 此时,海运仍是主体运输方式②,而会通河和卫河只是"以浅河船相兼转运"③,但"海险陆费,耗财溺舟,不可胜数,官民皆畏之"④。在这种大背景下,山东济宁州同知潘叔正说,会通河道长450余里,而其淤塞河段只有三分之一。"浚而通之,非惟山东之民免转输之劳,实国家无穷之利"⑤,建议重新疏通。在工部尚书宋礼和都督周长考察后,永乐九年(1411年)二月兴工。命刑部侍郎金纯征发山东、徐州民丁,后又征发应天、镇江等府民丁共10余万人开浚⑥,八月完工。"漕运固朝廷血脉,会通尤漕运咽喉。"⑦会通河开浚后不久,到了永乐十三年(1415年)便下灵停罢海运,这样漕粮等物资的北运从根本上说进入了依赖运河的时代,运河作为沟通南北物资通道的地位和作用也就凸显出来。弘治时学者倪岳曾说:

　　我国家建都北京,上而宗庙、朝廷之奉,下而百官、万姓之给,皆

---

① 《明太宗实录》卷一一三,永乐九年二月己未,第1444页。
② 按,直到会通河贯通之初,海运方式仍占相对优势地位。据永乐十三年闰九月初三日行在户部奏,每年海运遮洋船1100余只,运粮80余万石到北京。而会通河浅船1300余只,载荷有限,每年可运3次,累计运粮60余万石,赶不上海运的总量。见席书等:《漕船志》卷六《法例》,玄览堂丛书本,第201页。
③ 王在晋:《通漕类编》卷九《国朝海运考》,四库全书存目丛书,史部第275册,第434页。
④⑥ 宋礼:《会通河记》,万历《兖州府志》卷二〇《漕河》附,第415页。
⑤ 《明太宗实录》卷一一三,永乐九年二月己未,第1444页。
⑦ 万历《兖州府志》卷二〇《漕河》,第321页。

> 漕于东南,借运河一水以达京师,故河堤决则运舟阻,运舟阻则上供缺,军国之计奚赖焉?圣天子之所以注意者在是,群工之所以建议者在是,固亦宜然哉。①

弘治六年(1493年)十二月,河南巡按涂升也有类似的议论:

> 河之为患,或决而南则其患在河南,或决而北则其患在山东……今京师在北,专借会通一河漕东南之粟,以供军国之需。若河决而北则漕河受患,其害有不可胜言者。②

我们还可以从当时运输繁忙的景象中感受到运河举足轻重的地位和所担负的重要使命。在山东济宁州城东南50步左右的运道上,有名为"会源"的重要闸门,元时已建,明初相沿,改称"天井闸"。正统十三年(1448年)左右,陈文在一篇碑记中记载了舟楫通过该闸时的情形:"凡江浙、江西、两广、八闽、湖广、云南、贵州及江南直隶苏松、常镇、扬淮、太平、宁国诸郡军卫、有司岁时贡赋之物,道此闸趋京师。往来舟楫,日不下千百。"③既然运河对国家具有如此重大意义,那么对其无条件地加以保障自然也就成为铁律。这里讲的是国家存在与运河的关系,即运河关乎着国家机器正常运转的基础。

还有一层与此相关且同样重要的关系,乃是黄河和运河的关系。"漕为天下重务,而其通塞恒视乎河。河安则漕安,河变则漕危。漕之安危,国计民生系焉。"④也即是说,黄河的通塞和安危关系着运河的通塞和安危。

由于北方政治中心对南方经济中心的依赖,明代江南地区粮食等物

---

① 倪岳:《青溪漫稿》卷一九《送大总戎平江陈公总督治河诗序》,文渊阁四库全书,第1251册,第2491页。按,此平江陈公乃平江伯陈锐,其曾祖乃永乐九年开凿会通河的平江伯陈瑄。
② 《明孝宗实录》卷八三,弘治六年十二月丁亥,第1566页。
③ 陈文:《重建会通河天井闸龙王庙碑记》,谢肇淛:《北河纪》卷八《河灵纪》,文渊阁四库全书,第576册,第716页。
④ 孙承泽:《河纪》卷末《自跋》,续修四库全书,第728页,第472页。

资须通过运河输送。南北地势高低起伏，黄河运行和治理须遵循它的规律，然而为了保证运道的畅通，黄河治理规则常常遭到阉割和委屈，不能按照客观的步骤和计划实施，这样必然导致黄河治理路径的畸形，从而增大和加深下游地区黄河灾害的范围和程度。这是严重困扰黄河正常治理的人为因素。关于此点，以往有人提及，但并未给予充分强调和论证。

通过明代黄河变迁资料的排比和综合分析，大体可以获知：在明初洪武年间到弘治之前，黄河在下游的南、中、北三个分支一直并存着。每个分支在不同年份因其水量差异而呈现出不同变化，也因水量和泥沙淤积量的变化而导致流经路线的迁移，表现出极大的不稳定性。在这个阶段的相当长时间内，荥泽—新乡南部—胙城和延津之间—长垣的北支和荥泽—中牟—项城的南支的水量是丰盈的。而原武、阳武—祥符的中支不是经兰阳、仪封和考城一线东流，而是从开封东南附近便南折入淮了。这样相对混乱的水网是元末紊乱水系的继续和恶化。这即是明前期黄河下游水系的基本状况。

基于这种水系状况，当时欲实现漕运安全畅通的目标，主要面临两个难题。第一个难题是：人们隐约意识到，豫东和鲁西之间南高北下，故河道决后通常北流，破坏运道。

早在元时即有人发现，豫东比鲁西南地表要高。如元贞元年（1295年）秋，河决蒲口（在今河南杞县境），元成宗命廉访使尚文相度形势，为久利之策，尚氏发现：

> 河自陈留抵睢，东西百余里，南岸视水高六七尺或四五尺；北岸故堤，水视田高三四尺。南高北下，堤安得不坏、水安得不北哉？为今之计，河北郡县宜顺水性、筑长堤以御泛滥；河南退滩以为业，归德、徐、邳之民任择所便，避其冲突，不然则河北桑田尽为鱼鳖之区矣。①

---

① 嘉靖《长垣县志》卷一《地理·山川》，天一阁藏明代方志选刊本，第11b页。

在他看来,从陈留县到睢州的黄河河段,南岸比水面高六七尺或四五尺,而水面又比北岸田地高三四尺。这样累计起来,南岸比北岸整体高出八九尺,甚至更多。所以,他建议黄河以北郡县注意修筑堤防,以免沦为鱼鳖之区。元人余阙也说:

> 南方之地本高于北,河之南徙难而北徙易。自宋南渡至今殆二百年,而河旋北。议者虑河之北则会通之漕废,当筑堤起曹南讫嘉祥东西三百里以障遏之,不使之北。予则以为河北而会通之漕不废,何也?漕以汶而不以河也。

他也无有二致地认为,黄河南岸地势总体上高于北岸,所以才会出现容易北徙的情况,但他认为河水北徙不会影响漕运。对于后者,清康熙时学者胡渭以明中叶黄河屡决会通河的事实作根据提出了不同看法:

> 渭按:余阙此言正与挽河之议相左。盖河在梁卫之郊,北流为顺,其曰南徙难而北徙易是也。谓河北而会通之漕不废则大非。明之中叶,河屡贯会通,挟其水以入海,而运道遂淤,河之不可北也审矣。①

弘治六年(1493年)十月,河道总理刘大夏在上奏中道,河南、山东和南、北直隶接壤的区域,"西南高阜,东北低下。黄河大势,日渐东注。究其下流,俱妨运道"②。弘治七年九月,礼科给事中孙孺也提出过类似看法,但也有小异,即他认为南高北低的情况非始于明初,而是到了成化年间才出现的结果:

> 黄河自国初以来,虽迁徙不常,然其势北高南下。至成化间,始南高而北下,以至贻今日之患。③

孙氏的解释倒是隐含了一种变化和转化的思想。其实,黄河迁移的这种

---

① 胡渭:《禹贡锥指》卷一三下《附论历代徙流》,文渊阁四库全书,第67册,第698页。
② 刘大夏:《议疏黄河、筑决口状》,万表:《皇明经济文录》卷一五《工部上》,四库禁毁书丛刊,集部第19册,第11页。
③ 《明孝宗实录》卷九二,弘治七年九月丁酉,第1693页。

情况在任何时候都是存在的,这和它富含泥沙的特性是联系的。由于河南境内分流过多,导致水速减缓,最易淤积,经过一个阶段,流经区域的地表就会抬升,从而发生河道朝较低方向滚动的现象。

为了保证山东境内运河不被冲决,当时惯常的做法是,或在豫东地区的黄河北岸筑堤,逼河南流;或在河道冲决时为了及时堵塞,在稍微靠上的河南境内河段开凿支河,表现出不兼顾漕河与黄河、不兼顾上段和下段河道的严重弊病,这样就使豫东和部分鲁西南地区成了汪洋之区。下面我们分别述之。在黄河北岸筑堤逼河南下是保漕而抑黄的露骨表现。弘治七年(1494年)十月到次年二月,在堵塞河南诸决口时,唯有黄陵冈屡合屡决,最难堵塞。为防以后溃决,"特筑堤三重以护之。其高各七丈,厚半之"[1]。并"筑长堤,起胙城,历东明、长垣,抵徐州,亘三百六十里"[2]。嘉靖十三年(1534年)左右,仪封人郭维藩(正德六年进士)在《观河涨歌》诗中特别提到,"军储漕挽须运河,无令此水北胜波。千谋万虑驱南向,数城不惜随潆涡"[3]。为保护运河,驱使黄河南向,不惜牺牲他处利益,虽说不是明言的国策,但至少也是朝廷默许的。如时人有言,"国家都燕,挽江南之粟,上下咸寄命焉"。"粟至稍后,举国困急",而"一邑一郡之灾不暇恤矣"。[4] 弘治六年(1493年)二月,孝宗任命刘大夏全面强固运河时给他的敕命中有段话说得颇为露骨:"古人治河,只是除民之害。今日治河,乃是恐妨运道,致误国计。"[5]这种只管运河而无视黄河的偏颇思路决定了当时的黄河治理不可能兼顾两者、综合地和客观地施治。发生在弘治七年(1494年)的一个极端事件也能清楚地看出这种政策的危害性。该年十月,在堵塞仪封县黄陵冈决口后,山东委官派民夫在贾鲁河北岸构筑大堤,当地的河南百姓闻讯后,即欲谋杀治河官员。

---

[1] 刘健:《黄陵冈塞河功完之碑》,万表:《皇明经济文录》卷一五《工部上》,第14页。
[2] 张廷玉等:《明史》卷一八二《刘大夏传》,中华书局1974年版,第4844页。
[3] 嘉靖《仪封县志》卷下《艺文志》,天一阁藏明代方志选刊续编本,第333页。
[4] 崔铣:《治河通考序》,刘隅:《治河通考》卷首,续修四库全书,第847册,第1页。
[5] 《明孝宗实录》卷七二,弘治六年二月丁巳,第1358页。

"河南之民不欲黄河入境,但见山东委官往彼增筑贾鲁堤,即谋欲杀之",以致惊动了明孝宗。孝宗命工部会同其他部门商议,认为河南之民阻筑河堤,命河南巡抚等官应严行禁约,"该管有司不行禁止者,一体治以重罪"①。在这种绝对命令之下地方利益只有牺牲的资格了。保漕而抑黄的另一表现是,在治理中目光短浅,只及黄、运河重叠的河段,而不恤作为稍上段的河南。自刘大夏弘治七年治理后,归德至徐州段黄河经历短暂稳定后开始向北摆动。继弘治十八年(1505年)、正德三年(1508年)两次北移后,正德四年六月又北徙120里,在沛县飞云桥进入漕河。山东单县至南直丰县间的河道狭窄,无法容纳过多水量,致使河水横流,泥沙停滞,造成"故道淤塞",个别地方甚至"两岸相对阔百余里",上游来水严重受阻,宣泄不畅,泛滥范围上移,又造成稍微靠上的豫东段新的决口。② 到了嘉靖年间,这一带依然如此,"漫流平地,无渠可归。深者不过数尺,浅则尺余耳"③。人们一般认为,河南段与运河不直接相关,不会有何威胁,因而往往忽视。万历六年(1578年)八月,富有卓见的潘季驯曾提出开复河南归德府新集至徐州间250里的黄河故道,但因工程浩大、花费颇巨终被否决。④ 直到万历十六年他第四次治河时对此仍耿耿于怀,提出严肃批评:

> 黄河并合汴、沁诸水,万里湍流,势若奔马,陡然遇浅,形如槛限,其性必怒,奔溃决裂之祸,臣恐不在徐、邳,而在河南、山东也。缘非运道经行之处,耳目所不及见,人遂以为无虞,而岂知水从上源决出,运道必伤,往年黄陵冈、孙家渡、赵皮寨之故辙可鉴乎。⑤

---

① 《明孝宗实录》卷九三,弘治七年十月甲戌,第1718页。
② 《明武宗实录》卷五六,正德四年十月癸卯,第1256—1257页。
③ 潘季驯:《河防一览》卷一一《申明河南修守疏》,第351页。
④ 《明神宗实录》卷七八,万历六年八月己亥,第1683页;潘季驯:《河防一览》卷一一《申明河南修守疏》,第352页。
⑤ 潘季驯:《河防一览》卷一一《申明河南修守疏》,第351页。

潘季驯所批评的这一狭隘的视野也是黄河不能得到较好治理的根因之一。

尚需特别指出的是,明代治河理念和与此相关的技术经历了一个发展过程。在明前期,因尚未摸索到对付黄河携带大量泥沙的较好办法,一味开挖支河或疏浚河道成为当时的流行做法。如弘治七年(1494年)下半年,为了堵塞山东境内运河旁的张秋堤决口和河南境内荆隆口、黄陵冈等决口,"凿荥泽孙家渡河道七十余里、浚祥符四府营淤河二十余里以达淮。疏贾鲁旧河四十余里,由曹县梁进[靖]口出徐州运河"①。嘉靖七年(1528年),在开封府兰阳县治北3里、河南岸的赵皮寨开挖支河,南下宁陵,至亳入涡,以分水势。嘉靖二十二年(1543年),在兰阳县治北10里的李景高口开挖支河,东达丁家道口,至徐入淮,以分水势。②其结果仍是不旋踵又淤,造成河道屡决的危害。如上述弘治七年为配合荆隆口等决口的堵筑,河道总理刘大夏让河南布政司右参议张鼐和右参政朱瑄督兵民7000人,从开封府郑州荥泽县孙家渡开河,南流朱仙镇、项城县入淮,以分杀水势,可是到次年孙家渡便"渐壅弗泄","奔流横溃"。身为专理河事(时已升为按察司副使)的张鼐,担心下游黄陵受害,继而波及安平运河,弘治九年(1496年)请于河南巡抚陈道,用5000人重又疏浚孙家渡一带,"畚锸云集,卷埽山委,橛杙鳞次","六旬而举"。从朱仙镇到项城的南支河道也一并疏浚,"水势复通"。随后在孙家渡分水处堤上建水神祠祭祀。③可见,即便是开挖的支流,壅淤速度也相当之快。这种消极的做法在当时治河过程中收效甚微,危害甚大。诚如嘉靖十二年(1533年)初崔铣所评论的,"夫浚故道、分横流而后安,舍是亡策矣。然沙积地高,导然后塞;升沙并岸,水至复然,万人之功付于乌有"。他提出

---

① 刘健:《黄陵冈塞河功完之碑》,万表:《皇明经济文录》卷一五《工部上》,第14页。
② 嘉靖《兰阳县志》卷一《地理志·河渠》,天一阁藏明代方志选刊本,第12a页。
③ 佚名:《孙家渡神祠记》,黄训:《皇明名臣经济录》卷五〇《工部》,第428页。按,李东阳《怀麓堂集》(文渊阁四库全书本)卷六六《文后稿六》收有此文,故知该文为李东阳所作。

"随势相宜"以导之、"毋与水争,毋犯水怒,毋惜弃田,毋阻多口"的治河原则①,颇有可取之处。从总体上看,这种表面上看颇合情理的治河思路是当时治河理念和技术的表现。只是到了万历时期,潘季驯提出"修堤束水、使之归槽、用水刷沙、以水攻水"的相对成熟的思路后,通过修筑缕堤、遥堤和与之辅助的月堤、格堤的手段,找到了相对科学的治理途径,使随修随淤的问题得到了一定程度的缓解。②

第二个难题是:山东境内运河段东侧山地的泉流微细,张秋、沙湾水量不足;在南直运河段的徐州、吕梁二洪缺乏水源,也常枯水,不能满足运河运输正常所需。为了解决运河的水源问题,开挖或利用河南境内黄河支流在明前期是惯常的做法。而这样却导致了水系紊乱、支流淤浅、在大水来临之时无法吞纳而致溃决横流的现象。如宣德十年(1435年)九月,攒运粮储总兵官和各处巡抚以及廷臣举行会议,讨论次年即正统元年的合行事宜,其中一款道:"沙湾、张秋运河,旧引黄河支流自金龙口入焉。今年久沙聚,河水壅塞,而运河几绝,宜加疏凿。"③从这则材料知,在宣德十年之前相当长时间内,沙湾至张秋的运河用水是从流经封丘县金龙口(即荆隆口)的黄河支河引去的,由于年久沙积,引河壅塞,无法正常给运河供水,所以政府才决定把这段河道的疏通列入正统元年的工作计划。直到景泰六年(1455年)徐有贞堵塞了沙湾决口后,"犹于开封金龙口、桶(铜)瓦厢开渠三十里,引黄河水东北入漕河以济运"④。这为弘

---

① 崔铣:《治河通考序》,刘隅:《治河通考》卷首,第1页。
② 按,潘季驯在长期治河经历中摸索和总结出了体系性的经验。他批评开挖支流解决河水暴涨问题的做法,说"分流诚能杀势,然可行于清水耳。黄水沙居其六,分则势缓沙停",因此,黄河治理只能采取合水的办法,"借势行沙,合之所以杀之也"。见《明神宗实录》卷二四七,万历二十年四月己亥条,第4597—4598页。又批评挖新河胜于复故道的认识,说"水行则沙行,旧亦新也。水溃则沙溃,新亦旧也。河无择于新、旧也。借水攻沙,以水治水。但当防水之溃,毋虑沙之塞也"。河无论新旧,只要堤不溃决,就不必过虑沙之壅塞。见潘季驯:《刻河防一览引》(万历庚寅年嘉平月,即十八年十二月),《河防一览》卷首,第15页。潘氏批评的两种认识和做法在当时和后来一直存在着。
③《明英宗实录》卷九,宣德十年九月壬辰,第177页。
④ 万历《兖州府志》卷二一《黄河》,第441—442页。

治二年(1489年)荆隆口河决埋下隐患。

徐州、吕梁二洪在正统时也"皆分黄河水以通舟楫",其分水处在开封府祥符县泰(太)黄寺和陈留县东北35里的巴河,也因"年久淤塞,水脉微细"。正统十二年(1447年)冬,都督同知武兴曾请疏浚,"以冬寒土坚而止"。次年二月,他再次奏请,于是命有司发军夫疏浚。① 这段自祥符县通往徐州的支河被河南巡抚王暹称为"小黄河"。正统十三年六月,黄河泛涨,北支"从黑洋山后径趋沙湾入海",一部分入南支。中支水量减少,所谓"小黄河"的水量因而受到影响,"岸高水低,随浚随塞,以是徐州之南不得饱水"。景泰二年(1451年)七月,河南巡抚王暹不得不遵圣谕,"自黑洋山东南,直至徐州,督同河南三司疏浚"②,以保证徐州段运河用水。景泰四年八月,河南巡按张澜又上奏:原在开封府原武县的黄河东岸开有二河,与黑洋山旧河道下游相合,以供应徐、吕二洪用水。自河决而北后,新开的二河淤塞不通。"恐徐、吕乏水,有妨漕运",请求在黑洋山北面的黄河纡回处开一缺口,改挑一河,以接旧道,用灌徐、吕。据其估算,大约需工2万人,一个月可以完成。得到允准③。看来景泰二年王暹负责疏浚的黑洋山至徐州的河道并未完成,所以才有后来张澜的上奏。景泰六年八月,管河主事李蕃上奏:初因徐、吕二洪水浅,曾从阳武县东南30里的脾沙冈凿引黄河水以通舟楫;近又发现在封丘县新集等处,起夫浚河,分脾沙冈的外水以济沙湾。他极力反对分水以济沙湾的做法,认为"脾沙冈水微细,不能兼济二处,恐沙湾得水,而徐、吕干涸。得一失一,非计之善。况新集地高,费用颇多",所以请敕正在负责堵塞张秋溃堤的徐有贞量度处置。④ 从这则材料知,景泰六年已实现了从阳武县境内开凿支河以供给南直徐州的用水,而同时山东境内的张秋运河

---

① 《明英宗实录》卷一六三,正统十三年二月乙巳,第3163页。
② 《明英宗实录》卷二〇六,景泰二年七月庚申,第4428页。
③ 《明英宗实录》卷二四四,景泰五年八月戊戌,第5310页。
④ 《明英宗实录》卷二五七,景泰六年八月丁巳,第5533页。

用水也希望从这条支河得到补补。《万历兖州府志》记载徐有贞曾在封丘县荆隆口、兰阳县铜瓦厢开渠引水流向东北以入张秋之事,在此可以得到佐证。脾沙冈应是从阳武县黑洋山到徐州的这条支流的起点,而这条支流已为此后天顺五年(1461年)七月开封城的溃决埋下祸患。

"既赖河以利舟楫,亦恐其遂啮漕渠。"①漕运既依赖黄河之水,又恐惧黄河冲决,这是一对矛盾。黄河决口造成运河的淤塞只是黄河下游灾害的一个方面,而另一方面(这点往往被人们忽略)则是由上述畸形治河方略对包括河南省会开封在内的豫东地区屡屡造成的黄河冲决的灾难。此前人们习惯认为,黄河在豫东地区的多次冲决只是自然因素作用的结果,而研究提醒我们应更注意到,当时国家根本不可能更改错误的政策的做法应该承担重要责任。这种无数次冲决、堵筑、开凿、疏浚的结果,逐渐塑造了今日豫东和鲁西南地区的地貌和水生态环境的格局,可见明代前期是豫东平原生态系构造过程的重要阶段。

(三) 弘治以后豫东地区始成泛滥之区

弘治八年(1495年)后,因开封府所属封丘县荆隆口、兰阳县铜瓦厢等决口的堵筑以及从祥符县于家店到归德州虞城县一线黄河北岸两重堤防的构建,黄河决溢范围开始在豫东和鲁西南一带游移,此前所遭河患未甚的兰阳、仪封、考城、归德、虞城等州县逐渐成为重要的泛滥区域,"其筑堤、卷埽、浚浅、疏塞,殆无旷岁。而送往迎来、遣官差吏亦无遗力矣"②。如兰阳县,"弘治初,自东山刘公大夏塞黄陵口以筑巨坝,然后吾邑之地河役滋兴,丁夫签派沴至,而民无余力矣。迩来设法招募,阳为顾[雇]役,而阴实驱之"③。这一转折点对河南如此,对山东也是如此。犹诉讼之两造,一方受损,而另方获益。如《万历兖州府志》所说:"弘治初

---

① 崔铣:《治河通考序》,刘隅:《治河通考》卷首,第1页。
② 嘉靖《兰阳县志》卷四《署制志·河道》,第21a—21b页。
③ 嘉靖《兰阳县志》卷二《田赋志·河夫》,第14a—14b页。

年,(鲁西南十一州县)屡被河水冲决,运道为梗。自金龙口、黄陵冈筑塞以来,黄流阻绝,郓(郓城县)、定(定陶县)等州、县俱各安居食力,有乐土之风。"①这种情形只是相对的,其实山东南部地区也未能幸免。在正德、嘉靖时期,和河南归德府的情形一样,山东曹县、单县到南直丰县、沛县之间的广大地区都是黄河泛滥的重灾区。如从弘治中期到正德初年,黄河河道不断北徙。正德四年六月时从南直沛县的飞云桥入漕。不断的滚动,造成泥沙的大量淤积,使这一带河水浅涩,河道甚阔,影响了而上游来水的宣泄,因此造成更大范围的决口和泛滥。继仪封县黄陵冈决后,曹县粮进[梁靖]口又决,在从曹县到丰县的范围内,"田庐实多淹没","人畜死者、房屋冲塌者甚众",连丰县城郭也在包围之中。②

弘治之后,豫东州县护城堤防开始修筑和不断加固。弘治六年(1493年),兰阳县始筑护城堤,周长6里,高5尺,宽7尺。设四郭门,并在上面筑墙。正德五年(1510年)七月,河水溢,围兰阳县(今兰考县西部),护城堤几溃。③ 嘉靖二年(1523年),加固护城堤和堤墙。嘉靖十三年(1534年),在管河同知王景明督理下又增宽和增高了护城堤,高1丈2尺,宽2丈5尺,并在堤上重新筑墙。④ 保护县城的护城堤不断升级,表明河患加重的趋向。嘉靖中期所修《兰阳县志》记述了当时洪水肆虐的情形,"吾邑重承其害,崩我土地,决我城郭,溺我人畜,倾圮我墙屋,淹没我禾稼,为患有不可胜言者矣"⑤。同期,东邻仪封县的情况也与之相同。仪封人郭维藩在给当时总河刘天和(嘉靖十三年闰二月至嘉靖十四年九月)的《观河涨歌》中表达了遭受河决的苦难,兹节引如下:

> 中原土性疏更弱,孟津东下恣喷薄。角亢之野四十城,十城九城遭其虐(开封府境属角、亢分野,河自孟津入府境,始为大患)。仪

---

① 万历《兖州府志》卷二一《黄河》,第462页。
② 《明武宗实录》卷五六,正德四年十月癸卯,第1256—1257页。
③⑤ 嘉靖《兰阳县志》卷一《地理志·河渎》,第11b页,第11a页。
④ 嘉靖《兰阳县志》卷三《建置志·堤防》,第5a页。

封为邑当下流,三河包络如小洲(邑境内大河并二挑河在焉)。南北东西接水涯,村落时时集鹳鸥。顷来河涨疑海势,树杪悬沙注平地。没禾杀木未须言,决墓浮棺苦作祟。须臾四野即江湖,村墟漂荡人号呼。浮尸随浪委丛树,怪蛟争食切长鱲。绝[数]日怀[坏]城来往绝,无食无薪忧惙惙。城中万命悬一提,人家咫尺邻鱼鳖。军储漕挽须运河,无令此水北胜波。千谋万虑驱南向,数城不惜随漩涡。皇仁如天重物命,匹夫匹妇安常性。九重万里应未知,忍使无辜堕陷阱?①

　　黄河灾害在该区不断趋重的情况,还可从豫东地区普遍添设管河官员和朝廷固定设置总理河道官员一职的侧面窥出。为了有效地应对河患和保证组织上的得力,设置各个层次的管理专员势在必行。在省级层面,设置专门的治河官员。弘治八年(1495年)二月,张秋筑塞工毕后行赏,河南布政司参议张鼐升为按察司副使,"专治河道"②,表明河南开始出现专门负责治河的省级官员。为方便管河道副使查勘河堤工程和及时处理河务,嘉靖二十一年(1542年)在兰阳县西北的铜瓦厢建造管河宪副衙门,即按察河道分司③。在跨地区协调层面,正德四年(1509年)设置总理河道衙门,驻扎济宁。将衙署设在济宁恐怕出于以下考虑:一是距鲁西南黄河泛区较近,二是"凡漕、河事,悉听区处"④为总河使命,治河之外的漕运同为其工作侧重。这样就不难理解为何将其设在运河边上了,这也反映出国家重漕轻河的一贯思路。不管其重点在漕运上还是治河上,总河一职在弘治后不久的出现即表明黄河问题的严重和朝廷对此的关切。后来,随着治河思路的变化,人们对总河一职的弱点也有了深入认识:与巡抚责任关系不明,意见抵牾,推诿卸责;总河所处下游,不能

---

① 嘉靖《仪封县志》卷下《艺文志》,第332—333页。
② 《明孝宗实录》卷九八,弘治八年三月壬辰,第1793页。
③ 嘉靖《兰阳县志》卷四《署制志·河道》,第22b页。
④ 《万历会典》卷二〇九《都察院一·督抚建置》,续修四库全书,第792册,第475页。

快捷应对上游和大范围内瞬间出现的河患。对此,万历七年(1579年)七月,南直巡按姜璧具体说,总河"驻扎济宁,而南北直隶、河南、山东皆为统辖之地"。"然延袤五六千里之间,足不及遍,目不及睹。形势要害,东西南北,俱若梦寐,岂能遥制?"因此建议撤销总河。到了万历十六年(1588年)十一月,河南巡按王世扬虽未全然否定,但基于"河流虽经数省,乃所经于中州者实则居半"和河南巡抚"利害之切,见闻之近"①、"驻扎河干,未决先防,随决即塞,且与管河各官群聚一城,面相可否,无烦文檄,不费日时"的优势,主张扩大河南巡抚权限,在敕书内增加"兼理河道"内容,以弥补总河之不逮②。这则当属另外一个问题了。在府级层面,增设管河通判或同知。弘治九年(1496年)十月,户部会议巡抚所奏事宜后,提议增设开封府管河通判一员。③ 正德十一年(1516年)五月,总理河道赵璜建议,把开封府同知中的一员变换功用,"专理河道"④。管河同知衙门设在府属兰阳县。据载,"嘉靖元年,总理(河道)者题奏,添设开封府管河官衙门于县内,凡河道事务于此听处焉"。改设时间较《实录》所记正德十一年稍微靠后,在嘉靖元年(1522年)。次年,知县邓铉(正德十五年任知县)负责建署,位置在县预备仓西的旧养济院地。嘉靖三年(1524年),首任管河同知赵华赴任,继任者有桑仟、潘国臣、王景明、王诏、杨煦、张完等人。⑤ 根据万历十三年纂修的《开封府志》(四库全书存目丛书补编本)卷七《官师志》载,当时开封府职官的设置中只有2名同知,且题名中皆有上面开列的治河同知的名字。到万历十六年(1588年)底,潘季驯在第四次担任总理河道期间,认为"河南实运道上流,关系

---

① 《明神宗实录》二〇五,万历十六年十一月甲子,第3829页。
② 按,姜璧的《条陈治安疏》和王世扬的《中州河防为要疏》收入潘季驯《河防一览》卷一三,第1479、1504页。其奏疏观点扼要收入《明神宗实录》卷八九,万历七年七月戊申条(第3829页)和同书卷二〇五,万历十六年十一月甲子条(第1837页)。两条建议其实皆未采纳,而实录云"皆从之"是有错误的。
③ 《明孝宗实录》卷一一八,弘治九年十月丙戌,第2134页。
④ 《明武宗实录》卷一三七,正德十一年五月丙戌,第2701页。
⑤ 嘉靖《兰阳县志》卷四《署制志·河道》,第22a—22b页。

甚重",注意上下河段的综合治理,对与徐州段直接相关的河南段的黄河防护给予颇多关注。他亲自考察,看到河南境内几乎所有的危险河段都在开封府境内,"歧分两岸,延袤千里",险要颇多,而管河同知却只有一员,"平时修守已难周遍,若遇河涨风涛,两岸相隔,顾此失彼",于是接受河南管河道和守巡大梁道官员合议,题奏请求依照淮安府和兖州府各设二员管河同知的事例为开封添设一员,驻扎黄河北岸的封丘县荆隆口,"专管河务",兼理捕务。得到允准。① 在县级层面增设管河主簿。如弘治年间,兰阳县添设主簿一员,"专治河事"②。嘉靖十四年(1535年)二月,复设兰阳、封丘、仪封、夏邑等县管河主簿各一员。③

上述诸处皆属于开封府的范围,也皆系豫东之地,说明自弘治后,黄河及其灾害开始和豫东地区产生形影不离的关系,不得不设置各类专门的管河官员以处理和应对与河道相关的事务。

(四) 黄河灾害的呈现:直接性的和次生性的

就明代黄河造成的灾害而言,有直接性的,也有间接性的或说是次生性的。黄河决溢,田地淹没,庐舍冲毁,人畜伤亡,这些皆属于直接性的灾害。如正统十三年(1448年),发生了自明初以来的罕见大水,黄河河道分为两支,分别于北面的卫辉府新乡县八柳树和南面的开封府荥泽

---

① 潘季驯:《河防一览》卷一一《添设管河官员疏》,第975页;《明神宗实录》卷二〇六,万历十六年十二月甲申,第3844页。按,明清时期,沿黄地区如山东兖州府、南直淮安府以及河南开封府皆设置两员治河同知,显然这是这些地区河患风险严重存在的反映。从开封府万历十七年又增添一名治河同知起,两名治河同知的体制便已形成。驻省会者为南河同知,驻封丘荆隆口者为北河同知。其中,北河同知因顺治九年圮于水而移驻祥符县陈桥镇。从康熙《开封府志》(康熙三十三年刻本)卷二〇《职官志》的题名见,清代沿袭了这一制度。据雍正《河南通志》(广陵古籍刻印社1987年影印本)卷三六《职官七》知,到雍正二年又将南河同知和北河同知各分为上、下,等于说又增加两员,其中上南河同知驻扎中牟县阳桥镇,上北河同知驻扎阳武县太平镇,显示出对河南河务的关切和重视。现存清代缙绅录集成本乾隆十三年《大清缙绅新书》和乾隆二十五年《大清缙绅全本》开封府部分皆标为"要缺"或"最要缺",可见其治河任务綦重。
② 嘉靖《兰阳县志》卷六《官师志·主簿》,第9b页。
③ 《明世宗实录》卷一七二,嘉靖十四年二月戊申,第3741页。

县境内决口。前者朝东北方向直冲山东沙湾运河;后者漫流附近的原武县后,并朝东和南两个方向的更大区域蔓延,淹没州县包括祥符县、通许县、太康县、陈州、尉氏县、扶沟县、西华县、商水县和项城县等,"没田数十万顷"①。灾害持续久,波及范围广,给开封府的广大地区造成了严重破坏。

荥泽县和原武县地处黄河分岔处,常遭河决之苦。天顺元年(1457年)六月到十月,"天雨连绵,黄河泛滥,田禾俱被淹没"②。这种情形是常有的。如较此稍后的成化十三年(1477年)初春即发生了"黄河水溢"事件,"淹没民居,弥漫田野",到四月春耕时积水尚未消退,百姓"不得播种"。在这青黄不接之时,河南巡抚张瑄不得不请求将上纳的王府禄米改做赈恤被灾军民之用。③ 河南省城开封是黄河下游泛滥区域内唯一的省城。作为地域政治中心,加上其为皇族周王的藩府所在,理应受到重视,在黄河灾害的防护上也应有较高规格的设施,比如护城堤和坚固城池,还有数量不少的军队可以随时调集,可它在天顺五年(1461年)七月初九日却遭受了黄河冲决后的灭顶之灾。该年六月底,霖雨不停,黄河溢涨。到七月初四日,河决土城,人们赶紧筑塞5个城门。至初六日(一说初九日),砖城北门溃决,水入城中。据河南巡按陈璧(天顺五年任)奏,"城中稍低之处水深丈余,官舍、民居漂没过半,公帑私积荡然一空。周府宫眷并臣等各乘舟筏,避于城外高处"。尽管邻近州县也多率舟筏来救,"然死者已不可胜纪"④。

黄河灾害有时成为迫使县治或州治迁移的直接原因,反映了灾害的烈度。如仪封县(今兰考县东部)县治原在沙沟村西、鬼张营东,因圮于河,洪武二十二年(1389年)二月,知县于敬祖将县治改迁到西南15里的

---

① 《明英宗实录》卷二三〇,景泰四年六月己丑,第5021页。
② 《明英宗实录》卷二八三,天顺元年十月庚子,第6075页。
③ 《明宪宗实录》卷一六五,成化十三年四月乙卯,第2991页。
④ 《明英宗实录》卷三三〇,天顺五年七月丁巳,第6794页。

通安乡白楼村。① 又如,大约正统十三年(1448年),黄河在原武县和新乡县一带决口后,直奔山东张秋,中间穿过山东东昌府濮州(今河南范县南),结果濮州州治被淹,无奈徙至王村,然一直未能筑城,直到景泰七年(1456年)七月情况稍有好转时方才考虑。② 正统十三年(1448年)的决口漫流范围广大,南支、北支交汇处犹如汪洋。直到5年后的景泰四年(1453年),北自黑洋山界、南到陈桥铺界相去50里的区域依然浸泡水中。原武县治也不例外,城垣和学舍俱皆沦没。"男欲耕而无高燥之地,女欲织而无蚕桑之所。束手愁叹,坐待其毙。"③后在河南巡抚王暹的奏请下,县治迁到10里外"地颇高爽"的古卷县旧址。④ 景泰三年(1452年),出于同样原因,西华县治因地处卑洼,"累遭水害",在得到上方同意后,徙建于高阜之地。⑤ 成化十五年(1479年)正月,为"避黄河水患",荥泽县治迁到了北丁铺。⑥ 弘治十五年(1502年)六月,黄河决口归德州(今商丘),城内遭受严重破坏。河水"流入沙河,溃堤,积与城平,自女墙灌入。公私廨舍屋庐荡然无遗,人民溺死无算"⑦。城墙大部圮坏,只有西、南两面"尚存其址"。直到正德六年(1511年),经河南抚、按会奏,才迁移到稍北的"城北高地"⑧。上述县治或州治的迁移,都是在黄河大水的逼临之下不得已而为之的结果。有些城址在遭受毁坏后6年或9年才重新修建,这固然与水灾未彻底平复有关,但迁移时所伴随的大量公私建筑、街道等设施建设所需浩大费用的筹措,恐怕是主要的原因。

至于次生性灾害也有多种,如国家为堵筑决口和加固堤防投入了大

---

① 《明太祖实录》卷一九五,洪武二十二年二月癸亥,第2933页。嘉靖《仪封县志》卷上《建置沿革·县治》,第12页;卷下《古迹》,第2933页。
② 《明英宗实录》卷二六八,景泰七年七月己巳,第5679页。
③ 《明英宗实录》卷二三二,景泰四年八月乙酉朔,第5068页。
④ 《明英宗实录》卷二一五,景泰三年四月丙子,第4624页。
⑤ 《明英宗实录》卷二二一,景泰三年闰九月丁亥,第4796页。
⑥ 《明宪宗实录》卷一八六,成化十五年正月戊寅,第3336页。
⑦ 嘉靖《归德志》卷八《杂述志·祥异》,天一阁藏明代方志选刊续编本,第294页。
⑧ 嘉靖《归德志》卷二《建置志·城池》,第55页。

量资金,百姓被征发筑堤、疏浚,有时并未因田庐淹没而蠲免赋税等。嘉靖时兰阳县知县李应虞(南直常熟县人)在诗中道:"千金卷埽徒为尔,万里奔流可奈何?"县人许廷弼(正德三年进士)用同韵和诗道:"国赋岁修诚费矣,土民时役奈愁何?"①这些诗句皆道出了国家治理河道的庞大财政投入情况。每项大的堵决过程过后,则有为奏销而开列的庞大的物料和用工清单。

关于修筑堤防的夫役征发,试举几例。永乐九年(1411年)前后,开封境内"河水累岁为患,修筑堤防,民用困弊",然仍不解决根本问题,终致"河决,坏民田庐益甚"。事闻,三月派遣工部侍郎张信前往考察。经过访查获知,从祥符县鱼王口至封丘县中滦有段长达20余里的旧黄河,"岸与今河面平",若疏浚后"俾循故道,则水势可杀",并绘图上进。于是,诏发河南民丁,命兴安伯徐亨、工部侍郎蒋廷瓒率运木夫与侍郎金纯一道相度开浚。这一工程因与当时开挖的会通河相通,且同时施工,故命督工开凿会通河的工部尚书宋礼兼理。② 六月动工,月余而毕,役使民丁达110400多人。③ 其他大的工程,役用夫力莫不在一二十万人的规模之上,小的工程也常达数万人。征用夫力是沿河百姓最为沉重的负担之一。特别是在豫东地区,由于问题的恶性循环,黄河渐形成习惯性决溢现象,筑堤出夫随而成为经常性负担。如弘治八年(1495年)八月兵部尚书马文升所云,"今天下之民,河南者因黄河迁徙不常,岁起夫五六万","逐年挑塞以为常"。④

黄河决溢,庄稼被淹,无有收成,比较廉明的官员上疏为百姓求免⑤,而事实上依然征比的情形却不时发生。如弘治六年(1493年)闰五月,北

---

① 嘉靖《兰阳县志》卷一《地理志·河渎》,第16a页。
② 《明太宗实录》卷一一四,永乐九年三月壬午,第1458页。
③ 《明太宗实录》卷一一七,永乐九年七月乙酉,第1491页。
④ 《明孝宗实录》卷一〇三,弘治八年八月丁丑,第1893页。
⑤ 按,如弘治六年六月,以黄河水患,免河南兰阳、仪封、考城三县夏税麦4670余石、丝2640余两,秋粮11640余石、草15700余束。见《明孝宗实录》卷七七,弘治六年六月癸未,第1491页。

直巡按曹凤奏道：

> 近者南、北直隶及河南地方俱被灾伤，州县申报，所司不与准理，催征如故。臣自今岁二月过山东，抵凤阳等处，见饥民流移者众，可为痛心。然当此荒旱之时，又修理黄河，劳费甚巨，未即成功，乃可忧之大者。乞谕被伤处所，量减赋税，仍命工部会议，暂停修河工役，下其奏于所司。①

该条材料显示的是为堵塞溃堤、修筑堤坝和疏浚支河而征求沿河百姓赴工的情形。再如，正德十年（1515年）六月，赵璜由山东巡抚升为工部右侍郎兼都察院左佥都御史总理河道。次年三月，他曾作《次壁间韵》律诗一首：

> 汴水西头几度过，忧民恨不为吞河。
> 当春膏雨年年少，障日妖霾处处多。
> 望极阆瀛空有梦，缘疏诗酒幸无魔。
> 苍生岂独黄河害，不尽疏排奈若何。

并为诗作注道："修河不易事也，乃以属予，非其才矣。既承上命，敢不勉为之？于是浚南渠、增北堤、塞下流决口，往来汴水之上，岁至再三。时经春不雨，连日风霾，问其民则病于征求者十室而九，为之恻然。兹作盖有所激耳。"②除黄河之害和被征筑堤外，百姓还要负担无有收成的赋税。

二 治河工程中河神庇佑的诉求和治河河神的产生

黄河浩淼广大，浊浪滔天，脱缰无羁，奔腾而下。只有置身于这样的气势中，才会对以上所述黄河灾难造成的剧烈伤痛产生形象理解和深切感受。濒河而生的兰阳县人许廷弼在《次渡黄河有感韵》诗中这样描述

---

① 《明孝宗实录》卷七六，弘治六年闰五月丁酉，第1448页。
② 嘉靖《长垣县志》卷九《文章·诗》，天一阁藏明代方志选刊本，第90页。

道,"排空猛浪飞危巘,震地威声起浩波"①。北直大名府长垣县知县张治道(正德十年任)在登临大堤时记下了他的感受:"每一临眺,见其巨浪洪浸,骇心眩目。时日之间,盈缩百变。其来无御,其去无迹,若神灵为之者焉。"②除黄河颇具威慑力的气势外,其瞬息变幻和不可捉摸更增加了它的灵性和神秘。在超越人力不知多少倍的大自然面前,充斥人们脑际的只是渺小、无奈和恐惧。而这种感受一旦生发,就像幽灵一样缠缚相伴,挥之不去。在人类认识水平和治河技术还不能很好应对自然力所带来的灾害的时候,换言之,当人类还不能基本掌握自身命运的时候,对异化的自然力的膜拜就成为必然选择,而治河河神崇拜的产生也是如此道理。

明代在治河过程中,于遭受冲决地方,或于施工前,或在合龙后,为了祈祷或答谢河神的佑助,大抵要举行祭祀活动。这种祭祀行为往往是和黄河决溢的持续时间以及某项具体治河工程的施工难度联系在一起的。也即是说,出于对黄河灾害的深度恐惧和由于治河技术的限制,黄河表现出强大威力。这两者间的反差愈大,人们乞灵于河神的活动也就愈为突出,因此这种和治河紧密联系的河神信仰,带有民间信仰所普遍具有的强烈的功利性,和长期形成的例行的或者说纯粹礼仪性的河渎神祭祀显然有别(详见第三部分)。为了区别两者,我们称与治河相伴而生的河神信仰为"治河河神"信仰。

就明代治河河神而言,也经历了一个演变过程。最初只是把它当作专司河道的神祇做一般性祭祀。如永乐九年(1411年)三月,开封一带河决,"坏民田庐益甚"。明成祖遣工部侍郎张信进行实地调查。汇报后,政府决定于开封城西北30里的鱼王口的黄河北岸开挖新河,至封丘县中滦东入黄河故道,长20余里。当时共征河南民夫11万多。为确保工

---

① 嘉靖《兰阳县志》卷一《地理志·河渎》,第16a页。
② 嘉靖《长垣县志》卷一《地理·山川》,第12a页。

程顺利,施工前遣定国公徐景昌用太牢祭祀河神。① 此时的河神祭祀,给人的感受是和民间从事较大活动前所做的祈祷活动没有太大区别。宣德、正统之际,河南、山西巡抚于谦的做法同样能够说明这个问题。在他的文集中存有 2 篇祭河神文。据此不难推想,处在普遍信奉神灵的时代,在黄河泛滥之时,除了积极应对,借助冥冥力量唤起百姓响应的做法是很常见的。此时,其祭祀河神的称谓也很朴素,径称之为河神。②

到了景泰年间,治河河神之祭祀发生了较大变化,具体体现在给河神予封和建祠。这与黄河泛滥程度的加重和治理难度的增大有关。正统十三年(1448 年)六月,河决荥阳,从开封城北,经山东曹、濮等州,直冲从阳谷县张秋镇到寿张县沙湾一线的运河西岸,溃决运河而东趋大海,致使运河浅涸,漕船胶阻。到景泰二年(1451 年),时间已过 3 年,问题仍未解决。在开封府境内,因东南入淮河道的淤浅而致河水漫流,溃决后直奔东北,冲垮了山东境内的漕运堤岸,于是朝廷命工部尚书石璞等前往堵塞。当时"水势湍急,石铁沉下若羽,非人力可回",甚至有人建议让有戒行的僧道设醮祈禳。③ 自然力远超出人力之外,严峻形势可见一斑,所以景帝封河神为"朝宗顺正惠通灵显广济河伯之神",希图获得河神庇佑,使问题得到解决。

早在唐、宋、元时,便给予河神以不同封号,而且不断升级。如唐天宝六载(747 年)正月初八日,玄宗在五岳既封王位的基础下给四渎升以公位,河渎被封为灵源公。④ 北宋真宗时曾车驾澶州,致祭于河渎庙,在唐代的基础上诏封河渎为显圣灵源公,并遣右谏议大夫薛映到河中府祭

---

① 《明太宗实录》卷一一四,永乐九年三月壬午,第 1457 页;《明太宗实录》卷一一七,永乐九年七月己卯,第 1489 页;李濂:《汴京遗迹志》卷五《河渠一·黄河》,中国书店 1959 年影印本,第 3a 页。
② 牛建强:《于谦与明宣德、正统年间的河南地方社会》,《明清论丛》第 7 辑,紫禁城出版社 2006 年版,第 110—111 页。
③ 《明英宗实录》卷二一六,景泰三年五月丙申,第 4654 页。
④ 《旧唐书》卷九《玄宗本纪下》,中华书局 1975 年版,第 221 页。

告。① 康定元年(1040年)，仁宗将四渎由公升格为王，河渎被封为显圣灵源王。② 元至正十一年(1351年)四月初七日，顺帝下诏加封河渎神为灵源神祐弘济王，并重建河渎神庙。③ 河神的位阶模拟大臣封号，字数由2字增至6字。到了明初，随着国家秩序的确立，洪武三年(1371年)六月初三日，明太祖对国家祀典做了规范，包括岳、镇、海、渎诸神的称谓。他在诏书中说，"永惟为治之道，必本于礼。考诸祀典，知五岳、五镇、四海、四渎之封起自唐世，崇名美号历代有加"。在他看来，这种做法是有问题的，"夫岳、镇、海、渎，皆高山广水，自天地开辟以至于今，英灵之气萃而为神，必皆受命于上帝，幽微莫测，岂国家封号之所可加？渎礼不经，莫此为甚"。所以他命令"依古定制"，取消前代给岳、镇、海、渎所封各种名号，"止以山水本名称其神"。这样，作为传统河神祭祀的西渎便改称"西渎大河之神"④，简称河渎之神。

可能受明初祖制的限制，景泰间的这次加封只敢称"河伯之神"，而不像唐、宋那样加封公、王之号，然通盘来看，这毕竟是一个转折和变化，事实上它已背离了明太祖神灵至上、不应加封的精神，在某种程度上已突破了祖制。此时之所以敢于采取这种稍微大胆的折中做法，恐是出于对神灵的新的认识和理解，即可能认为加封能够取悦于神而使神灵更加主动地发挥作用。也即是说，人们在无奈之时，极易在心灵深处泛起这种宗教情思。

石璞看到山东沙湾决口不易堵筑，试图利用从原武县黑洋山至徐州的河道"以通漕舟"代替山东运道，以解决转漕问题，但最终无果。到景

---

①②《宋史》卷一〇二《礼志五·吉礼五·岳渎》，中华书局1977年版，第2486页，第2488页。
③《元史》卷四二《顺帝本纪五》，第891页。
④ 按，此处所有引文均据日本京都大学人文科学研究所所藏《历代碑刻文字拓本》中编号为MIN0004X的立于陕西华岳庙中之洪武三年六月初三日所颁诏书碑拓片。按，《明太祖实录》卷五三，洪武三年六月癸亥条记，发布诏书时间为该年六月初六日(第1033页)，现存河南济源市济渎庙中之诏书碑有月无日，应以华岳庙碑拓为准。又，实录中部分文字不见于华岳庙碑拓和现存原碑，应为纂修者所加。

泰三年（1452年）四月（或五月），在内官黎贤、阮落和御史彭谊的协助下，开月河二引水以补益运河，且杀决势，而此时的水流也渐细微，决口才侥幸堵塞，沙湾筑了石堤。① 石璞觉得这是神佑之功，便奏请在黑洋山和沙湾为河伯之神建二新庙，景帝命河南、山东两布政司在每年的春秋仲月择日祭祀。② 赋予河神以灵性，将神体从水体中分离出来，幽微莫测的神灵获得了无边神力，反过来又左右着人们的心灵和行为。山东沙湾的河神庙，即是稍后徐有贞所说的"大河祠"。河南黑洋山的河神庙，位于黑洋山乾隅（西北）的河北之滨，在原武县东北20里，在阳武县西20里，因其恰处两县交界，故"责令原、阳二县春秋轮祀"③，以配合省布政司官员或上方来员的祭祀活动。此庙建成后，周围渐因淹没淤塞，便陷入低洼之地，"其地形下，周围水聚，祭时病涉，规制狭窄，兼被淹塌"。成化四年（1468年），河南布政司参议王汝霖督令地方有司迁到高阜之处。④

在河神庙建成后的次年，即景泰四年（1453年），河南地方官员确实按照景帝诏令在仲春举行了祭祀活动。实施这次祭祀的是河南巡抚王暹，级别比布政司官员高。时间是在二月二十九日，符合春仲月的要求。其御祭文为：

> 维景泰四年岁次癸酉二月戊子朔，二十九日丙辰，皇帝谨遣都察院右都御史王暹致祭于朝宗顺正惠通灵显广济河伯之神曰：惟神奠镇兹土，以庇利为职。比闻连岁伏阴，雨雪过多，农事艰举，人民乏食，困毙不胜，朕心悯恻。此固朕之不德所致，然念朕与神受育民之责于天，其任惟钧。而神则又独司阴阳阖辟之机、物理变化之运，忍令此沴为民病乎？咎固当归于朕，神亦焉得而辞？故敢以告，尚

---

① 《明英宗实录》卷二一六，景泰三年五月丙申，第4655页。
② 《明英宗实录》卷二一七，景泰三年六月乙丑，第4678页。
③ 吴英：《黑洋山河渎庙碑记》，乾隆《怀庆府志》卷六《河渠·河防》，中国地方志集成，河南府县志辑，第19册，第124页。按，吴英，阳武县人，弘治二年举人。
④ 嘉靖《阳武县志》卷一《祠祀》，天一阁藏明代方志选刊续编本，第864页。

冀神休。大布阳和之惠,溥成发育之功。专俟感通,以慰舆望。
谨告。①

秋季又有祭祀,只不过时间不在仲秋,而提前一个月,在七月十七日;祭祀官员不是地方官员,而是中央派来的给事中。

石璞敷衍了事,未治根本。又因当时水势太盛,沙湾复决。所以有人说(三年)"四月修完,而五月即决"。② 九月,景帝不得不遣都察院左都御史王文再来治理。他在给王文的敕谕中说,"往因黄河奔溃,北流散漫,冲决漕河堤岸,阻滞官民运输。虽尝遣人修浚,尚未有经久计"③,此即石璞工程脆弱的意思。王文来到沙湾后,在祭祀河神的祭文中道:

景泰三年岁次壬申,九月庚申[寅]朔,初三日壬辰,皇帝谨遣太子太保兼都察院左都御史王文祇捧香帛,以太牢致祭于朝宗顺正惠通灵显广济河伯之神曰:兹者河流泛滥,自济宁州以南至于淮北,民居农亩皆被垫溺,所在救死不赡,朕实伤切于怀。夫朕为民牧,神为河伯,皆帝所命。今河水为患,民不聊生,伊谁之责? 固朕不德所致,神亦岂能独辞? 必使河循故道,民以为利而不以为患,然后各得其职,仰无所负而俯无所愧。专俟感通,以慰悬切。谨告。④

从这段文字的字里行间,既可看到景帝出民垫溺的焦渴心情,又可看到他对河神不助的巧妙责怪。王文来后,效果似乎不佳。河伯神祭祀效果既然不甚显著,那就不妨试试其他神灵看看收效如何,甚至连铁牛也搬了出来,真是病急乱投医。景泰四年(1453年)二月初一日,命山东巡抚薛希琏、河南巡抚王暹分祭东岳泰山神和境内应祀的河渎诸神,希望对

---

① 嘉靖《阳武县志》卷一《祠祀》,第 864—865 页。
② 《明英宗实录》卷二一九,景泰三年八月甲寅,第 4725 页。
③ 《明英宗实录》卷二二〇,景泰三年九月辛卯,第 4748 页。
④ 谢肇淛:《北河纪》卷八《河灵纪》,第 712 页。

治河有所帮助。① 十一日,景帝命"命京厂给铁牛十八、铁牌十二"②。铁牛于治河有何作用? 牛,黄色,属土,可克水,故铁牛可用来镇水。宣德、正统间,于谦在任河南、山西巡抚时,就曾采用过这种包含五行生克理论的做法,当时铸了两个铁牛,背上铸有镇水铭文,其中一个铁牛至今仍存。③ 而景帝命造的铁牌,大概是河神的令牌吧。从这些祭祀做法中可以看出,河神从一开始即是作为功用神来对待的;在利用河神的同时,也不放弃对其他神祇的寄望。说明此时的河神并非独尊至上,而只是享有较之一般众神稍高的位置,因为河神毕竟是专业神祇,所以河神还是照祭不误。如,同月二十一日,又命山东巡抚薛希琏以太牢祭祀河神。④ 御祭文如下:

　　景泰四年岁次癸酉,二月戊子朔,二十一日戊申,皇帝遣刑部尚书薛希琏以太牢致祭于朝宗顺正惠通灵显广济河伯之神曰:兹者漕河东注,不循故道,遣人修筑,屡见颓决,民徒用力而不得济,神视其患忍不恤乎? 兹特加封神为朝宗顺正惠通灵显广济大河之神,尚翼神休,顺正河道,民得享无穷之利,神亦着莫大之勋。专候感孚,以慰虔祷。尚飨。⑤

从正统十三年(1448年)夏开始的这次黄河泛滥,近乎百年一遇,水流旺盛,规模超前。据山东东昌府、兖州府的耄耋老人讲,"今兹之水,盖洪武以来所未尝有,而大耋之人所未尝见也"⑥。景泰四年(1453年)十月十一日,在河决沙湾持续6年无解的情况下,景帝召集大臣在文渊阁议举人选,最后推左佥都御史徐有贞前往治理。景帝在敕书中提到了当

---

① 《明英宗实录》卷二二六,景泰四年二月戊子,第4925页。
② 《明英宗实录》卷二二六,景泰四年二月戊戌,第4933页。
③ 牛建强:《于谦与明宣德、正统年间的河南地方社会》,《明清论丛》第7辑,第110页。
④ 《明英宗实录》卷二二六,景泰四年二月乙未,第4931页。
⑤ 谢肇淛:《北河纪》卷八《河灵纪》,第712页。
⑥ 徐有贞:《治水功成题名记》,黄训:《皇明名臣经济录》卷五〇《工部》,第425页。

时的严峻形势,"惟河决于今七年(应为六年),东方之民,厄于昏垫;劳于堙筑,靡有宁居。既屡遣治,而弗即功。转漕道阻,国计是虞"。抵达山东后,徐氏并未骤然堵塞,而是"戒吏饬工,抚用士众,咨询群策",并从东至西,"逾济涉汶,沿卫及沁,循大河,道范以还",亲自沿河巡视,"究厥源流","度地行水",找寻规律。他决定从上游的河、沁之地,经开州、濮州到张秋金堤,修渠筑闸,上下协调,适时节宣。"河、沁之水过则害,微则利,故遏其过而导其微。"此次工程从景泰五年春动工,至六年夏收工,秋天告成。工程包括正堤、副堤、护堤、水门大堰、泄水渠、制水闸、放水闸等设施,总称为广济渠,称其闸为通源闸。这一工程不仅解决了沙湾运河的决堤问题,还使运河西岸的许多田地露出,可以耕作。"阿(东阿)西、鄄(鄄城)东、曹(曹州)南、郓(郓城)北之区,出余波而资灌溉者,为顷百数十万。"①据称,"自始告祭兴工,至于毕工,凡五百五十有五日",说明在兴工前首先祭祀了河神。徐有贞在《治水功成题名记》中说,"铸玄金而作法象之器,建之堤表大河、感应二祠之中以为悠久之镇"。此感应祠应为此次功成之后在沙湾敕建之河神祠。对此,万历末年担任北河管理的工部郎中谢肇淛曾有记载:"感应祠,在沙湾,祀大河之神。景泰间敕建。仍加封朝宗顺正惠通灵显广济大河之神。其左祀护国金龙四大王及平浪侯晏公、英佑侯萧公。以春、秋二仲及起运、运毕凡四祭。北河郎中主之。"②

景泰六年(1455年)六月初三日,在工程接近尾声时,徐有贞又代皇帝祭祀河神,祭祀活动应是在感应祠中举行。祭文对河神转患为福的功劳给予了高度评价:

> 恭承大命,重付眇躬。民社所依,灾祥攸系。志恒内省,政每外乖。兹者雨泽不敷,河流灾浃,舟船浅滞,禾稼焦萎,疾患由臻,公私

---

① 徐有贞:《敕修河道工完之碑》,黄训:《皇明名臣经济录》卷五〇《工部》,第422页。
② 谢肇淛:《北河纪》卷八《河灵纪》,第711页。

所病。究惟所自,良有在兹。然因咎致灾,固朕躬罔避。而转患为福,实神职当专。夫有咎无勤,过将惟壹。而转患为福,功孰与均?特致恳祈,幸副悬望,谨告。①

从上面的叙述可以看出,从景泰二年首次给河神加封,到景泰三年六月工部尚书石璞奏请在黑洋山和沙湾为河神建祠,再到景泰六年六月左佥都御史徐有贞在沙湾奉敕建感应祠,皆表明官方在治河河神信仰上所迈出的不断推进的实质性步伐。

弘治年间的河道和漕运治理的时间跨度长达7年,在时间上和上述的从正统末到景泰六年的那次治理恰合,也是明代治河历史上的关键时段。此期问题的症结和前者稍异,即不单纯是水量的丰盈,还有河南境内众多支流在一段时间后出现的严重淤塞和排泄不畅,从而引发溃决、威胁运道的问题。弘治二年(1489年)五月,开封境内黄沙冈、苏村等处河道决溢,"所经郡县多被害,而汴梁尤甚"②。河道自荆隆等口溃决后分为二股,其中一股流经北直大名府南境入山东地方,直接威胁张秋至沙湾运河,"所过闸座间有淹没,堤岸多被冲塌"。有人担心降水若增,"必至溃决旁出",冲毁运河,"有妨漕运"③。于是朝廷九月升南京兵部左侍郎白昂为户部左侍郎,修治河道。白氏在河南境内踏勘调查后,在弘治三年正月的上疏中披露了他的治理方案,即采取"南北分治"的办法:对黄河北分支,"于北流所经七县筑为堤岸,以卫张秋";对黄河南分支,"东南则以疏为主"。④ 但问题并未得到解决。弘治五年(1492年)八月,朝廷又命工部左侍郎陈政总理河南等处水道。孝宗在敕书中分析了当时的河道形势,"黄河流经河南、山东、南北直隶平旷之地,迁徙不常,为患久矣,近者颇甚。盖旧自开封东南入淮。今故道淤浅,渐徙而北,与沁水

---

① 谢肇淛:《北河纪》卷八《河灵纪》,第712页。
② 《明孝宗实录》卷二六,弘治二年五月庚申,第580页。
③ 《明孝宗实录》卷三〇,弘治二年九月庚辰,第678页。
④ 张廷玉等:《明史》卷八三《河渠志一·黄河上》,第2021页。

合流,势益奔放。河南兰阳、考城,山东曹县、郓城等处,俱被淹没,势逼张秋运道。潦水一盛,难保无虞"①。陈政到后,历山东、河南进行调查,发现河南境内原来入淮的南支、中支的几条分支河道"今已淤塞,因致上流冲激,势尽北趋",并在祥符县孙家口、杨家口、车船口,兰阳县铜瓦厢等处决为数道,俱入运河,以致张秋一带"势甚危急",故打算"浚旧河以杀上流之势,塞决河以防下流之患。修筑堤岸,增广闸座。已集河南丁夫八万人,山东丁夫五万人,凤阳大名二府丁夫二万人,随地兴工,分官督役"②。可是不久陈政病故,吏部尚书王恕等推举刘大夏接任。

弘治六年(1493年)二月,浙江布政司左布政使刘大夏升为都察院右副都御史,修治河道。孝宗心情急切,见大夏未成功,弘治七年(1494年)五月,又命内官监太监李兴、平江伯陈锐前往,与刘大夏协同治理。敕书中道,"今河既中决,运渠干浅。京储不继,事莫急焉",说明运河此时已经溃决。三人商议,首先在运河西挖月河一道3里许,使漕舟畅通,接着确定了先疏浚分流,夺上游之势,继而堵筑决口、复筑大堤的方策。他们在河南境内"凿荥泽孙家渡河道七十余里、浚祥符四府营淤河二十余里以达淮,疏贾鲁旧河四十余里由曹县梁靖口出徐州运河"。"支流既分,水势渐杀"之后,"乃议筑塞诸口"。弘治七年(1494年)十二月,堵筑了张秋决堤,改张秋镇名为"安平镇",以求永远平安之意。并从太监李兴等人之请,赐额建庙,额曰"显惠",祀真武、龙王和天妃。③ 这里的祭祀对象与河神有异。弘治八年二月前堵塞了铜瓦厢、黄陵冈等6处决口,在薄弱环节黄陵冈外筑堤坝三重,"又筑长堤:荆隆口之东西各二百余里,黄陵冈之东西各三百余里,直抵徐州,俾河流恒南行故道,而下流张秋可无

---

① 《明孝宗实录》卷六六,弘治五年八月庚戌,第1266页。
② 《明孝宗实录》卷七二,弘治六年二月丁巳,第1354页。
③ 《明孝宗实录》卷九五,弘治七年十二月庚午,第1745页。

溃决之患矣"①。此后黄河决口北流的问题基本解决,这对黄河及其支流的走向影响颇大。

值得注意的是,在这次治河活动中出现了祭祀多种神灵的现象。这样做或许是出于获得诸神合力的考虑,而河神祭祀仍是其中的重头。弘治七年十月,山东按察司副使杨茂元担心令出多投、责任不专,在建议撤回太监李兴和总兵陈锐的上奏中道:"各官初祭河神,天气阴晦,帛不能燃。久之,似焚不焚之处宛然人面,耳目口鼻皆具。万目盛见,众口骇叹。"②说明在动工之前各官曾举行了隆重的河神祭祀典礼。在黄陵冈功成之后,太监李兴等为祈冥佑,奏请赐额建祠,孝宗赐额"昭应",令有司春秋致祭。③ 该祠在祭祀的功用上似与安平镇的显惠庙有所分工。从一般建庙到赐额建庙,表明官方河神祭祀又行升格,开启了明清时期国家河神祭祀中皇帝赐额建庙的先河,明后期和清雍正、乾隆时期对河神的赐额建庙(观)都可在此找到源头。

此后,河道总理在莅任或在实施河工之时,皆伴有祭祀河神的活动,成为治河中的一种特殊文化景观。如正德十一年(1516年)左右,河决山东曹县梁靖口,黄陵冈昭应神祠也"荡覆无余,祀礼久缺"。九月治河功成,总河赵璜建议,"今宜答神贶,乞重造祠宇,令有司以时致祭",得到同意。④ 南直沛县为黄河与运河交汇之处。嘉靖六年(1527年)六月,因漕河重新畅通,议者以为神助。工部为请,诏建河神祠,春秋致祀。⑤ 隆庆四年(1570年)八月,下诏于南直沛县夏镇和山东的梁山各建河神祠,分别赐名"洪济""昭灵",命夏镇闸徐州洪主事春秋致祭。⑥

万历二十四年(1596年)八月,河道总督杨一魁条议分黄导淮事宜,

---

① 刘健:《黄陵冈塞河功完之碑》,万表:《皇明经济文录》卷一五《工部上》,第14页。
② 《明孝宗实录》卷九三,弘治七年十月甲戌,第1712页。
③ 《明孝宗实录》卷九八,弘治八年三月壬辰,第1793页。
④ 《明武宗实录》卷一四一,正德十一年九月己亥,第2780页。
⑤ 《明世宗实录》卷七七,嘉靖六年六月癸亥,第1721—1722页。
⑥ 《明穆宗实录》卷四八,隆庆四年八月庚戌,第1203页。

在第八款"议建庙宇以答灵贶"中云:"盖河之有神所从来(久)矣。而自建功以至竣役,河伯效顺,酬报宜隆。除岔庙及五港口立庙外,议于黄坝、周庄处所各建庙祀,请赐庙额以示崇报。"①岔庙、五港口、黄坝、周庄庙均属于南直境内的黄、运、淮交汇区域。

自万历三十三年(1605年)十一月始,至次年四月止,河道总督曹时聘征夫50万人,花费80万两银子,费时5个月对从南直砀山县朱旺口到徐州北的小浮桥之间长达170里的河道进行大挑,"渠势深广,筑堤高厚",使黄河溃流复归故道。曹氏在工毕报闻时,恳请"建祠赐祭,以旌河神"②。

天启六年(1626年)九月,以南直淮安府清河县清口涨水而"粮船速济",总漕苏茂相请求加封③,河神被加封为"护国济运龙王通济元帅"。此时已近明亡,边疆危急,农军渐兴,地方动荡,运河沿岸不稳定因素增加,漕粮运输紧迫艰难,而国家财政捉襟见肘,在治河和治运上不可能有太多的投入,在这种背景下,某些偶发因素的作用反而更容易被视为河神庇佑的结果。这是明廷给河神的第二次加封,清楚地显示出河神人格化的特点。这虽不能代表整个明代河神信仰的形态特征,但却反映出河神信仰新的走向,即逐渐游离出明初祖制的困缚,远汲唐、宋河渎神的人格化资源,开启了治河河神人格化的进程。

三 明代治河河神信仰之特征

(一) 具有鲜明的功利性

传统的大河祭祀,即河渎祭祀,是对上古自然崇拜观念的继承和延续。在远古或上古时,出于对名山大川力量的敬畏和对其聚云生雨、润

---

① 《明神宗实录》卷三〇〇,万历二十四年八月壬寅,第5620页。
② 《明神宗实录》卷四二〇,万历三十四年四月癸亥,第7958页。
③ 《明熹宗实录》卷七六,天启六年九月乙酉,第3681页。

泽大地、降祥造福的感戴以及人们有限的自然认识，便产生了自然神崇拜现象。五岳四渎的祭祀体系确切形成的时间虽无法确定①，但至迟至秦就有了相关的祭祀记录。秦并天下后，"令祠官所常奉天地、名山、大川、鬼神，可得而序也"②，且明确把临晋作为河神的祭祀地。西汉高祖刘邦二年（公元前205年）六月下诏，说他"甚重祠而敬祭"，对于上帝和山川诸神，各以时礼祀之。③到了宣帝神爵元年（公元前61年）三月，为祈祷天下年丰，补全江海缺典，祭祀体系趋于规范，自此"五岳、四渎皆有常礼"。河渎仍于临晋祭祀。河渎祭祀的对象为大河，它是河神的具体指征。当时，"唯泰山与河岁五祠"，其他岳、渎岁或三祠，或四祠④，表明河神拥有更高的祭祀规格。按唐人张守节的说法，秦汉时代的临晋应在河西，非后来位于河东的同名之地。⑤ 两地位置有异，但距离不远，盖因不同阶段京师所在不同，为方便祭祀而做出不同调整。到了唐、宋、元时期，如前所述，作为河神的河渎不断被加封公、王等号，显示了其阶段变化和逐渐人格化的走向。

到了明初，太祖朱元璋认为神灵与天地同存，所来久远，神力广大，人莫能测，所以采取自然主义态度，下令取消先前朝代给神的各种王、公封号，以本名称之，而河神就改为"西渎大河之神"，简称"河渎之神"，仍延续了元之前历代作为河神信仰的河渎祭祀活动，下面关于宣德时奏修河渎庙的事情即是明证。宣德九年（1434年）四月，山西蒲州临晋县题

---

① 《礼记·王制二》（十三经注疏本）载，"天子祭天下名山、大川，五岳视三公，四渎视诸侯。诸侯祭名山、大川之在其地者"（第1336页）。即是说，基于天子、诸侯间的等差，天子祭祀名山大川，即五岳四渎；其中的四渎包括江、河、淮、济。而地方诸侯祭祀所在地的山川。大部分学者认为《礼记》成于西汉，所以这段材料并不能够说明周代即有这种山川祭祀制度，它反映的其实是汉代的情况。
②③ 司马迁：《史记》卷二八《封禅书》，中华书局1963年版，第1371页，第1378页。
④ 班固：《汉书》卷二五下《郊祀志下》，中华书局1962年版，第1249页。
⑤ 按，张守节在注释《史记·封禅书》中"水曰河，祠临晋"（第1372页）句中的"临晋"时说，"即同州冯翊县，本汉临晋县也。收大荔，秦获之，更名"（第1373页）。这是说，该地初称大荔，秦获此地后更名临晋，即唐代冯翊县。

奏：境内的西渎大河神庙朽坏，请求临晋等五县民夫修治，得到允准。①明初太祖的诸神祭祀改革使河神人格化的进程遭受中断，然从河渎神的祭祀地、祭祀时间和性质看，与先代未有差别，仍属于因沿袭而形成的纯粹祭祀类型，即国家祀典中如同天地、社稷和风云雷雨祭祀一样的例行祭祀的组成部分。

这种属于常例性的河渎祭祀，虽在表象上与治河河神有着高度的一致性，但两者其实是属于完全不同的祭祀体系。

首先，河渎祭祀并未因治河河神的出现而中断或是被替代。景泰四年（1453年）七月初七日，景帝遣太保宁阳侯陈懋告昊天上帝、厚土地祇，让安远侯柳溥祭告太社、太稷之神，让礼部侍郎姚夔等赍香币、牲醴，分别祭告于在京东岳庙、京都城隍、大小青龙、西南龙宫山、龙潭、北岳恒山、北镇医巫闾山、东岳泰山、东镇沂山、中岳嵩山、济渎北海、淮渎、西海、东海、大河、河伯等神。② 在这里，大河神（河渎）是和其他岳、镇、海、渎诸神祇并列的，都是例行的国家祀典中的祭祀对象。值得注意的是，其中还增加了此前所封不久的河伯神这一新成员。它与大河神同列，说明两者是并行祭祀的。不仅如此，我们还可找到在这次祭祀活动中它们同时祭祀的证据。

景泰四年重七日祭祀京师内外众神的御祭文在《实录》中有载，内容如次：

> 国以兵民为本，兵民以食为天。仁政所先于此。方百谷将实，重以漕运方殷，雨泽罕敷，河流多决。兵民所望，畴当副之。夫朕为国子民，而神为民捍患，实皆天职。然有司存朕所能为，岂敢畏难于朝夕？神之易举，讵可辞劳于指麾？沛膏雨以作丰年，助顺流而为之通道。愿有祷也，冀无负焉。③

---

① 《明宣宗实录》卷一一〇，宣德九年四月丙申，第2483页。
②③《明英宗实录》卷二三一，景泰四年七月壬戌，第5040—5041页，第5041页。

如前所述,在这次祭祀活动前一年的景泰三年五月,在山东阳谷县张秋和河南原武、阳武二县间的黑洋山皆建河伯神庙。河伯神和大河神因为都在祀典之列,所以自然也成为这次活动中的祭祀对象。景泰四年七月,刑科给事中姚旭来黑洋山代行祭祀,他在祭文的引子中说,"维景泰四年岁次癸酉,七月丙辰朔,十七日乙未,皇帝谨遣刑科给事中姚旭以香币、牲醴祭告于朝宗顺正惠通灵显广济河伯之神曰"①。祭祀时间在七月十七日,祭文内容与上引《实录》相同。同年七月,吏科给事中萧斌来山西临晋县河渎大河神庙代行祭祀,他在祭文的引子中说,"维景泰四年岁次癸酉,七月丙辰朔,皇帝谨遣吏科给事中萧斌以香帛、牲醴祭告于河渎之神曰"②。祭文或有点小差池,因为京师的祭祀活动是在该月初七日,萧斌远道来山西祭祀不可能早于初七。按祭文的书写格式,先写朔日,即七月初一,后写祭祀日,因此该祭文应是遗漏了祭祀日。其祭文也同《实录》内容。附带指出,在河渎庙志书《西渎大河志》的有关门类中,保留着从天顺直到弘治间祭祀河渎神的御祭文。③这些事实表明,明代治河河神的祭祀与例行的河渎祭祀有异,属于另外一个祭祀类型或祭祀系统。

其次,治河河神具有治河的针对性,且具有与民间神相同的强烈功用性。由前述知,从治河河神产生和祭祀地或建庙处的所在皆体现着这些特征,这是与河渎神的不同之处。最初,河渎神或许也被人们赋予了庇护治河的功能,但当具有专业性的治河河神出现之后,河渎神原先的这一功能便被淡化或渐丧失。

治河河神祭祀因治理黄河而生,随着治理的进展而渐行完善。从景泰年间的给予封号,到治水工程奏功后的建祠,再到赐额建祠和新的加封,这一过程不仅是祭祀要素的完善,而且也是祭祀空间的扩展。所以,

---

① 嘉靖《阳武县志》卷一《祠祀》,第864页。
②③ 张光孝:《西渎大河志》卷五《大河祀典》,四库全书存目丛书,史部第222册,第390页,第391—392页。

治河河神与黄河治理以及与之密切联系的治漕直接相关,是出于祈求河神庇佑的功用性考虑的产物。从其所拥有的明显针对性和功用性来看,河神形象是对民间神的借用和翻版,其纳入国家祀典从本质上说是民间神的上升和转换。

(二) 属于含有部分人格化因素的自然神形态

有明一代,治河河神几乎以"河伯之神"相称,虽有封号,但称谓朴素——直接以河神或河伯之神相称,表明治河河神是以自然神的形象呈现的,这与洪武三年国家祀典调整时所规定的不得加封神祇的基调的潜在影响不无关系。说治河河神包含人格化因素,是指自景泰后的加封无论如何竭力保留河神的原始形态,但其结果毕竟是被加封了。特别是到了天启六年(1626年)九月,当河神被加上"护国济运龙王通济元帅"封号时,其人格化特征更加昭著。但这一封号为时甚短,且具有地方性,不能视为在明代长达 200 多年的时间内治河河神主体特征的代表。

当步入清朝时,治河河神被作为人神的金龙四大王所填充,四大王成为河神的化身和内涵。金龙四大王是实实在在的人神,原名谢绪,南宋末谢太后之侄,元陷没杭州后,入水殉国,而后成神。其神力广大,被人崇奉。据和四大王同乡的明代文士徐渭在嘉靖时所写碑记称:

> 王姓谢,名绪。宋会稽诸生。晋太傅安之裔。祖达,父某。有兄三人,曰纪,曰纲,曰统。王最少,行第四。居钱塘之安溪,后隐金龙山白云亭,素有壮志,知宋鼎将移,每慷慨愤激。甲戌秋八月,大雨,天目山颓,王会众泣曰:天目山乃临安之镇,苕水长流,昔人称为龙飞凤舞,今颓,宋其危乎? 未几,宋鼎移,王昼夜泣,语其徒曰:吾将以死报国。其徒泣曰:先生之志果难挽矣,殁而不泯,得伸素志,将何以为验? 曰:异日黄河北流,是予遂志之日也。遂赴水死,时水势高丈余,汹汹若怒,人咸异之。寻得其尸,葬金龙山之麓,立祠于旁。元末,我太祖与元将蛮子海牙战于吕梁,元师顺流而下,我师将

溃。太祖忽见空中有神披甲执鞭,驱涛涌浪,河忽北流,遏截敌舟,震动颠撼,旌旗闪烁,阴相协助,元师大败。太祖异之,是夜梦一儒生披帏语曰:余有宋会稽谢绪也,宋亡赴水死,行间相助,用纾宿愤。太祖嘉其忠义,诏封为金龙四大王。金龙者,因其所葬地也。四大王者,从其生时行列也。自洪武迄今,江、淮、河、汉四渎之间,屡著灵异。商舶粮艘,舳舻千里,风高浪恶,往来无恙,佥曰王赐,敬奉弗懈。各于河滨建庙以祀,报赛无虚日。九月十七日为其诞辰,祭赛尤盛。①

在明前期,因运河的南北孔道作用和南方人士的往来,这一信仰沿运河向北传播,成为北方沿运河民间甚或官方的信奉神之一②,具有一定影响力。据载,在山东济宁州城南东去 50 步的运道上,"旧有金龙四大王庙,凡舟楫往来之人皆祈祷之,以求利益"。岁久颓毁,漕运总督石璞、参将汤节让卫、州僚属及义士捐资更新。正统十三年(1448 年)十月三日动工,至腊月庙成。后来这一信仰逐渐扩展,以致从淮北到山东北部临清的整个运道上皆建祠崇祀,"自吕梁、徐州以达临清,凡两岸有祠,皆祀金龙四大王之神"③。它不仅是漕运水手的奉祀对象,还纳入了国家祀典。如景泰七年(1456 年)十二月,朝廷接受左副都御史徐有贞奏请,在沙湾建金龙四大王祠,命有司春秋致祭。④ 一直到明中期后,这种信仰仍在不断强化,如隆庆六年(1572 年)六月,朝廷遣总河万恭代为祭祀,有祭文为证:

  隆庆六年六月癸亥,敕遣总河佥都御史万恭致祭敕封金龙四大

---

① 雍正《河南通志》卷四八《祠祀·开封府》,广陵古籍刻印社 1987 年影印本,第 4b 页。
② 《明孝宗实录》卷九五,弘治七年十二月庚午条载,该年月,张秋漕河溃决堵塞功成,从太监李兴之请,改张秋为安平镇,建庙祀真武、龙王、天妃,赐额曰显惠(第 1745 页)。这里建庙祭祀的有真武、龙王等众多神祇。
③ 陈文:《重建会通河天井闸龙王庙碑记》,谢肇淛:《北河纪》卷八《河灵纪》,第 716 页。
④ 《明英宗实录》卷二七三,景泰七年十二月戊申,第 5765 页。

> 王之神曰:兹者漕河横溢,运道阻艰,特命大臣总司开浚,惟神职主灵源、功存默相,式用遣官,备申祭告。伏望鉴兹重计,纡予至怀,急竭洪澜,佑成群役,俾运储以通济,永康阜于无疆。谨告。①

这说明,在明后期金龙四大王在北方的影响不断扩大。② 不仅是运河沿岸,即便是河南的黄河沿岸也是如此。下面通过万历十六年(1588年)余继登亲历的一件事情来做说明:万历十六年四月底,余氏受命赴开封周府行册封礼。五月二十一日抵开封,二十三日礼毕后取道陈桥北旋。及抵河滨,日已近暮。次日天亮发舟,"闻波涛撼舟,舟与水敌,渹然有声。声渐猛,如铁骑千群衔枚而疾趋也,如万章之松怒飚吼而为涛也,又如雷霆震发而岩崖摧裂也",舟胶舵折。舟设神所,舟人请余氏祷祝。余氏发现,神所中的"神可尺许,为武夫状而容甚雅"。有顷,"舟忽震动,座几倾"。余氏以为舟破,其实是始动。"舟果望陈桥行,如有挽之者。"此时,"操舟无人,而舟只自运"。舟中老人兴出意外,向余氏跪着说:"适祷于大王,大王有灵,舟今果不操而发。"余氏感知大王的灵应,急问大王何

---

① 谢肇淛:《北河纪》卷八《河灵纪》,第713页。
② 按,金龙四大王信仰在淮北一带流行,与吕梁洪、徐州洪等运河的危险地段是相联系的。商人为了船货安平,不得不祈求神佑。嘉靖五年左右,工部主事冯世雍任职吕梁洪分司,督理洪事。他编纂了《吕梁洪志》(四库全书存目丛书本),在第六篇《祠宇》中载,吕梁洪祠庙除关尉庙(祭祀关羽和尉迟恭)外,还有作为水神的天妃庙和金龙(即金龙四大王)庙(史部第275册,第485页)。这表明嘉靖初年吕梁洪同时祭祀着天妃和金龙四大王。金龙四大王信仰在运河一线的扩展和影响,到万历初已超出淮北和山东范围,北限已达京师。浙人徐渭在一首金龙四大王祠的题联中道,"灵满江湖,万里波涛平如掌;神游燕越,两方庙貌俨如生"(徐渭:《徐文长佚草》卷七《榜联·金龙四大王祠》,《徐渭集》本,中华书局1983年版,第1164页)。四大王信仰在越地流行可以理解,因为它本来就是南方的信仰。万历初其祠庙已达燕地,说明此信仰的北传。据徐渭万历初时说,"吾乡北贾者日益盛,茗荈之利甲天下",看来浙江北贩的商人以经营茶叶为主,他们在帆樯往来洪间时提心吊胆,心中默祷。后来为了讨好四大王神,干脆又将流行于徐州洪的四大王的金身请回了四大王的老家,于万历元年五月到十月间建立了洪神行祠,并于次年四月十五日将神的塑像移入(徐渭:《徐文长三集》卷二三《记·洪神行祠记》,《徐渭集》本,第603页)。这种情况和前面正统十三年吕梁洪至临清间运河两岸祠祀四大王的记载是可印证的。但徐渭讲,他仔细翻阅了徐州洪的志书,发现四大王信仰也不是始终的信仰,起初供奉的是灵源弘济王,而后改为金龙四大王,再后又变成了"非男子"的"圣女"(推测应是天妃妈祖),由此也可窥出民间信仰的功利性和易变性。

神。舟人答道:金龙四大王。① 所以,万历末年谢肇淛曾说,"北方河道多祀真武及金龙四大王,南方海上则祀天妃云"②,是有一定根据的。同时,他又详载了运河旁沙湾感应祠的神位布列情况:该祠祭祀主神仍是大河之神,其配祀神灵有平浪侯晏公和英佑侯萧公,此外从祀的还有金龙四大王。关于萧公和晏公,有载:"江河之神多祀萧公、晏公,此皆著有灵应、受朝廷敕封者。萧,抚州人也,生有道术,没而为神。"③金龙四大王的配祀情形表明,尽管四大王也是敕封神祇,且在万历末影响力不断增强,然其地位仍逊于河神,在祭祀体制内仍处于从属位置。清顺治二年(1645年)年底,金龙四大王地位骤变,被封为黄河之神,成为河神实体和化身,这应是明中期后这一民间信仰不断积聚的必然结果。必然性往往通过偶然性来实现。该年十二月,流经河南怀庆府孟县境的一段黄河数日清澈,被视为祥瑞之兆,河神因而被封为"显佑通济金龙四大王之神",河道总督受命致祭④,后来又被加封为"显佑通济昭灵效顺金龙四大王之神"。河神和人神叠合,治河河神实现了由自然神形态到彻底人格化的过渡。再后,河神又和黄大王联系起来,称为"灵佑襄济之神"⑤。其实都是河神躯壳与地方人神结合的结果。这些皆表明治河河神不断人格化的走向。把明代治河河神信仰的变化放置到这样的较为长时段的历史过程中观照,可以发现它是属于含有部分人格化因素的自然神性质。

对这种治河河神信仰现象做客观的理解,应是当河工难度超越了人们的能力极限而使人深陷无奈窘境时,人们从内心深处生发出的祈求冥冥力量佑助的结果。某些决口得到堵塞、大溜顺利导入引河等,也会碰到一些回风和顺畅的偶然情况,与人们最初的祈愿相合,则会强化他们

---

① 余继登:《淡然轩集》卷五《杂著·金龙四大王灵应记》,文渊阁四库全书,第1291册,第863—865页。
②③ 谢肇淛:《五杂组》卷一五《事部三》,续修四库全书,第1130册,第648页。
④《清世祖实录》卷二二,顺治二年十二月甲辰,中华书局1986年影印本,第196页。
⑤ 清代的黄河治理与河神信仰有另文撰述。

对固有信仰的笃信,因此从本质上说这是当时人们认识能力和水平的反映。在某个阶段,由于社会还未达到足以使人们理解某个方面问题的水平的时候,人们的认识就只会在那个阶段打转而不能有所突破,这是正常的。拥持了这种信仰,好像是让人们放弃全部的主动和努力,把希望完全寄托于河神,这是表面上的和非历史的看法。在面临险工时,把河神抬出,因其在人们心灵中的无比威力,可以使人们获得某种慰藉和依仗,暂时缓解心中恐惧,增强某些信心,摆脱望河兴叹、无助失望的被动和消极。必须从精神角度剖析这种现象,才能理解它长久存在的深层原因。同时,明代的治理河神的演变轨迹,也反映出明代不同时段黄河灾害严重泛滥的史实。

明代开封城市生活的若干侧面：
源自诗章的构拟

诗分叙事和抒情两体,叙事体诗其实已具备了史料的性质。早在唐后期僖宗时,孟棨作成《本事诗》,发掘和搜集唐代"词人缘情之作,叙其本事",分为情感、事感、高逸、怨愤、征异、征咎、嘲戏七类加以叙述,某些条目或存微瑕,"然唐代诗人轶事颇赖以存,亦谈艺者所不废也"①。该书范围虽仅限于用诗篇记载、印证和发挥诗人的故实,但却开启了以诗章研讨史事的先河。继之而起的有南宋初年计有功的《唐诗纪事》、清乾隆年间厉鹗的《宋诗纪事》、清末光宣时期陈田的《明诗纪事》、近人邓之诚的《清诗纪事初编》等,相续将这一传统发扬光大。

就明代的历史文献而言,喻之汗牛充栋都不过分,然而在具体历史课题的研究中,狭义的历史文献所能提供的东西往往有限,这样寻求更为广泛的文献支持就成为迫切之事。而作为文学构成之一的现实主义诗篇则成为挖掘有用资料的文献宝库之一,辅之以相关联的材料,解读出其中所承载的深层内容,这将有益于历史客体本来面貌的"复原"。这些材料的利用将有助于改变我们对于史料的狭隘理解和史料范围的拓

---

① 《四库全书总目》卷一九五《集部四十八·诗文评类一·本事诗》,中华书局 1965 年影印浙江刻本,第 1780 页。

展。有鉴于此,我们在研究明清开封城市史时,除利用必要的历史文献外,诗歌类文献也在网罗之列。在此,本文就接触到的此类材料中的一部分对明代城市生活的若干侧面做一素描,同时也欲借此表明此等材料对社会历史研究之价值。

一 明初开封生态和市井

明洪武三年(1370年)四月,太祖朱元璋第五子朱橚封为吴王。十一年(1378年)正月初一日改为周王,藩封由浙江杭州改为河南开封。十四年(1381年)十月就藩。《剪灯新话》的作者瞿佑①,在永乐元年(1403年)到六年(1408年)四月间担任周王府的右长史。他在开封生活的这6年间,作为学者和作家对周围的生活和事物做了细致的观察。他的有关记载,使我们对曾经作为宋代全国性政治中心的开封在15世纪初的一些情形的了解提供了素材。

宋时,作为都城的汴梁(开封),这里的士人和游宦很少有时间去享受宴赏之乐,所以当时有这样的诗句形容道:"卖花担上观桃李,拍酒楼前听管弦。"也就是说只有在去买花的时候才能看到担子上的桃李,只有在吃酒的时候才能领略到酒楼前的乐声。明初周府伴读黄矩(字体方,

---

① 按,瞿佑,浙江钱塘人。永乐六年四月,他在往南京进表时被锦衣卫狱拘禁,家小共12口从汴梁被起取到南京聚宝门外的武定桥一带居住,其实是代周王受过。他曾作《水调歌头》词,中云:"四度儒官设讲,六载王门效职。""四度儒官"指的是他任过仁和、临安、宜阳三县县学训导和国子助教;"六载王门"指的是他在周府任长史6年。永乐六年初他被逮系狱,上推6年,其始任长史当在永乐元年。其词又云:"六十九我,老作塞垣民。"69岁应为永乐十三年(1415年),这年他又从南京诏狱被谪戍到塞外的保安,过着长达10年的别离妻子、处境困厄的生活。洪熙元年(1425年)冬,蒙英国公张辅奏请,自关外召回,在张家停留到宣德三年(1428年),又得吏部尚书蹇义奏准,蒙赐还乡。此注依据张兵《瞿佑及其〈剪灯新话〉》(辜美高、黄霖主编:《明代小说面面观:明代小说国际学术研讨会论文集》,学林出版社2002年版,第392—424页)一文提供的材料。但张兵将瞿氏生日定为元至正七年(1347年)中元节,误,应为中元节前一日。

江西新淦人)①在这句诗的后面接着续道:"雨后淤泥填紫陌,风前尘土障青天。"这反映的是当时开封恶劣的自然生态情形:雨后满地烂泥,风起尘土扬天。瞿佑解释道,这种情形的出现是因为"街道无沟渠,又不用砖石甃,遇雨则行潦纵横。而地迫黄河,风起则尘沙蔽日,不可开目"②。因为距离遍布沙土的黄河滩地较近,不免常遭黄沙的侵袭,以致黄矩在体仁门外汇集时戏称地上的沙土为"东华软红尘",可以想见沙土堆积的深厚。若把这种情况和前面的诗篇结合起来,就对这种风沙世界有了形象的感受。一般人不免会发出为何北宋在这里建都的疑问。其实,开封的生态环境原初并非如此状况,它经历了生态逐渐恶化的历史过程。那么,不难从中推知北宋时的环境要较明代好得多,也进而可知北宋之后的金元时期开封生态急遽破坏的情形。

开封的大相国寺,北齐文宣帝天保六年(555年)始建,称建国寺。后废。至唐,当时开封称汴州。在睿宗景云初年,寺院废基为郑审的宅院。

---

① 练子宁:《中丞集》卷上《墓铭表·耆老理庭黄公墓志铭》,文渊阁四库全书,第1235册,第17页。和黄矩同时在周府供职的王翰,在《梁园寓稿》卷三《五言排律·金陵送别图为체方黄先生作》中道出了黄的职责:"入作王门客,来为上国宾。清操居侍从,博学待咨询。"(文渊阁四库全书,第1233册,第289页)

② 瞿佑:《归田诗话》卷下《汴梁风土》,丁福保辑:《历代诗话续编》下册,中华书局1983年版,第1288页。按,开封积雨泥泞如沼、春秋尘沙飞天的情形,直到清末也未有太大改观。光绪间,因庚子之乱和八国联军入京的破坏,京师贡院损坏严重,无法举行会试,故光绪二十七、二十八年的恩正并科于光绪二十九年(1903年)在开封举行。家住苏州、号为澹庵(初步推测为孔昭晋)的人参加了这次会试并考中,他以日记体记录了自江南到开封赶考的水陆途程以及在开封的经历,成《癸卯汴试日记》(息云庐丛刻本)。据《日记》载,该年三月初四日四点钟,澹庵等抵达开封。因二月末的连日降雨,"城中街道,泥泞如浆,深有二尺许"(第7a~7b页)。当所雇牛车行至吴胜角时,"骡足下陷,几不得进"。按,据民国《吴县志》(中国方志丛书本)卷一三《选举表五·进士》知,光绪二十九年癸卯苏州府所附三县(吴县、长洲县和元和县)考中进士者共7人,吴县有彭世襄、单镇、孔昭晋、王大钧、任承沆(后二人系流寓),长洲县有章钰(式子),元和县有陆鸿仪(棣威)。后二人在《日记》中均被提及,章氏曾同澹庵一起宴饮,陆氏为澹庵的同行者。据《日记》三月初七日载,当日晚受陆干甫之招赴饮,陆氏为其乡试同年,且曾于十数年前同馆于吴广陌家,辛卯年(光绪十七年)时几乎日日相见,故知澹庵在光绪十七年前已经中举。如上举《日记》中信息,章钰、陆鸿仪二人可以排除为澹庵的可能,这样范围可缩小到剩余的其他5人。查民国《吴县志》卷一五《选举表七·举人》知,彭世襄、单镇、王大钧、任承沆4人皆为光绪二十八年举人,而唯有孔昭晋为光绪十五年举人。故此推测光绪二十九年日记的撰写者恐是孔昭晋。

游方僧慧云在郑宅后院园池中看到梵宫之影,遂募化购买郑宅,重建寺院,铸造高达1丈8尺的弥勒佛像。值睿宗初即位,他把旧封"相王"赐作寺额,改称相国寺。唐玄宗天宝四载(745年),建造作为寺院组成部分的资圣阁,有东、西二塔,东为普满,西为广愿[①],于是"宝阁金像,视昔为倍"[②]。到唐末时愈加繁盛,从相国寺遭遇的一个极端事例可间接窥出寺院当时的发展水平。如,唐昭宗大顺二年(891年)七月初六日夜,相国寺因雷电相击失火。既而暴雨大至,平地数尺,而火势益盛,以致延烧民宅,三日不息。[③] 尽管大雨倾盆,大火丝毫无控,足见当时鳞次错落的木构寺院建筑的繁多。经历五代时期,到北宋初,其盛况不因局面动荡而有所减削。据载,宋太祖建隆三年(962年)五月,"京师相国寺火,燔舍数百区"[④]。仍如唐末火宅,一次延烧即达数百区,可见火宅是寺院发展的一大杀手,这间接地反映出了当时寺院规模的宏大,当然上述被毁房屋未必全是纯粹的寺院建筑,也会包括傍依寺院成长起来的民间交易市场和文化娱乐设施,有宋一代寺院及其周边的发展状况可以证明这点。如载,"东京相国寺乃瓦市也。僧房散处,而中庭、两庑可容万人。凡商旅交易皆萃其中,四方趋京师以货物求售、转售他物者必由于此"[⑤]。其实,在宋时相国寺已具有了皇家性质,皇帝和皇室成员常出资兴建和修葺其中某些建筑,并游历拜谒其间。如,至道二年(996年),宋太宗下命重建三门,建楼其上,雄伟壮观,并亲书"大相国寺"四金字赐之。[⑥]真宗咸平四年(1001年),增建翼廊、三门前楼。神宗元丰年间,增建东西两厢。又立八院,东曰宝严、宝梵、宝觉、慧林,西曰定慈、广慈、普慈、智海。[⑦]这种皇家的青睐和厚爱,使寺院的级别和知名度得到提升,宋代之后自然成

---

①⑦ 李濂:《汴京遗迹志》卷一〇《寺观·相国寺》,中国书店1959年影印本,第1a页。
② 雍正《河南通志》卷五〇《寺观·开封府》,第1b页。
③ 罗泌:《路史》卷三五《发挥四·佛事太盛速天谴》,文渊阁四库全书,第383册,第502页。
④《宋史》卷六三《五行志·五行二上·火上》,中华书局1977年版,第1376页。
⑤⑥ 王栐:《燕翼诒谋录》卷二,中华书局1981年版,第16页。

明代开封城市生活的若干侧面:源自诗章的构拟

为善男信女膜拜的圣地。在金末和元末,该寺曾遭战火破坏。明洪武初重修,置僧纲司于内。暇日,瞿佑和周府伴读黄矩前往拜谒。他们原以为堂堂名刹应有类似南方的花木之胜和香茗之供,然而在接目之后却大失所望,给他们的印象却是"鄙陋殊甚"。"僧皆毡帽、皮靴,发长过寸,言貌粗俗"。黄氏称之"恶僧",为此口占云:"步入空门见恶僧,红毡被体发鬅鬙。"身披红色毡衣,留着长发不剃。瞿佑接着占云:"一言能得君王意,安得当年老赞宁?"瞿氏在这里引用了一个典故:北宋初年,太宗到寺中行香,当时主持叫赞宁,太宗问他:"朕见佛,拜还是不拜?"赞宁灵机一动,巧妙地回答说:"现在佛不拜过去佛。"①大得太宗欢喜。瞿佑所引赞宁典故,意在说明北宋初年的大相国寺在佛教界的确处于较高水平,其中不乏精通佛理的大师,而永乐初年相国寺僧人却显示出从装束到内在的鄙陋,当年盛景不复可睹。他和黄氏的合诗是明初大相国寺衰微实情的写真。瞿佑还有一首《过汴梁》:

　　歌舞楼台事可夸,昔年曾此擅豪华。
　　尚余艮岳排苍昊,那得神霄隔紫霞?
　　废苑草荒堪牧马,长沟柳老不藏鸦。
　　陌头盲女无愁恨,能拨琵琶说赵家。②

这首吟诗应是他宣德四年(1429年)被赦后从北京英国公家南返经过开封时的作品。北宋末和金末③的接连劫难,使汴梁当年豪华洗尽,至15世纪20年代时仍留伤痕,到处荒草废苑,当年横排苍昊、高接霄汉的艮岳凄凉地躺在那里,然而城市的余韵并未完全消歇,怀着满腔怨愁的路

---

① 瞿佑:《归田诗话》卷下《相国寺》,第1288页。
② 田汝成:《西湖游览志余》卷二○《熙朝乐事》,上海古籍出版社1980年版,第368页。按,曹学佺《石仓历代诗选》卷三六二《明诗初集八十二》题作《汴梁怀古》(文渊阁四库全书,第1391册,第901页)。
③ 按,金末开封所罹灾难的具体情况,可参考本书所收《从中都(燕京)到南京(汴京):金王朝的最终覆亡》一文。

241

边盲女仍手拨琵琶,说唱着当年的赵家故事。在明代中期时,浙江杭州有所谓的"陶真"现象,即"男女瞽者多学琵琶,唱古今小说平话以觅衣食","大抵说宋时事","盖汴京遗俗也"①,与明初开封的这种做法相仿佛。

禹州人王翰也曾在周府供职,他留有诗集《梁园寓稿》(9卷)。该书卷五有《和赐瞿长史象牙笏韵》诗一首。瞿长史即瞿佑,据此知王翰供职周府的时间也应在永乐初年。他在一首七言古诗中写道:

> 大梁城中百万家,谁家沽酒为生涯。
> 青帘白昼垂到地,书言美酒非为夸。
> 座中多是江南客,卖茶贩盐为本业。
> 自从伴着如花人,囊楮番番卷秋叶。
> 日长不厌秦筝繁,夜阑不放清歌歇。
> 箧里黄金索已无,朝来暮去情渐疏。
> 秋风吹断高唐梦,但见阳台明月孤。
> 昨日书来寄亲语,老病空床泪如雨。
> 寄与佳儿促早归,何用离乡作商贾。
> 市中卖得旧衣钱,独向黄河买去船。②

诗中说永乐初年开封城中即有百万之家,显然有些夸张,但居民的众庶是可肯定的。王氏着意描述了酒家,说明开封的饮食业很具特色;座上客官多是来汴贩卖盐、茶的江南商人,说明开封在明初社会复苏后城市经济获得了一定的发展,成为南北商人麇集贸易的商业中心之一。诗笔还对这里的性消费涂了重彩,暗含妓业的发达。江南客商耐不住异乡的寂寞,把钱钞视同秋叶,大把地化在如花似玉的妓人身上,秦筝聒耳,清歌不歇,夜以继日,寻乐求欢,待到他们的钱财耗尽,却被妓人抛弃一边,

---

① 田汝成:《西湖游览志余》卷二○《熙朝乐事》,第368页。
② 王翰:《梁园寓稿》卷二《七古·酒家谣》,第284页。

高唐梦断,孤月相伴。家中老亲来信催促早归,囊中却空无一文,只得到市中变卖衣物,乘船由黄河南返。诗中突出刻画了开封城市的商业性和消费性的特征。

二 明代中期开封的元夕灯节

到了弘正、嘉靖初年,开封城市有了新的发展,城市面貌和文化生活又注入了新的内容,许多清新可咏的民间小调如山坡羊、傍妆台等在这里非常流行。"自宣、正至成、弘后,中原又行[锁南枝]、[傍妆台]、[山坡羊]之属。李空同(梦阳)先生初自庆阳徙居汴梁,闻之以为可继国风之后。何大复(景明)继至,亦酷爱之。"①一年中主要的节令庆典往往是城市繁华的集中展示。北宋末年徽宗的政和、宣和之间,是都城东京(开封)城市文化最为繁盛的时期,也是皇帝最奢华的阶段,船载花石,广建别馆,在如元夕这类重要节日,张灯结彩,与民同乐。当时活动规模很大,并造出许多花样,令人目不暇接。为描述这种场景,当时的诗句形容道,"天碧银河欲下来,月华如水照楼台","火树银花合,星桥铁索开"。观灯者人头攒拥,挨挤不动。这些情景可于孟元老《东京梦华录》卷六《元宵》《十六日》等条目中见之。到了明代中期,寄寓在开封的文人,当从书中接触到这一幕时,首先悟到的却是"宴安成祸基"的感慨②,用批评的眼光和诗篇来实现诗歌讥刺的功能,但还是体会出了当时灯节壮观的情景,李梦阳《空同先生集》卷一九《七言歌行》所收《观灯行》便是其想象刻画的产物。其中云,为使天子观灯开颜,不惜花费功力,"万金为一灯,万灯为一山"。在元宵之夜,"倾城呼噪声动地","千光万焰天为赤"。③开封因充当过北宋都城的这段历史,尽管沧桑陵夷,然当年凝成的文化

---

① 沈德符:《万历野获编》卷二五《时尚小令》,中华书局1959年版,第647页。
② 按,如李濂《汴京遗迹志》卷一八《艺文五·杂文·跋空同子〈观灯行〉后》(第24a页)便持此说。
③ 李梦阳:《空同先生集》卷一九《七言歌行·观灯行》,明代论著丛刊本,第444—445页。

风韵不可能尽消,也会通过代代传承对后来产生影响。李梦阳,原籍陕西庆阳人(今属甘肃),其父约在成化十七年(1481年)来任周府封丘王的教授,当时他只有10岁(生于成化八年),也跟随前来,所以他的童年是在开封度过的。后中进士后从政,但仕途不顺,或贬或罢,从正德二年(1507年)到五年(1510年),从正德九年(1514年)到嘉靖八年(1529年)去世,将近20年的时间在开封居住,因此留下了许多关于开封城市生活的诗篇。现抽取其咏元夕组诗来感知一下正、嘉之际开封文化娱乐的场面。这组诗为绝句,共5首:

> 花烛沉沉动玉楼,月明春女大堤游。
> 空中骑吹名王过,散落天声满汴州。

> 玉馆朱城柳陌斜,宋京灯月散烟花。
> 门外香车若流水,不知青鸟向谁家。

> 中山孺子倚新妆,郑女燕姬独擅场。
> 齐唱宪王春乐府,金梁桥外月如霜。

> 四海烟花逢上元,中州行乐竞千门。
> 大江不辨鱼龙戏,珊瑚宝玦是王孙。

> 细雨春灯夜色新,酒楼花市不胜春。
> 和风欲动千门月,醉杀东西南北人。①

开封是繁衍颇盛的周王的藩地,除周王外,这里还居住着周王一系所繁衍的数量庞大的郡王、将军、中尉、郡主、县主、郡君等贵族。开封又是河南的省城,聚集着大量的官员。在元宵之夜,烟花、烛灯和月光交辉,难

---

① 李梦阳:《空同先生集》卷三五《七言绝句·汴中元夕五首》,第962—963页。

以分辨。王孙、官员和市民,车水马龙,混在一起,只能从佩戴的珊瑚、宝玉上做出判断。元宵不只闹灯,还有各种吹奏和演唱。人们不只赏灯,还去酒楼陶醉。有的人干脆从城内跑出城外,到月明如银、横卧广原的大堤上赏玩。真是一番升平景象。

学者李濂于正德八年(1513年)中河南解元,次年中进士。由湖广沔阳州知州,历宁波府同知,嘉靖二年(1523年)调山西按察司佥事。嘉靖五年(1526年)因别人妒谤而免归,一直到嘉靖四十五年(1566年)去世都在这个都市生活。他留意地方掌故,未第前即搜集乡邦资料,罢归后更肆力编纂,嘉靖二十四年(1545年)刊刻《国朝祥符乡贤传》和《国朝祥符文献志》,次年刊刻《汴京遗迹志》,所以他的诗篇具有史家的眼光。李濂(生于弘治元年)和李梦阳在开封生活的时间有交叉,他的年龄虽较李幼16岁,但两人为忘年之交。嘉靖十年(1531年),李濂也作了一首元夕诗,可以看作对梦阳元夕诗的补充和印证,反映了嘉靖年间开封灯节的情况:

> 何处元宵乐事繁,宋京灯火照夷门。
> 无论向夕笙歌沸,共讶中天香雾昏。
> 星斗夜阑人未散,楼台春满曲新翻。
> 独惭疏懒逢佳节,闲倚衡门看过轩。①

这里再现的元夕灯火和李所描述一样,也是那样耀目和光彩:灯火照耀夷门,香烟缭绕中天,新曲楼台奏唱,游人夜深未散。尽管作者有些疏懒,还是被这佳节的热闹感染,倚门闲看着往来的车流。这种灯火布置是以一定财力为基础的,同时它与城市的传统、市民的审美和心境也相关联。这种场合又不单一闹灯,还和城市曲艺等其他文化活动融为一体,因此这些元夕灯火的诗篇从冰山一角透露出了城市综合文化繁荣的内涵。

---

① 李濂:《嵩渚文集》卷二七《辛卯元夕》,北京图书馆古籍珍本丛刊本,第388页。

三 明代后期开封的打春庆典

开封的打春节日也是极有传统的。据载,在北宋末年,京城附属的开封、祥符二赤县预先在府前备置好用泥土做的春牛,府僚于立春前一日将春牛早早地搬入禁中,举行鞭牛(或称鞭春)仪式。① 这种仪式的作用在于提醒人们春天已经来到,该是春耕繁忙之时。然对城市而言,它已超越了这种本意,成为市民集会庆祝的盛大节日。江西泰和人萧士玮(万历十三年生),万历四十四年(1616年)举人,因病未参加殿试,其间又逢父艰,一直到天启二年(1622年)才中进士。后因事谪光禄寺典簿,崇祯四年(1631年)出补开封府僚,在崇祯四年十二月初四日到五年正月初八日间居留开封。开封一带水土粗恶,乏山林之胜,和萧氏家乡的生态环境反差甚大,再加上他当时谪补不快、忍垢含羞的情绪,所以他对开封的总体印象不好,然而他在这一个月多点的短期滞留中还是给我们留下了吉光片羽的资料。在崇祯四年腊月十五日立春②这天,别人置酒邀他看春。当他看到迎春的沸腾场面时激动不已,随即口占4首绝句:

---

① 孟元老:《东京梦华录》卷六《立春》,中华书局1982年版,第107页。
② 查检郑鹤声编《近世中西史日对照表》(中华书局1981年版)知,崇祯四年十二月十五日(阳历次年2月4日)为立春日。明代开封在立春当天举行迎春仪式,这和宋代在前一日举行不同,而明代的京师仍遵循着宋代的传统,在立春前一日即拉开活动序幕。据刘若愚《酌中志》卷二〇《饮食好尚·正月》载,"立春之前一日,顺天府于东直门外迎春。凡勋戚、内臣、达官、武士,赴春场跑马以较优劣。至次日立春之时,无贵无贱皆嚼萝葡,名曰咬春。互相请燕,吃春饼和菜。以绵塞耳,取其聪也。"(四库焚毁书丛刊,史部第213册,第214页)。浙江杭州,曾是南宋都城,承继着北宋汴京的遗风,然明代官府举办的鞭春仪式也是在立春当日举行,场面火爆、隆重。据田汝成《西湖游览志余》卷二〇《熙朝乐事》载,每年由附郭的仁和、钱塘二县轮办,前者举办仪式的地点在仙林寺,后者在灵芝寺。立春前10日,先期做好庆祝活动的各项准备,如制作春牛,彩排队伍等。"县官督委坊甲整办什物,选集优人、戏子、小妓装扮社伙,如昭君出塞、学士登瀛、张仙打弹、西施采莲之类,种种变态,竞巧争华,教习数日,谓之演春。"即至立春日,杭州知府率僚属往迎。游行队伍"前列社伙,殿以春牛,士女纵观,阗塞市街,竞以麻麦、米豆抛打春牛。其优人之长,假以冠带,骑驴叫跃,以隶卒围从,谓之街道士。过官府豪门,各有赞扬致语,以献利市;遇褴褛猥汉,冲其节级,则褫而杖之,亦有谑浪判语,不敢与较。至府中举燕,鞭牛而碎之,随以彩鞭、土牛分送上官、乡达"(第354—355页)。

其一

公差半月火如忙,催点坊厢与铺行。
数辆牛车一土偶,从前应悔太仓黄。

其二

丰凶原不在春边,劣得周王省一钱。
令旨传呼是岁外,今年只许到门前。

其三

反猬佣奴发不收,夹蝇老妓面纹皱。
东门牵率南门去,蝴蝶高花插满头。

其四

高髻峨峨尺五强,衫裁短短裙裁长。
女儿费尽一冬力,偷得周王内里妆。①

这组绝句描绘出了明末开封看春规模的宏大。和宋代开封鞭春的习俗联系比较,其间除了稍稍的变化,基本上沿承下来。为了成功地举行这一仪式,人们做了充分的准备,被摊派的坊厢和铺行要在立春前半月赶制春牛。春牛的体格庞大,需要用数辆牛车驮载。到了立春这天,市人盛装穿戴,头上簪满了蝴蝶彩花。坐在帷帘下的较为讲究的妇女,用头发盘成的髻子峨峨高耸,足有尺五之多。她们为裁制自己的裙衫,竟花费了一冬时间。式样是仿着周府内妇女的,上衣截得短短,裙子裁得长长,这是当时的时髦风格,显示出周府衣饰文化对城市市民的引领和影响。老少牵率着,蚁聚蜂拥,中间还夹杂着蓬头不整的佣奴和满面皱纹的老妓,各色市民倾家出动,尾随着拉着土牛的车队。因东属震位,颜色属青,象征春天,所以车队先是从东门(宋门)出发,然后来到南门,接着沿干道北行,直达现大体位于龙亭公园广场一带的周府门前。当时有这样的习俗:若在年内立春,春牛可直接迎入周邸,否则只能到达周府门

---

① 萧士玮:《汴游录》"辛未年腊月十五日"条,四库禁毁书丛刊,集部第108册,第619页。

前,据说这关系到一年的吉凶。因为该年腊月间立春,也就是说在年外立春,所以周王传出令旨只可停在府前。因此,诗中云为周府省去了一笔开支。除立春仪式举行的时间和宋代不同外,这一立春在年内或年外决定春牛在府门内外的习俗,也应说是明代有别于宋代的变化。

以上主要依据诗章材料,从具体的侧面对明代开封城市由明初经济复苏到中后期繁盛的历时推进做了粗略扫描,大体上反映出了伴随南北经济进步的步伐,开封城市也在朝前迈进,呈现出明代诸阶段的变化面貌和特色。同时本文也通过具体的研究表明,在研究和描摹历史社会时,狭义的历史文献所能提供的东西往往有限,而诗章材料的补充作用有时则是极为关键的。

开封历史文化资源调查与开发利用

七朝古都开封,拥有丰厚的历史文化资源。地表之上除繁塔、上方寺塔等文化遗迹外,还有丰富的胡同文化遗迹。地表之下蕴藏着宋、明等时期的城市遗迹。在强化对地上重要历史遗迹研究的同时,充分挖掘被人们所忽视的胡同文化的内涵是必要的。在经济能力许可和技术条件具备的情况下,对地下宋、明遗迹作典型发掘,将极大丰富开封的历史文化资源。

一 目前所面临的形势

开封市统计局的资料表明,2000年来汴旅游人数为705万人次,2001年达到1051万人次,比上年增长了49.08%。2000年的旅游收入为24.5亿元,2001年上升到30.5亿元,比上年增长了24.49%。2000年的旅游收入约占全市国内生产总值(GDP)的10.83%,2001年则上升到12.45%。不管是就旅游人数,还是就旅游收入,抑或是旅游在市国内生产总值中所占的份额,都显示出定位为旅游城市的开封的旅游业具有巨大的发展潜力和良好的发展前景。若是考虑到旅游业所带动的相关行业的经济增长,上面数据还会有更可喜的显示。预计在新的一年里,开封的旅游业将会有更大的突破和飞跃:旅游人数将达到1 208万人次,较2001年同比增长14.9%;旅游收入将达到34.5亿元,同比增长将达到13.1%。可见,开封旅游业的发展势头很好。如何保持这种不断增长的形势,深入挖掘开封的文化旅游资源并进行合理的和科学的利用,已经成为目前开封旅游业需要认真思考和研究的重大课题。

近年来,出于明清时期开封城市课题研究的需要,笔者对开封的历史文化资源包括街道、古迹(也涵盖其中的碑碣等物)和文献等方面做了调查。笔者通过调查发现,在具有七朝古都①之誉和所辖五县的这块具有悠久历史的版图上,蕴藏着极其丰富的、闪耀着璀璨光辉的历史文化资源。有计划地采取不同步骤和措施,多层面、多渠道地发掘和利用这些资源,服务于开封旅游业的发展和市民整体文化素养的提高,尤为必要。

二 推进开封旅游业之对策

立足于上面的形势,笔者拟提出以下初步意见:

(一) 市区历史文化资源需要挖潜

市区大的景区除铁塔、繁塔、禹王台、相国寺、龙亭、山陕甘会馆等人

---

① 按,据李濂《汴京勾异记》(丛书集成初编本)卷五《物异》和顺治《祥符县志》(稀见中国地方志汇刊本)卷一《灾祥》载,元末顺帝至正十八年(1358年),作为地方割据势力之一的宋政权(即龙凤政权)太保刘福通攻克汴梁后,将所拥戴的小明王韩林儿接迎于此,作为都城。又据谈迁《国榷》(中华书局1958年铅印本)卷三载,明洪武元年(1368年)三月,元将左君弼等以汴梁城降。四月底,为了部署收复北方地区和攻取元大都,太祖朱元璋从应天启程北上,五月二十一日抵达汴梁。次日,改汴梁路为开封府。二十三日,在开封设中书省分省,以便中央决策。接着,改归德府为州,隶属开封府,以提高开封的政治地位;调兵遣将,转运粮草;亲自授意,画策征进。在安顿好后,朱元璋于七月二十八日南返。闰七月初二日,明将徐达率军自开封北上攻元,一路进军顺利,月底即达通州,逼近大都,元顺帝此时也已决定迁至塞外的上都。八月初一日,朱元璋下诏将应天府改为南京,将开封府定为北京,春、秋在两都之间以时往来,以加强对南北中国的控制。这一情况一直持续到洪武十一年正月改为周王府止,前后历时10年。由此可见开封战略地位的重要性,开封屡屡成为不同政治势力角逐和占据的重镇,暂时地扮演着局部性或全国性政治中心的角色。

们所熟悉的遗迹外,还应包括一些潜在景点,如宋明州桥遗址①、北宋内外城遗址、明代周王府遗址等。这些景点每处都是一座具有丰富历史内涵的博物馆。

就熟悉的景点而言,导游说明和解说员的讲解内容存在着一些盲点和误点。如万寿宫(俗称龙亭)的有关说明,把它的始建时间说成是雍正十二年,实际上应是十一年的十二月(季冬)。该宫系河东总督王士俊所建,共用了4个月的时间,于雍正十二年三月完成。而此前的雍正十一年十月(孟冬)恭祝皇帝圣节的仪式,依然在大道宫②举行。③

在禹王台的解说和布设中,其内容多有错讹。如在谈及此台起源时,说它起先是春秋时期晋国乐师师旷的度律处,因称吹台;接着是西汉梁孝王梁园的一部分,又称平台。这些说法都存在着史实上的错误。此台旧祀碧霞元君,俗称二姑台,后改祀以治水卓著的大禹而称为禹王台,这倒是名副其实的。正楼御书楼④上一副楹联为:一览极苍茫,旧苑高台同万古;两间容啸傲,清风明月此三人。这幅联本应挂在禹庙大殿东侧的三贤祠两边。根据如下:道光七年(1827年),开归陈许等处分巡道、兼理河务兵备道完颜麟庆(字见亭,嘉庆十四年进士,道光五年十一月至九年十月在任)的母亲来台上游历,目睹禹王台建筑的荒落破败景象,捐资修葺,让庙祝遍栽桃柳,还让奉祀生在禹王台和繁塔之间的程子祠周围

---

① 按,据勘探和论证知,州桥为平桥,桥基为宋代之物,而桥墩、拱券和桥面为明代之物。见开封宋城考古队:《开封古州桥勘探试掘简报》,《开封文博》1989年第2期。
② 按,依据顺治《祥符县志》(稀见中国地方志汇刊本)卷一《寺观》和光绪《祥符县志》(光绪二十四年刻本)卷一三《祠祀志·寺观》知:大道宫,祭祀北极玄帝,洪武二十二年建,在城西南隅。正德初,敕改大道宫。明末因河水灌城而圮坏。清顺治九年,道人康福臻见旧宫北面的明废永宁王府旧基地高爽豁,请于当道,"跣足苦募",众人襄助,至康熙元年复建而成。乾隆十五年,以其地改为提刑按察使司。
③ 王士俊:《恭建万寿宫碑记》,光绪《祥符县志》卷九《建置志·宫室》,中国地方志集成,河南府县志辑,第4册,第261—262页。
④ 按,康熙三十三年闰五月十八日,清圣祖为禹庙题写"功存河洛"匾额,河南巡抚顾汧在禹庙前建楼奉悬,该楼因称御书楼。

植柏百株。到了道光九年(1829年),这些树木经过两年的生长,已经葱郁茂盛。上巳日这天(即正月的第一个巳日,该年为初十日),"风日晴畅",麟庆和母亲携家眷登台赏游,"子女欢嬉"。麟庆感喟明末汴梁遭罹水患,古迹荡然无存,独此台巍然屹立,与西北繁塔相映,嘘唏不已。出于管河职掌,他详考应祀治河大臣事迹,提议在禹庙大殿西侧的水德祠中增祀明朝的宋礼、袁应泰,当朝的朱之锡、靳辅、陈鹏年、嵇曾筠、雅尔图和胡宝瑔等,共8位,得到地方大员批允,并为水德祠撰了楹联:自夏而来四千余岁,经多少沧桑变易,全资人力维持,配食当馨百世祀。由周以降二十九臣,溯后先水土焦劳,共助神力保障,精禋新奉八贤升。他还为三贤祠撰了楹帖,此乃御书楼上悬挂的那副楹联的来历。① 据载,麟庆还为三贤祠题过"雅继邹枚"的匾额。②

　　禹王台还是明代中期祥符县籍、著名学者李濂早年的读书处,也是著名文学家、寄籍于开封的李梦阳的别墅所在。镶嵌在庙外东、西和北壁上以及三贤祠内的碑刻记录了明清时期文人和官员在清明、仲秋等不同节令在这一突兀高台上观嵩听涛、饮酒赋诗的情景。三贤祠只是初称,后来演变成五贤祠。明正德十一年(1516年),河南巡按御史毛伯温撤去了禹庙的碧霞元君祠中塑像,改塑唐代诗人高适、李白和杜甫三贤像而成三贤祠③。到了嘉靖四十一年(1562年),河南巡抚副都御史蔡汝南(字子木,号白石)暇日登台,谒三贤祠,发现"祠宇颓坏",兴叹之

---

① 麟庆:《鸿雪因缘图记》第1集《吹台访古》,北京古籍出版社1984年影印本。按,光绪《祥符县志》卷一三《祠祀志·寺观》中所收常茂徕的《繁塔寺记》,称此联中的"清风"为"青天"。
② 常茂徕:《繁塔寺记》,光绪《祥符县志》卷一三《祠祀志·寺观》。
③ 毛伯温:《三贤祠记》,李濂:《汴京遗迹志》卷一一《祠庙庵院·祠》,第1a页。按,正德十一年说据李濂在嘉靖四十一年秋所作《吹台五贤祠记》。该记中云,"(禹)庙之后,旧为碧霞元君祠。正德丙子,巡按御史东塘毛公至谓非其鬼也,乃撤其像改祠三贤"。正德丙子即正德十一年,东塘乃毛伯温的号。这里李濂将毛氏建三贤祠的时间系于正德十一年。而他在嘉靖二十五年自刻的《汴京遗迹志》卷一一《祠庙庵院·祠》载,"三贤祠,在吹台上。禹庙之后,旧有三龛,塑碧霞元君像。正德丁丑,巡按御史毛伯温改塑三贤像"(第1a页)。正德丁丑即正德十二年,这里李濂又将毛建祠的时间定为正德十二年。以上两种建祠时间有异。

余,嘱开封府知府刘鲁生加以修葺,增塑明中期著名古文派领袖李梦阳(字空同,号献吉)和何景明(字仲默,号大复)两人像而成五贤祠。①这些在时间上和现在紧紧毗连的历史内容的挖掘,既可获得我们在凭吊历史遗迹时跨越时空的那种特殊感受,还对我们生活情趣的增加不无启发。

上面只是举例性质,需引起注意。总的来说,一切解说和说明,应确实建立在客观史实的基础之上。但这也不是说,绝对不能将一些传说和民间附会的内容掺入解说。但讲解者一定要清楚哪些是固有的,哪些是后来附加上的,把这两个层面的东西分开,采用灵活的、区别对待的方式使表面上互相排斥的双方得到统一。这样处理,不仅可以保证讲解内容的科学性,还能使文化资源所蕴藏的固有和层累的精华充分地展示出来。

对于潜在的景点,应有计划地、有选择地开发,尽量避免盲目性。也就是说,要选择那些具有代表意义的项目进行阶段性开发。根据考古资料,北宋东京城位于地表下8米左右。就目前的财力和技术,欲完整地再现八九百年前的东都形象几乎是不可能的。开封宋城考古队曾对北宋东京版筑的外城做了勘探,结果表明:外城淤埋地下2—8米,周长29120米,折合宋里约50里,与文献记载基本吻合。考古队对外城的西南角做了重点发掘,发现外城城墙仍残高8.7米,底宽34.2米,顶宽4米。②后考古队又对位于今南郑门村北边的外城西南城门新郑门做了重点勘探,结果显示:其规格为165米×120米的长方形的瓮城,面积约2万平方米,门跨度为30米。若对这些重要的城墙地段和城门做一定力度的发掘、保护,供人观摩,可达到借一斑而窥全貌的效果。

明代周王府城墙和宋、明州桥遗址的发掘也属于同类性质,也应采

---

① 李濂:《吹台五贤祠记》,此碑现镶嵌于禹王台禹庙东侧院三贤祠内北墙壁。
② 开封宋城考古队:《北宋东京外城的初步勘探与试掘》,《文物》1992年第12期。

取相同的操作原则,在可能的时候发掘,以适当的方式加以保护和利用。周王府的萧墙,其南界应在今西大街一线。以清代街道为参照,大体"自西大街路北以北,驻防营以南,三圣庙前街北抵北城以西,砖桥北抵北城、南抵西大街以东,皆府地也。周围宫墙一道,以蜈蚣架镇顶,势极崇峻"①。据勘探得知,萧墙大抵在地表下 4.5—5 米,保存完好。周王为朱元璋第五子,他又是明太宗(成祖)的同胞弟,因而他的王府兴建就具有规模较大的特点。周王一枝繁衍旺盛,不计将军和中尉,仅因和周王为兄弟关系而封的郡王,到明末时即达 73 位,他们均居于开封城中。这在当时全国范围内来看,也是绝无仅有的现象。它对开封城市发展的影响极大。对周王府城墙的片段发掘,也可起到从一点窥知明代整个周王一系的朱姓宗室集团与开封城市互动之间关系的真实。因开封地下水位较浅,发掘仍存在着相当大的技术难题。

(二) 胡同文化发掘可以丰富历史文化资源的内涵

作为古城开封,它的街区特征表现为:不太宽的街道纵横,更窄小的胡同交错;居民依胡同而处,店铺面街道而市,散发出中世都市商业和生活的浓郁气息。置身其间,仿佛被拉到了数百年前的传统时代。像南北书店街、东西河道街以及一些其他的街道都弥漫着这种氛围。

街道名称驻留和记注了某个阶段的历史,这是地名学中的常识性原理。如家庙前、后街是明代周王用于祭祀祖宗的家庙所在,学院门街是清代提督学政衙门(即今开封市七中位置)的所在,西司门街是清代负责司法的河南提刑按察使司(在今西司广场一带。因省内掌管民政的承宣布政使司即今汴京饭店位置,在按察使司东,故有东司之称,而按察使司则有西司之称)的所在,河道街是清代管河兵备道署的所在,北道门街、北道门西街(清代时称粮道门街,因管河兵备道署在南,粮驿道署在北,

---

① 光绪《祥符县志》卷九《建置志·宫室·万寿宫》按语,第 265 页。

故粮驿道也称北道)是作为分守道的粮驿道署(即今开封市二中位置)的所在,理事厅门街是清开封府理事同知署的所在,文庙街是清代与开封府学一体的府文庙的所在(祥符县的县学文庙在卧龙宫街一带),大厅门街是晚清大厅署(即今开封十三中位置)的所在,县角是祥符县衙门(即今自由路西段开封邮电总局位置)的所在,城隍庙街的最北头原是清府城隍庙(在东)和县城隍庙(在西)的所在(城隍庙是城池保护神),机神庙街(又称胜利街)是清代织染局的所在,行宫角附近为清代皇帝驻跸之地(即原开封市委大院位置),徐府街是明代开国功臣魏国公徐达(中山王)的后裔所建府第的所在,北、南刘府胡同是天启五年(1625年)进士、清初学者刘昌府第所在,南北书店街在清代是经营书籍和文房四宝的街道,大小纸坊街因其地势低洼、水域广布在清代为造纸作坊所在,无梁庙街北头为道教场所无量庵(长期俗称以致讹为无梁庵)的所在,卷棚庙门街(东西街)和卷棚庙街(正对庙的南北街)就是因卷棚庙(虽规模不大,但其位处街心,建筑风格独特)的所在而得名,当铺胡同是清代某当铺的所在(至今当铺建筑仍存),八蜡庙门街是清代八蜡庙的所在,延寿寺街是因在清代街东口是延寿寺的所在,玉皇庙街是因在街的中段原是清时玉皇庙的所在。其他如柴火市街、东西棚板街、磨盘街、草市街、鱼市口街、南北羊市街、炒米胡同、牲口市街、木厂街、炭厂胡同等名称的由来,也无不与街道上经营的作坊和售货的行铺相关。

另外还有一些宗教遗迹,属于佛教的除铁塔寺、相国寺外,还有白衣阁、宝珠寺,属于伊斯兰教的有东大寺、草三亭清真寺、文殊寺街清真寺、北大寺、善义堂等,属于犹太教的有位于北教经胡同的犹太清真寺遗址,属于天主教的有位于理事厅街东头路北的天主教堂、南关区的天主教总修院,属于道教的除延庆观外,还有无梁庙和北泰山庙(应为清代的古三皇庙)等,揭示出开封古老宗教文化的多元特征。

在现行的街道名称中,有些因时过境迁而致读音被人们念转,或文字被错误简化了。如三胜庙门街、三胜庙后街、三胜庙街中的"胜"字,原应为"圣"字。这是因位于今三胜庙街和三胜庙门街交叉的丁字口路北原曾存在的三圣庙而得名。乐观街,原称老官街。卧龙宫街原为老五龙宫街,因清时老五龙宫位于今卧龙宫街北段路东。林荫胡同,应为灵应宫胡同,因清代该胡同有灵应宫。陆福街,原为罗府街。旗纛街,变成了旗毒街。也有将街道名称弄错的情形,如今县街和县前街原是清代开封府(即县街小学位置)的所在,本应称府街和府前街,不知为何和在何时被更改了。还有许多鲜为人知的仍存和已失的历史遗迹,就像闪亮的珍珠,点缀在这些街道的不同部位,街道上居住的"老开封"还能如数家珍地道出这些失落之处的准确位置、当时的布设和规模以及引人入胜的故事。

对于沧海桑田、陵夷多变的开封①,许多历史陈迹或是随着滔滔的黄水湮没于地底,或是伴着残酷的兵燹毁灭于战火,或是因城市行走步伐的骤急而被人们所忽略,或是由于时代的嬗变而为人们所更革。所以,这些幸存下来的古老街道名称对它尤具意义。上述街道上的遗迹有的依然存在,有的早已化为虚无。那些幻化了的东西,正是仰赖着这些街道名称的存在,才使找回、活化和复原出某段历史成为可能。然而,至今仍有一些行为正在戕害着这些文化,可能将使这些存留不多的古老城市符号最后消失。也许人们在如此做的时候并没有过多地考虑,也许他们历史知识困乏,文化复兴责任缺失。这些街道本身就是无价而厚重的历史遗产,希望在城市建设中和在规范街道名称时采取慎重态度,考虑到古城身份,保留一些与它相一致、符名实的具有真正内涵的东西,使城市既具现代都市气息,又不失古城余韵。

---

① 按,北宋建都开封时,黄河还未流经此地。到了金、元时,河道南滚,始经开封。自明代起,黄河对开封城市的直接破坏不断,比较严重的有明天顺五年、崇祯十五年和清道光二十一年等若干次。

(三) 郊县历史文化资源应纳入开封整个文化资源体系

开封在行政区划调整中,实行了市领县制度。开封属县有五,因此五县的历史文化资源也属于开封市文化资源体系的组成部分。开封近郊和所属五县也具有丰富的文化资源。如在距离开封城东北5里左右的北郊乡的铁牛村,有明正统十一年(1446年)河南巡抚于谦治河的遗迹镇河铁犀。在黄河沿岸,有黑冈口、柳园口等古渡口,有近代林则徐堵塞黄河的遗址,有冯玉祥任河南督军期间于柳园口安设吸水机的遗迹。在汪屯乡李坟村,有明代中期著名学者李濂的坟茔,墓前纵横8行列的桧树因挖鱼坑而重见天日。

开封县的朱仙镇为清代全国四大名镇之一。贾鲁河流经该镇,使该镇成为省会开封与河南南部以及淮河流域经济联系的枢纽,而镇上的木版年画驰名全国,至今不衰。明成化十四年(1478年)镇上居民出于忠义,建起岳庙,得到河南布政使吴节的奖助,此后于正德四年(1509年)、隆庆四年(1570年)、万历四年(1576年)和万历三十三年(1605年)多次拓建和重修,吸引了不少文人和官员的驻足、吟咏。

尉氏县的北宋太宗年间所建的太平兴国寺塔和宋真宗咸平二年(999年)所造的紫铜钟,以及太平兴国二年(977年)进士、北宋名臣吕蒙正的读书处,是开封保留不多的体现宋文化的重要历史文物。这里还有三国时期著名诗人、竹林七贤之一的阮籍的啸台,以及近代著名巾帼女杰刘青霞的故居。

在兰考县西南的白云山,有汉代开国功臣、汉初三杰留侯张良的隐居处。在杞县,有东汉末年蔡邕的坟墓、蔡琰(字文姬)的故里,有明崇祯七年(1634年)状元刘理顺的坟茔。在通许县,有明万历八年(1580年)知县王乔英为三国时著名诗人曹植所建的"七步诗亭"。

这些历史文化资源和市内文化资源若能结成一张大网,便能产生巨大的旅游资源能量。

三 尾语

开封在北宋时曾经充当过 168 年之久的全国性政治中心，当时也堪称国际大都市。可以不作任何夸张地说，开封的这段经历奠定了它今天的古都形象。因此，对宋代文化的宣传和播扬是完全应当的和正确的。但若以为开封只有宋代文化，对作为七朝古都开封的其他文化内容毫无感受，以放射耀眼光彩的宋代文化遮掩其他一切文化，那也无疑犯了另一严重错误。

宋代文化以外六朝古都的文化内涵是多面的和丰腴的，况且开封经历了其他古都未曾遭罹过的多次黄河的灭顶之灾，明代之前的城池、街道和民居皆静躺于地下。即便是现在能够指证是宋物的繁塔和上方寺塔（俗称铁塔，明英宗天顺时改为佑国寺塔），也早非旧物原貌，其在历经沧桑的过程中添加了许多明清的物件。应当承认这一事实的存在，采取更加开阔的胸襟和视野，在飘扬大宋的旗幌下，不鄙夷其他六朝，特别是直接影响现代开封城市格局的仍然存在着的清代文化的承载物。

当然，为了迎合不同人群的需要，在充分掌握历史根据的前提下，在财力所能及的范围内，适当地复制一些准宋代文化景区也未尝不可，但一定不要放弃现成的而去生出一些不伦不类的物件来，造成南辕北辙的效果。在文化资源的有计划开发过程中，不妨转变观念，科学谋划，积极与有意向的团队合作，实现互惠互利的共同开发目标。这样既加快了开封历史文化资源的开发，又有效地实现了历史文化资源的保护与可持续利用。

历史时期豫南泌阳文化的初步认识

泌阳地方现归河南省南部的驻马店市所辖,然从历史的事实和地理的整体出发,其长期和另一区域即南阳地区紧密地连在一起。用地理学的观点观照,泌阳大抵位于北纬 32°34′和 33°09′,东经 113°06′和 113°48′之间,处于南阳盆地东缘,属于低山丘陵地区,山地、丘陵面积占 80%以上。越是在上古交通闭塞的时期,地理因素对人类活动的影响也就越大,因此由于山脉或丘陵的分割,也就越易形成相对独立的地理单元。以南阳盆地为中心的区域即是这样的典型代表。这是历史时期泌阳长期成为南阳地区有机构成部分的基本依据。所以,在理解古代泌阳地方文化内涵的时候,则不能脱离对南阳这一整体文化的历史把握和认识。

一 荆楚文化向中原文化的归依和融合

今南阳盆地一带在《尚书》禹贡篇中为豫州之域,西周时为申伯和应、邓二侯封地,后又为唐、鄀二国。泌阳属于其中的唐国,春秋时被楚吞并。据《左传》定公五年秋七月载,楚子期、秦子蒲灭唐。在今泌阳县北部,有春秋时楚长城遗址。遗址呈南向北、再偏西北的走势:起付庄乡东数里处,向北经下碑寺乡西,自角子山转向西北,在象河乡设关(即古象禾关),于该乡高庄村出境,入舞钢市。境内长度约30公里。① 战国时这里归属韩国。秦攻取韩国后,将自汉江以北的地区设置为南阳郡。此称谓之所由起,"以在中国之南而居阳地"。这里的"中国"显然指的是中原。可见不管从地理因素还是从文化特征上看,它都和中原有别。西汉时,因袭秦制,该地领于荆州刺史。这更使我们明了,泌阳归属的南阳地区与荆楚文化有着更多的趋同和一致。这种情况虽在以后的历史进程中或多或少地淡化,但直到北朝时南阳仍隶属于荆州。② 可见,中古之前的泌阳文化主要仍属于荆楚文化。

泌阳县的地名出现稍晚,是在唐朝,而此前其地应属于更早出现的比阳县。比水,又写作沘水,后又演化成泌水。比阳,其称谓是和此水相联系的,应在后起的唐县地③。在泌阳未出现以前,应领有这一地区。从单一比阳到泌阳的新增符合由平原到山地的开发路径和特点。唐玄宗天宝元年(742年)④,泌阳在开元十三年(725年)复设湖阳县的基础上易名产生,隶唐州淮安郡,归山南道管辖。五代朱梁时,因唐州改为泌州,州治便移到泌阳。后唐时,又将泌州名称复原,经北宋、金、元未变,分属宋的京西南路、金的南京路和元的河南江北道管辖。明初洪武二年(1369年),泌阳并入唐州⑤(州治在泌阳,而非后起之唐县。泌阳县城北

---

① 新修《泌阳县志》第11章"楚长城遗址",中州古籍出版社1994年版,第612页。
② 雍正《河南通志》卷三《沿革上》,广陵古籍刻印社1987年影印本,第48a页。
③ 按,西汉时即已出现的比阳县,实即后来明清时的南阳府唐县(今唐河县),县东古城系其故治,管辖范围比唐县要大。道光《泌阳县志》为知县倪明进(道光五年任)主修,考证缜密,在河南诸志中被认为是"体例堪称雅正"的作品(《续修四库全书总目提要稿本》第8册,齐鲁书社1996年版,第642页)。其凡例第二条云:"唐贞观中始置泌州,以比阳为附郭(比阳即今唐县);凡言泌州,实今之唐县也。五代朱梁改泌州为唐州,移治泌阳;凡言唐州,实则今之泌阳也"(第8页)。张廷玉等《明史》卷四二《地理志三·河南·南阳府》"唐县"条小字注云:洪武三年,以故比阳县地置(第988页)。而嘉靖《南阳府志》(1942年南阳先锋报社铅印本)有《唐县泌阳正误》(原置卷三末,民国时期张嘉谋在校注时移至卷一《建置沿革·泌阳》下)一文,则与上述看法不同,以为比阳即今泌阳,唐代始出之泌阳为后起之唐县。张嘉谋赞同此说,而本人则倾向前说。要之,不管哪种说法,皆内属于南阳郡的事实不违。
④ 《旧唐书》卷三九《地理志二》,中华书局1975年版,第1545页。
⑤ 《明太祖实录》卷三九,洪武二年二月壬辰,台湾"中研院"历史语言研究所影校本,第799页。

一里,有古唐州城遗址,"土堆犹存"①)。洪武十三年(1380年)十一月,废唐州,复置泌阳县。② 此时的泌阳县直属于南阳府。自唐以降,直到明朝,从区域的归属和管理上可以清楚地看到,国家不断强化对地方的管控,呈现出向心集中的倾向,中原文化得到强力彰显和传播。作为具有浓郁荆楚文化特色的泌阳文化的地方性遭到了冲击和否定,其原有的地方文化特征则日趋淡化。

明清时期区域经济联系在上述政治力作用的基础上得到空前加强,这进一步促使区域间文化的一体、交融和整合,使泌阳文化的原始的本质特征彻底消失,只剩下些微的痕迹,而聚合之后体现出的则是以中原文化为核心的新的文化体貌。明中期后,随着社会的整体发展,人口流动相对自由,经济要素得到调动,包括泌阳在内的南阳地区成为南北商人和其他流动人口麇集的地区之一。明万历四十六年(1618年),传说仙人吕洞宾化身"以道扮医,哑人能言"。知县周维翰深受打动,于是在城东门外南边的泌水之阳建阁,即吕祖阁。从此,"每岁四月十四日,四方商贾竞集,香火特盛"③。清中期后,这里的商业更加繁盛。乾、嘉之际,知县郑大谟(乾隆五十五年任)在一首竹枝词中描述仙阁四月庙会时写道:

吕仙阁外水潺潺,古会开场四月间。
新到湖州青皱[绉]帕,女郎装束上眉湾。④

其中所交易的商品有来自浙江湖州的丝绸制品,说明商人的活跃和范围的广大,泌阳地方也受到波及。到了道光初年,知县倪明进只能从故老的诉说中领略先前的盛景:"每岁四月间,舟车辐辏,百货喧陈,商贾之络

---

① 康熙《南阳府志》卷一《舆地志》,康熙三十三年刻本,第47a页。
② 张廷玉等:《明史》卷四二《地理志三》,中华书局1974年版,第988页。
③ 道光《泌阳县志》卷八《人物志·仙释》,中国地方志集成,河南府县志辑,第47册,第141页。
④ 郑大谟:《慈邱竹枝词十二首》(第3首),道光《泌阳县志》卷一二《艺文志》,第204页。

绎、士女之嬉游皆于是乎在。"①因此,他决意重修仙阁,希望再现当年繁盛。

北方山西商人在该地的活跃更在想象之中。"秦晋人商于中州甚伙",为了在异乡经商顺利、消除灾祸,希望仰赖神灵庇佑,关帝最受敬重,一般工商市肆者只是"悬像壁间,以供香火",而晋商则是"凡通都大邑巨镇,皆会建关帝庙"。康熙四十五年(1706年),晋商于泌阳西关南隅原明代水府祠(祀萧公)的旧址上草创关帝庙,即山陕会馆,并祀关公。到乾隆元年(1736年)时,由于晋商增多,资本增厚,便又扩充,规模始备,有舞楼、钟鼓阁,有享厅5间、正殿5间。继此之后,乾隆十六年(1751年)和三十年(1765年)又两次整修。从乾隆四十年(1775年)二月到七月间,晋商又于中增修了土地神祠和客亭3间,规模又有扩充。② 除这些祭祀的主体建筑外,还建立了用以交易的设施和场所,"祠内宽敞,两厢均辟回廊,以为买卖摆物开棚之所"③。每年从九月到十月为关庙大会,摊肆广布,百货杂陈,商贾鳞集,顾客填溢。这种情况直到道光初年仍很昌盛,当时人很自豪地形诸诗篇。知县倪明进咏道:

千间广厦辟回廊,百货喧陈大会场。
自昔祠基传水府,于今庙貌壮西商。
摊钱估客居成肆,入市游人粲列行。
最是城西逢九月,开棚几日醉梨觞。④

县学生邹兴让也有诗云:

嵯峨关庙厂城西,满院秋光百货齐。
辐辏车来多驾马,贸迁市起惯听鸡。

---

① 倪明进:《重修泌邑吕祖阁碑记》,道光《泌阳县志》卷一一《艺文志》,第190页。
② 乔集鹓:《重修关帝庙碑文》,道光《泌阳县志》卷一〇《艺文志》,第177页。
③ 道光《泌阳县志》卷二《古迹志·寺庙·水府寺》,第37页。
④ 倪明进:《关庙秋市》,道光《泌阳县志》卷一二《艺文志》,第213页。

箫声时逐钟声远,僧舍还连客舍低。

十月棚收人散后,空庭芳草待春泥。①

上述各地商人在当地广泛的商业活动是弱化地方文化特征的强大力量。此外,各地的人口移入也是造成地方文化特色淡化的重要因素。如道光县志所载,"晋、楚流氓杂居贸易,或冒伪饰之禁而倍蓰射利,或乘乡民缓急而称贷取盈,因之风气日以浇,物力日以劼矣"②。嘉庆元年(1796年),湖北人借助毗邻的地缘便利,有来泌阳经营水田的。"泌邑自马仁陂废后,向无水田。自嘉庆元年渐有湖北贫民携家至泌,为人稞地佣作,开垦荒冈,以兴水利,几于地无旷土。收获既丰,转相仿效。至今潴水灌溉者业有十之一二。昔所谓石田,今则半成沃壤矣。"③

崇祯十四年(1641年)五月初六,张献忠农军攻下泌阳,当地小股农军也有响应,使这里罹受了战争创伤,人口死亡,"往日烽烟余战骨,至今禾黍郁荒邱"④;田地荒芜,到康熙末年还未完全复苏,依然覆笼着战争阴影。如知县程仪千(康熙五十一年任)在诗中道:"废尽原田事可哀,百年犹有旧污莱。鱼鳞册毁迷三壤,浸把征徭一色开。"⑤这期间,一部分山东民自北迁移而来。"中泽哀鸿未易鸠,垦荒几废长官筹。自从山左流移杂,帘外闲田讼不休。"⑥移民和本地居民间的田地纠纷因土地开垦和界限不明而起,但折射出当地的居民成分因移民的介入而愈形复杂的事实。这也是当地固有文化传统改变、各地文化不断交融的重要因素。

如上所述,自唐宋后,特别是经历了明清时期国家政治的强化统制、区域经济的频繁交流,当地荆楚文化的原始痕迹早已泯灭,仅个别痕迹依稀尚存。如清道光年间所记当地的元宵节日民俗中载:"上元,祀神祭

---

① 邹兴让:《关庙秋市》,道光《泌阳县志》卷一二《艺文志》,第217页。
② 道光《泌阳县志》卷三《风土志·小序》,第42页。
③ 道光《泌阳县志》卷二《山川志》,第32页。
④ 程仪千:《初莅泌阳登城楼》,道光《泌阳县志》卷一二《艺文志》,第202页。
⑤ 程仪千:《泌阳杂诗》(第2首),道光《泌阳县志》卷一二《艺文志》,第202页。
⑥ 程仪千:《泌阳杂诗》(第3首),道光《泌阳县志》卷一二《艺文志》,第202页。

先。常供之外,复设汤圆、米茶、枣卷、面灯,街市悬花灯,放花炮,社会中演竹马、纸船、龙灯诸戏。城居野处之众辐辏并集,摩肩击毂,歌声盈耳,欢呼彻夜。"①其中的米茶、汤圆明显属于荆楚饮食文化的内涵。尽管由于稻作的北移,某些米食之类在北方也渐普及,然在 200 年前并不一定如此,其中的米茶在北方至今仍不多见。可见,除个别情形外,此地大部分生活习惯早已和中原地区水乳交融了。如,大年"初五日,俗曰破五。是日,贺岁者多不出门,妇女亦停针线。早膳:面食与水角[饺]相参,谚云金丝缠元宝"②。过年期间的面食占据着相当的比重。

二　浓郁山水文化特征的呈现

山岭环绕、河流带缠是泌阳的基本地貌特征,"襟山带水,形势巍然"③即此之谓也。明嘉靖初南阳府志在描述泌阳形势时说:"诸峰列峙,沘水萦回,东枕铜山,北带凉河。"④清康熙末年县志也说:"铜山东峙,沘水西流。前控汉淮,背距苏马。控七路之奔沸,跨洪汝之上游。"⑤

西流的唐河和东流的汝河的上游皆在此地。泌水河是唐河的上游,支河主要有 6 条,自东向西分别是:源于石婆山的营盘河,源于大胡(或为湖)山(或称大城顶山)的沘水河,源于豹子牙山的堡[豹]子河,源于慈邱山的(藻)水河,源于马仁陂的毗河,源于盘古山的蔡水河。五里河(或称沙河)是汝河的上游,支河主要有 4 条,自西向东分别是:源于扶子山的潕水河,源于中阳山的瀫水河,源于石盘山的象河,源于光石脑山的春

---

① 道光《泌阳县志》卷三《风土志·风土》,第 42 页。
② 道光《泌阳县志》卷三《风土志·风土》,第 42 页。按,此俗至今仍在南阳镇平县一带流行,见《镇平文史资料》第 18 辑《镇平民俗》专辑(2005 年底印制),第 32 页。由此也可窥出泌阳文化与南阳盆地文化间的相通性。
③ 道光《泌阳县志》卷一《疆域志·小序》,第 20 页。
④ 嘉靖《南阳府志》卷一《形胜》,民国间张嘉谋校注本,第 17a 页。
⑤ 道光《泌阳县志》卷一《疆域志·形势》,引旧志,第 20 页。据道光县志凡例和知县倪明进序知,所引旧志为康熙五十三年知县程仪千所修之四卷本县志。

水河。此外,还有水面颇大的陂堰。如,位于县西北、源于华山之阴的马仁陂,"上有九十二岔水悉注陂中,周围五十余里。四面山围如壁,惟西南隅颇下泄水"①。地处白石庄的七里潭,"汪洋清澈,上下七里余"②。其得名即因此。

山陵主要由西北逶迤而来的伏牛山的余脉,在东南方和桐柏山相交,主要分布在泌阳县治的北边、东边和南边。综括《道光泌阳县志》卷首《舆图》和卷二《山川志》的内容,大致统计有 47 座。南边主要有天桥岭、石婆山、豹子牙山、子爪山、凤凰山、石碑山、盘古山、卧牛山等。东边主要有牛石山、截军山、青衣岭、姑舟山、白茅堵(或称白云山)、铜山、小铜山、万子山、骆驼山、大胡山、蜀山、蜡烛山、城顶山(即小城顶山)、塔儿山、棋盘山、鸡鸣山、银洞山等。北边近地主要有邓山、中阳山、虎头脑山、老鸦山、蜈蚣山、小孤山、黄山、凤花台山、舜子城山、慈邱山、磨山等,北部主要有苏砦(或寨)山、舟子山、光石脑山、虎头山、看花台山、石盘山、玲珑山、扶子山、罗汉山、华山、父子岭等。"诸峰列峙于北,泌水萦回于南。"③"覆瓯、中阳之鼎峙,蔡、(瀙、)溮、溺之交流。民生其间,燥湿异齐,宣泄有宜。"④当地人们就是生活在这样的山水环抱但并不饶沃的地方。

不同的生态环境造就不同类型、不同风格的文化,上述的泌阳文化用山水文化概括庶几近之。如唐人刘禹锡《陋室铭》所云,"山不在高,有仙则名。水不在深,有龙则灵"⑤。变幻莫测的山岚烟霞本身就增加了某种神秘性,引领人们把它作为神灵的栖居之地。绿波轻漾的水面赋予人们以恬静,更能激荡人们的诗肠和想象。孔子在《论语》卷三《公冶长第五》中云:"知[智]者乐水,仁者乐山。知[智]者动,仁者静。知[智]者

---

① 康熙《南阳府志》卷二《建置志》,第 84a 页。
② 康熙《南阳府志》卷一《舆地志》,第 15a 页。
③ 雍正《河南通志》卷六《疆域·形势附》,第 22a 页。
④ 道光《泌阳县志》卷二《山川志·小序》,第 24 页。
⑤ 贺复征:《文章辨体汇选》卷四五二《铭六》,文渊阁四库全书,第 1047 册,第 568 页。

乐,仁者寿。"这便成为士夫喜爱山水的支点和索寻山水乐趣的指南。这样,就刺激着孕育出丰富的山水文化,其中既包含美不胜收的传说,也拥有意味深长的诗章。

(一)神灵栖居和宗教活动

位于县西北羊册保的华山,其上建有华山圣母庙,俗称华山娘娘庙。乾隆末年,知县郑大谟在一首竹枝词中描述了每年二月中旬人们到该庙行香求子的盛况:"羊册湖头春水平,华山灯火四乡明。七年丁口添三万,香客连朝不断行。"并注释道:"俗传羊册华山娘娘求嗣辄应,每岁二月十三日、十八日进香以万计。"①

位于县北的蜈蚣山,"形为蜈蚣,上有青峰寺"②。位于同方向近地之慈丘山的西南,是蒿陂泉的发源地。土人在此"建济水行祠,每年三月八日祭赛"③。

位于县东北的白茅堵(或称白云山),"山势雄伟,俯环群山,天阴雨必兴云雾。山后有龙潭。相传山上有白茅大仙。每逢岁旱,乡人无论远近,皆往祈雨,有求辄应,屡著灵异"④。位于同方向的棋盘山,"相传昔有仙人弈棋于此,遗迹尚存"⑤。

位于县东的铜山,"危峰突兀,俯环群山,千态万状,云雨每出,其下霞彩时现,因谓为佛光山"。"下有虎石、羊石、鲤鱼石、婆儿石、鹰嘴石、白脸石、滴水崖。"⑥明天顺、成化间,长老常氏在山顶修建清凉寺,然"规模窄小"。到弘治时,弟子性通"慨志增华",扩充规模,"起造不朽之工,构建绀宇,五殿彩绘"。为此,时任翰林院侍讲学士的地方绅士焦芳捐施

---

① 郑大谟:《慈邱竹枝词十二首》(第2首),道光《泌阳县志》卷一二《艺文志》,第204页。
②⑥ 康熙《南阳府志》卷一《舆地志》,第13b页,第13a页。
③ 康熙《南阳府志》卷一《舆地志》,第15a—15b页。
④ 道光《泌阳县志》卷二《山川志》,第2b页。
⑤ 雍正《河南通志》卷七《山川上》,第33a页。

银两,用于铸造铜佛和购置彩盖,还撰写了碑文①。至少到清代康熙末年,清凉寺依然存在。笔者在考察铜山时于山顶意外发现一块残碑,名为《重修千佛殿碑记》,较为珍贵,现录如下:"……谓佛何以有千?孔子号如童菩萨……特以千记哉?铜山绝顶清凉寺南……殿岁久倾圮,主持沙门法宝募化……不能辞,至于山峰之危峭,耸秀云……"落款名姓为"贡生……贡生马之起,生员马天行、阮……。"标有省略号的位置为文字残缺部分。因残断而缺少年代,但贡生马之起的线索给我们提供了大体的时间参照。康熙五十三年(1714年)时,知县程仪千有修志之役,地方绅士马之起、吴宪和焦昉龄一同受聘。据此,该碑记事和所立时间当在康熙末年。联系上下文,大致可以揣知:千佛殿位于清凉寺南,因日久圮坏,经法宝和尚化缘得资,重与修造。千佛殿或应是清凉寺的构成部分。此清凉寺应是道光县志中多次提及的上元寺。此外,位于同方向的大胡山,传说是达摩东来的面壁之处,后来"得道,善驯虎。世远失纪,今山巅有遗迹"②。同方向的青衣岭之南群山中的玉皇顶山,"一峰孑立",上建玉皇庙。③

位于县东南的凤凰山形势尤奇,"紫翠青岚,矫翼若飞"。嘉庆六年(1801年),附近居住的善士鸠工庀材,在山巅修建了宝刹,"金碧流辉",照耀云霄。十四年(1809年)秋,时和年丰,便又倾囊相倡,并劝谕四方,在北麓建立了真武行宫。④

位于县南的南山,上有印水寺。⑤ 位于同方向的盘古山,明嘉靖初年尚未有此称谓,当时称作盘石山。据嘉靖七年(1528年)南阳府志载,"盘石山,在县南四十里"⑥。张嘉谋在校注时说,石、古字形相近,因易讹写。

---

① 焦芳:《重修铜山顶清凉禅寺碑记》。按,该碑立于铜山三道天门磴道底部的右侧。
② 道光《泌阳县志》卷八《人物志·仙释》,第141页。
③ 道光《泌阳县志》卷二《山川志》,第24页。
④ 王兰皋:《重修凤凰山真武行宫碑记》,道光《泌阳县志》卷一一《艺文志》,第198页。
⑤ 雍正《河南通志》卷五〇《寺观》,第20a页。
⑥ 嘉靖《南阳府志》卷二《山川》,第54b页。

所以,康熙府志云,盘古山"本名盘[石]山,后讹为盘古山,因建盘古氏庙"①,这是很客观的态度。也就是说,当地所谓的盘古传说和信仰现象是后生的,它的出现不会早于明中期。换言之,当地的盘古传说产生和盘石山讹为盘古山的历史大体上是同步的。从盘古庙中现存的碑刻年代来看,最早的也不过清末而已。民俗学家潜明兹教授依据神话形态学理论,对当地的盘古传说进行了分析,认为是非原生态的,其突出特征则表现为掺入和附加了许多文明社会时期的道德认知,据此判断当地的盘古传说是后来文化移植和传播的结果。② 这从另一角度证明了笔者的上述看法。而这些学术上的有益探讨,受民众自身认识的局限,还不至于对他们不究根底的虔诚膜拜行为产生任何动摇或影响。盘古传说的民众狂欢选择在农历三月初三日绝非偶然。此时春意盎然,水清花红,正是人们融入自然的良机,于是这一传说便和传统的祓禊习俗结合起来。据县志载,"三月三日,人多出游,追上巳祓除之遗风"③。从热烈的盘古文化活动的表象上看,似乎被相关的信仰和传说主宰了一切,盘古神灵膜拜成为这一节日的唯一内容,但透过这种现象可以看到,其实这是古老的祓除遗风的残留、传承和再现,盘古信仰只不过是借助的手段和形式而已。

(二)美好山水和隽永诗章

围绕着美好的自然山水景观,地方官员、文人墨客从各自的感受和心境出发,抒写内心的情感,表达连带的含义。此类创作较为集中的是围绕铜山、盘山、华山以及泌水、马仁陂(因在羊册保,故又称羊册湖)所产生的抒发情性的作品。

---

① 康熙《南阳府志》卷一《舆地志》,第 13a 页。
② 按,此据北京师范大学潜明兹教授 2006 年 4 月 2 日在河南大学黄河文明与可持续发展研究中心所作的"从盘古神话到盘古文化"的报告。
③ 道光《泌阳县志》卷三《风土志·风土》,第 42 页。

明弘治间,汝宁府信阳州学者何景明与人游历了县北的蜈蚣山,并光顾了青峰寺,惊疑山崖陡峻,领略隔世僧舍,留下诗篇道:"袅袅丹梯百丈悬,上方宫在白云间。川源暮过淮西雨,楼阁晴开楚上山。厌逐风尘为客久,喜将樽酒对僧闲。同游更有情亲在,并辔山中日往还。"①同期,河南布政司右参政顾福游历了位于白石庄的七里潭,诗兴大发,咏道:"苍茫百顷浸寒流,芦荻花开两岸秋。沙嘴夜明渔父火,柳阴晴浴海翁鸥。数层翠浪连风起,一片金波向日浮。堪羡年年资灌溉,西城满处见歌讴。"②

清嘉庆初年,知县步毓岩(嘉庆六年任)在咏马仁陂(羊册湖)的一首诗中写道:"四面山光接碧天,千畦水道泻清泉。人居水复山重处,半种山田半水田。"③在咏铜山时写道:"危峰突起镇东偏,日出扶桑影倒悬。满目晴岚看不尽,天光低处四围圆。"④此外,还有许多人的吟咏,在此就不予赘列了。

道光初年知县倪明进在作泌阳八景诗时写小序道:"泌邑僻在山陬,绝少名胜。然一丘一壑,亦足动人流连。偶阅邑乘,有八景之目,因其题咏寥寥,作八景诗。"⑤倪明进在道光八年(1828年)组织人力所修县志的凡例首则和序言中说,当时可看到县志只有四卷本康熙五十三年县志,因此所云参考的"旧志"无疑指的是康熙末年所修志书。虽《康熙泌阳县志》现在仍存,但因阅览的局限,尚无法看到,只得根据道光志中现有的线索进行推测。根据上面的情形可以说,至迟到康熙末年,泌阳八景的名目已经完具。这八景名目依次是:铜山积翠、泌水流香、仙陂春雨、古洞秋风、舜城雪月、吴砦烟霞、盘岚朝起、竹林晚照。追溯起初,在清顺治末年,知县温如玉(顺治十二年任)只作过《铜山积翠》和《泌水流香》的诗

---

① 何景明:《大复集》卷二四《同焦太史游青峰禅寺》,文渊阁四库全书,第1267册,第210页。
② 雍正《河南通志》卷七四《艺文三》,第23a页。
③ 步毓岩:《过羊册湖》(第1首),道光《泌阳县志》卷一二《艺文志》,第206页。
④ 步毓岩:《望铜山四首》(第1首),道光《泌阳县志》卷一二《艺文志》,第207页。
⑤ 倪明进:《泌阳八景诗·小序》,道光《泌阳县志》卷一二《艺文志》,第211页。

篇,可见泌阳八景是在康熙年间逐渐完备的。八景中的铜山积翠、泌水流香、仙陂春雨、盘岚朝起四景,直接和山水相关,应是当地山水文化的代表。

(三) 传说、信仰的虚无和实有的悖论

上述有关信仰和附着于山水之上的传说,就其源头和本质来讲是虚无的,甚至是荒诞的。我们以和铜山相关的邓通传说为例来加以说明。据载,在泌阳县东的铜山"相传(西)汉邓通鼓铸其上"①。其北30里有邓庄,传说为邓通所居。"六朝烟雨汉乡关,万仞铜峰霄汉间。北望邓庄三十里,碧梧黄叶满秋山。"②根据史传,邓通为西汉文帝的宠臣,文帝曾"赐通蜀严道铜山,得自铸钱。邓氏钱布天下,其富如此"③。很明显,邓通铸钱处在四川,和泌阳铜山毫无关系,可见这不过是则传说④而已。所以,道光县志云,"(铜山)产铜,又近邓庄,讹为邓通鼓铸处"⑤,其辨析无疑是正确的。前面所述的和盘古山相联系的盘古传说的虚构机理正和此同。

话又说回来了,一旦这种传说造就,它便会像磁石一样吸附那些缺乏一般历史知识的人们的热衷和狂欢。而就这种崇拜现象来看,它却从源头的虚无变成了存在的实有,这是传说和信仰力量在民间精神世界里聚合、裂变后巨大能量的释放。所以,对待这种虚无和实有的悖论,应该从不同的时间、角度和层面加以区别和认识。传说可以是夸张的或者杜

---

① 雍正《河南通志》卷七《山川上·诗·七言律》,第33a页。
② 郑大谟:《铜峰怀古》,道光《泌阳县志》卷一二《艺文志》,第205页。
③ 班固:《汉书》卷九三《佞幸传·邓通》,中华书局1962年版,第3723页。
④ 按,邓通系蜀郡南安人,以榷船为生。土为黄色,可以制水,故船人往往头系黄巾。所以,邓通又称黄头郎。邓通的传说,在明代河南南部的南阳府、汝宁府一带普遍流行。如汝宁府信阳州学者何景明《大复集》卷六《乐府杂调·黄郎子》云:"黄头郎,尔毋侮。殿上天子怜,府中丞相怒。尔虽有铜山,运去铜如土。黄头郎,尔毋侮。"(文渊阁四库全书,第1267册,第47页)
⑤ 道光《泌阳县志》卷二《山川志》,第25页。

撰的,但隐含在基层民众文化行为之中的文化传统则是发生经常作用的本质内核,受时代限制,这种带有一定负面影响的文化现象可能还会维持相当一段时间。对待这些具有宗教色彩的文化现象的态度,不能简单、武断和草率,要保持高度理性,仰赖正确疏导和科学进步,使其逐步得到消解。

附录:李长傅先生学术活动的基石

　　李长傅先生,字震明,清末光绪二十五年(1899年)十月二十七日(阳历11月29日)生于江苏镇江市,1966年2月4日(阴历正月十五日)卒于河南开封市,享年68岁。他是我国老一辈的著名学者,在华人华侨史、南洋史地、中国历史地理等领域做出了具有开拓意义的成绩。他生活的时代正处于中国社会由传统向近代的转型阶段,表现在学术上同样体现出由旧学向新学转变的特征。作为思想活跃、眼光敏锐的学者,李长傅先生的学术活动和成长历程自然也打上了深刻的时代烙印。在南洋华侨史方面,其代表著作有《南洋华侨史》[①]、《中国殖民史》[②];在中国历史地理方面,其代表著作有《开封历史地理》[③];在地理学理论方面,其代表著作有《转形期的地理学》[④];在南洋地理方面,其代表著作有《南洋地理》[⑤];此外,还有大量的相关著作、大中小学教材以及学术论文。据粗

[①] 国立暨南大学南洋文化事业部1929年出版。
[②] 商务印书馆1937年版。
[③] 商务印书馆1958年版。
[④] 三五书房1935年版。按,此"转形"为原书名用字。
[⑤] 中华书局1940年版。

略统计,包括以上所列在内的各类著作、教材有 20 余部,论文 200 余篇①,给后人留下了丰厚的学术遗产。

从 1922 年他 24 岁在《地学杂志》②第 13 卷第 3、4 期上开始发表处女作《江浙海岸变迁之研究》算起,到他去世时止,实际上这些成果都是在 40 余年的时间里完成的。在他众多的论著中,南洋史地占据着主体地位,其开拓性和系统性都是人们所公认的,正如中山大学东南亚研究所专家余定邦在回顾东南亚研究的历史时所说:"最早把东南亚史作为地区史来研究的,是暨南大学的李长傅先生。"③领略了如此丰富的成果和感受了李先生崇高的学术地位之后,自然会产生他何以达此境界的疑问。在对李长傅先生的生平和成果资料做长编式的梳理和贯穿思考之后,我们发现:这些成就的获得是和李先生不同阶段的学习侧重以及所达至的水平相一致的;在他成长过程中,不断完善的知识结构和扎实的理论基础为他提供了有力支持。这些成功的经验,对后进者无疑具有启迪的作用和示范的意义。归纳起来,主要有四个方面:扎实的古文功底;多重的语言工具;深厚的理论素养;科学的研究方法。所体会者不一定确当和全面,后来者补之,惟己之愿也。下面拟从这四个方面展开论述。

一 扎实的古文功底

中国历史地理问题的探讨,无疑要和大量的古代文献打交道,而在李先生早中年的南洋史研究中,同样离不开古文的基础和有关古文献的知识。除正史中有关南蛮、外国的记述外,唐代以来大量记述南洋历史的相对专门的文献,在传统的典籍分类中归于史部杂史类或地理类的外纪目中,也属于古籍的范畴。对这些文献内容的正确解读是研究的基

---

① 陈代光:《李长傅先生传略》,《地理学与国土研究》1990 年第 2 期。
② 按,《地学杂志》是中国地学会创办的刊物。宣统元年(1909 年)八月十五日(阳历 9 月 28 日),张相文在天津成立中国地学会,次年 2 月创办该刊。1912 年,中国地学会迁至北京。
③ 黄云静:《东南亚研究在中国:历史、现状与前景》,《社会科学家》2000 年第 6 期。

础,而欲实现这一目标,必须具备相当的古文底子。

李长傅先生出身于工商业家庭。① 因镇江濒临长江,父亲主要管理码头货运,经营规模也算可观。李先生5岁时,父亲去世,当时他们弟兄5人,其居老幺。码头由长兄接管,因不善经营,后渐败落。② 尽管如此,仍可以肯定,其家有些积蓄,应该说是比较殷实的家庭。所以,他6岁时即入旧式私塾读习儒家经书。从17岁至21岁时,出于对史地的特别爱好,拥有良好的古文基础的他开始阅读相关的代表文献。他在回忆中说:"自1915年至1919年,除学习英文及农业课外,暇时在家自学。因为自己对史地颇有兴趣,专读些史地书。"③在他所读的这些史地书中,除翻译过来的当时日本学者桑原骘藏的《东洋史》和稻叶君山(岩吉)的《清朝全史》外,涉及的古代历史文献,有前汉人司马迁的《史记》、后汉人班固的《汉书》和清人吴乘权(楚材)等编纂的《纲鉴易知录》,涉及的古代地理文献,有明末清初人顾祖禹的《读史方舆纪要》、清人齐召南的《水道提纲》、何秋涛的《朔方备乘》、张穆的《蒙古游牧记》以及魏源的《海国图志》。这种史地兴趣和古籍阅读为他以后在南洋华侨史和中国历史地理等领域的研究铺垫了厚实的基础。

二 多重的语言工具

南洋问题和华侨历史的研究,不仅涉及古文献,更多涉及的还有当地的地名。从16世纪起,南洋地区逐渐成为早期欧洲殖民者的掠夺对象。继葡萄牙、西班牙之后,荷兰和英、法等国也来到东南亚。这样,属于今印度尼西亚的诸岛成为荷兰的殖民地,属于今菲律宾的诸群岛成为西班牙的殖民地,马来半岛成为英属殖民地,印支半岛成了法属殖民地。

---

① 李长傅:《个人简历》,河南大学档案馆藏。
② 牛建强:《李长傅先生幼女李平采访记》(2004年10月6日)。
③ 陈代光:《李长傅先生传略》,《地理学与国土研究》1990年第2期。

由于当地土人文化落后,很少留下有价值的记载。西人出于殖民统治的需要,对当地做了较多的研究。到了近代,日本对南洋地区也开始觊觎和渗透,因此也有不少的研究成果问世。所以,对南洋问题和历史欲做深入的研究,便不能不掌握多种外语工具。只有这样,才能及时吸收外国的研究成果,与中文记载相结合、相印证,进行科学的融贯和折中,站到学术研究的前沿。

李长傅先生8岁时,母亲即让他随从精通英文的陶庵先生学习英文,每晚1小时,寒暑无间。[1] 这为他的英文学习开启了一个好的开端。在17岁时,即1915年秋,他进入镇江姜园学社专攻英文和国文[2],其间他的英文水平在原先基础上又进了一步。以后他能够对南洋华侨史发生兴趣,并不断做出成绩进而享誉学界,与其对英文的掌握不无关系。

1919年秋,李先生从江苏省立第二农业学校(设在苏州)毕业后,相继在数所小学任教。1923年,经人介绍到湖北黄陂私立前川中学任史地教员。出于教学需要,他接触到了梁启超的《中国殖民八大伟人传》[3]和胡绍南的《中国殖民伟人传》[4],从此引发了他对"研究南洋华侨史的兴味"[5],便在前人的基础上搜集资料,并练习撰文。如他所云,"余居恒治地理学,尤好研究华侨状况,每见记载华侨之资料,辄札出珍藏。遇国人或侨胞之归自海外者,辄周咨而笔录之"[6]。这年8月,他在《东方杂志》第20卷第16期上发表了关于华侨史的第一篇文章《世界的华侨》,其中个别地方有使用英文词汇的情况。

1925年,美国学者MacNair(麦克耐尔)的 *The Chinese Abroad*(《华

---

[1] 牛建强:《李长傅先生幼女李平采访记》(2004年10月6日)。
[2] 陈代光:《李长傅先生传略》,《地理学与国土研究》1990年第2期。
[3] 梁氏该文最初是以"中国之新民"的笔名发表于光绪三十一年的《新民丛报》第63期上,后收入梁的《饮冰室合集》专集之八(中华书局1936年版)。
[4] 按,该文最初发表于宣统二年十二月二十五日发行的《东方杂志》第7卷第12号。
[5] 李长傅:《南洋华侨史·导言》,国立暨南大学南洋文化事业部1929年版,第9页。
[6] 李长傅:《华侨·自序》,中华书局1927年版,第1页。

侨概观》》出版,他购买了一册,"觉旁搜博采,至为详尽",对他震动很大。他仔细思考后又发现:外国人限于其立场,在谈论华侨的地位、待遇时,便不能中肯、痛切。再说,其虽然有西文的优势,但不能利用中文记载,这样"其所取材,皆自英、法文字,与我国纪[记]载不免出入"①。而李先生却可以使两者实现完美的结合。从那时起,他清楚地认识到西文论著在南洋华侨史研究中的价值,并开始了结合研究的尝试,先前学习的英文也派上了用场。1926年3月,他便在《东方杂志》第23卷第5期上发表了关于华侨问题的另外一篇文章《中国殖民南洋小史》。和前文大不相同的是,该文在论证中开始直接运用英文资料。如《明史》载,郑和第二次出使时,锡兰王亚烈苦奈儿负固不服,和生擒之。他根据西人的资料知,锡兰王名 Vijaya Bahu Ⅵ,因虐待前往朝佛的中国人,成祖命和征讨,最后俘之。② 其所使用的英文资料除上边提到的 MacNair 的著作外,还有 Morris(默里斯)的 *The History of Colonization*(《殖民史》)和 Philip(菲利普)的 *Record Atlases*(《档案地图集》)。这篇文章为他1929年出版的《南洋华侨史》第一章"概论"大致确立了思路。次年,上海中华书局又推出了他的著作《华侨》,其中征引的英文著作有 Mars(马士)的 *The International Relations of the Chinese Empire*(《中华帝国之国际关系》)、Wolcott(沃尔考特)的 *The Geography of World*(《世界地理》)等。这不仅表现出了他研究华侨史的卓越才能,也显示出他在英文资料驾驭上的极大潜力。

更使他感到意外的是,他的英语掌握和运用能力竟成了他命运转换的契机。恰在此时,国立暨南学校③已走过了20年的历程,步出了曲折,

---

① 李长傅:《华侨·自序》,第1页。
② 李长傅:《中国殖民南洋小史》,《东方杂志》1926年第23卷第5号。
③ 按,暨南大学的前身即是清末光绪三十二年(1906年)在南京创办的暨南学堂。该学堂专一招收南洋华侨子弟回国就读。初创时学生仅31名,至1911年时已有240名。因辛亥革命而停办。1917年11月复校,次年开学,由黄炎培主持,改为国立暨南学校,并创办刊物《中国与南洋》。至1926年,学生已达602人。

进入了发展。1926年国民革命的胜利得益于华侨在经济上的大力支持,1927年国民政府成立后自然要注重华侨相关事务的处置。这年6月,郑洪年(韶觉)任校长。经国民政府教育部批准,国立暨南学校升格为国立暨南大学,9月5日举行了开学典礼。因考虑到南洋文化事业研究和开展的重要性,21日成立专门机构南洋文化事业部。① 11月,聘请对南洋问题颇有研究的刘士木任南洋部主任,着力访求"编译人才",李长傅先生便成为重要人选。此时,刘氏和李先生尚未谋面,但李先生发表的《中国殖民南洋小史》一文和《华侨》一书已引起了他的关注,在和另一位华侨问题学者顾因明交谈时流露出要和"那位姓李的朋友""谈谈"的迫切心情。② 所以,李先生成为南洋文化事业部的物色对象并顺利被接纳,除他对华侨问题有一定的研究成果外,更主要的因素恐怕还是他在论著中体现出的较高的对英文资料的利用能力。

1928年春,李先生进入暨南大学南洋文化事业部,开始了他研究南洋史地的新的起点。起初,南洋文化事业部的计划是要编译3种书籍,即《南洋地理志略》《南洋通史》和《南洋华侨史》。李先生得同仁之助,利用更为优越的工作条件和更为丰富的资料条件,在原先《小史》的思路和《华侨》南洋部分的基础上做了大量的增补和认真的考订,同年底即完成了《南洋华侨史》一书的写作,民国十八年(1929年)六月由南洋文化事业部出版。这年他才31岁,显示出了他的旺盛精力和非凡才华。该书所参考的主要书目,除古代文献、报章杂志外,所列英文年鉴、工具书和专门著作多达25种,使该书的学术品位得到提升,堪称国际性学术成果,极大地推进了南洋华侨史的研究水平。反过来讲,如果他缺乏有效掌握英文研究成果的能力,也就很难想象能在该领域有所突破和提出独到见解。现摘录他在该书《导言》所提及的3点以窥该书的研究进展。

---

① 应佳:《华侨·暨南大学·东南亚研究——为校庆90周年而作》,《东南亚研究》1996年第3期;马兴中:《暨南大学95年的办学历程与成就》,《东南亚研究》2001年第5期。
② 顾因明:《序言》,李长傅:《南洋华侨史》,第1页。

第一,"至于中国普通历史上虽有说及华侨之处,可是脱略甚多,而且有错误之处。这就是我做这本书的动机"①。不仅是为大学提供教材,端在增补脱略和校正过去由不懂外语而造成的传讹之处。和此意相关的另一处云,"(这本小册子)虽不敢说有什么贡献,但是我国旧有的错误所见到的已经更正,新材料也多我国旧所未详的"②。

第二,"欧人东来以后,欧人的记载就比中国完备了"。许多地方,"我国记载毫无痕迹可寻,也不得不根据西籍了。但是外人记载,以他们自己为观点的。要换一付眼光去观察,还须拿中国资料为参考,否则是代外国人做华侨史,甚至于间接代帝国主义做宣传了"③。这里不仅讲了西籍在华侨史研究中的重要性,还讲了使用西籍应采用之方法:要用批判的眼光去过滤,和中国材料结合起来加以使用。

第三,"坊间历史对于南洋的古地名,多根据梁氏说,不甚可靠。本书根据夏德、洛克希尔、沙畹、比尔、高楠顺次郎、藤田丰八等人的考证,取其可信者,似乎妥当些"④。此时,李先生还不能直接阅读日文书籍,日人高楠氏和藤田氏的看法皆取之译本。

1929年秋,他受东方舆地学社⑤的资助,到日本留学。先是进东亚高等预备学校补习日语,继而入早稻田大学研读史地,1931年初春返回,在日滞留一年半左右。⑥ 日语的掌握对李先生的南洋史研究至关重要。由于掌握了日语,便能直接获取日本学者的成果。他利用在日留学之便,广泛吸收成果,对华侨史中的一些重大问题重新做了思考,纠正了一些看法,使结论更为接近客观,研究水平得到新的提升。试举两例。

例一:Limahong的译名变化问题(李马奔—林道乾—林凤)。明万历初年,广东潮州海盗林凤由于政府强力剿灭,不得不南下到菲律宾群

---

①②③④ 李长傅:《南洋华侨史·导言》,第2页,第8页,第3—4页,第8页。
⑤ 按,东方舆地学社系洪懋熙和上海大东书局于1925年5月合作创办,专门编绘和出版地图。1941年太平洋战争爆发,日军侵入上海租界,该社被迫停业。
⑥ 陈代光:《李长傅先生传略》,《地理学与国土研究》1990年第2期。

岛和马来半岛一带活动。他的名字在西班牙人 Foreman 的著作 The Philippine Islands 中写作 Limahong，日人田中萃一郎在《东邦近世史》中译为李马奔，夏曾佑从日本舶来，载于教科书《中国古代史》中。从此，中国较早关于华侨史的著述大都沿用了这一说法，似乎已成定论。连李长傅先生早期写成的《中国殖民南洋小史》也不例外。然而，当他撰写《南洋华侨史》时，与同校时任"南洋通商史"讲座的陈宗山先生讨论，认为中间的 m 应归属上个音节，读作林，不读作李；再结合其他材料，认为所谓的"李马奔"应为"林道乾"①，放弃了当时大众的看法（不过，张星烺在 1930 年 12 月出版的《燕京学报》第 8 期上发表的《斐律宾史上"李马奔"Limahong 之真人考》已初步推定为林凤）。这种说法虽然后来证明也不足据，但通过科学求证的做法距离正确答案接近了一步。真正发现正确答案，是在他到日本之后的事情。1929 年秋至 1931 年初春，他在日本留学时发现日本学者早在 10 年前就已考得结果。日人藤田丰八根据《明史稿》凌云翼传、张居正《张太岳集》卷一七和俞大猷《正气堂续集》卷一中的材料，结合西人关于 Limahong 1574 年进攻马尼剌、1575 年中国军官率舰 2 艘追至吕宋（菲律宾）的记载，充分确定为林凤。文章名为《葡萄牙人占据澳门前的诸问题》，发表在《东洋学报》第 8 卷第 1 期上。稍后，矢野仁一在著作《支那近代外国关系研究》第 347—348 页中，根据 Blair 和 Robertson 合著的 The Philippine Islands 第 4 卷第 24 页所引菲律宾（时为西班牙的殖民地）总督 1576 年给西班牙国王报告中的资料，进一步证实了藤田的说法。李先生看到这些成果后随即（文末标为"民国十九年七月"于江户寄庐，即 1930 年）在日本撰文《南洋华侨移殖民鸟瞰》（该文 1931 年发表于《新亚细亚》第 1 期上），接受了这一结论。这篇文章实际上是他《南洋华侨史》首章"概论"的修订本。

---

① 李长傅:《南洋华侨史·导言》,第 5 页；李长傅:《斐律宾史上 Limahong 之真人考》"补遗",《燕京学报》1931 年第 9 期。按,"斐律宾"系音译,原题目如此。

例二：唐代诃陵、阇婆的地望问题（是在爪哇岛，抑或是在马来半岛）。对诃陵、阇婆地望进行考证的首推欧洲人。Chavannes 认为在爪哇西部，Groeneveld 以为在爪哇北岸东经 110 度，然均未做深入论证。Schelegel 提出异说，以为在马来半岛，日人高楠顺次郎赞同之。Pelliot 对 Schelegel 的说法持异议。日人石泽发身在前人基础上又提新说，认为诃陵在马来半岛，阇婆在爪哇岛。日本学者藤田丰八、桑田六郎和高桑驹吉依据丰富的汉籍资料，充分参合以上欧洲诸说，做了系统的比较研究，认为两地皆在爪哇。这种说法得到了日本学界的普遍认可。国内学者温雄飞昧于这一最新动态，承袭旧说，还自认为是发明，在民国十八年（1929 年）十二月撰写的《南洋华侨通史》自序中说，"唐代之阇婆，实非今日之爪哇。时贤于此殊深忽略，其关于唐代东西之交通实生差误。原著有《阇婆非爪哇考》一文，即辨正此事，拟附诸卷末以备参考。继念此为古史地学者专门之业，偏重考据，文不通俗，遂割爱删除，另为发表"①。温氏袭用了李长傅先生在《南洋华侨史》中的李马奔为林道乾的说法，而不注明出处。李先生在和他争论时已经指明。据此而推，也很难断定这是温氏自己的发现。客观地说，李先生在撰写《南洋华侨史》时的主张并非来自对日人成果的参考。当他到日本接触了各种说法和各自的论证，对这一问题的分歧、争论有了全面、深入的了解后，从而做出了理性判断，更加坚信自己最初的说法。②

在日期间，李先生除以日语学习为主外，还选修了德语。③ 这从他后来所征引的德国学者的论述中可以得到印证，如所引述者有德国著名地理学家李希霍芬（F. V. Richthofen）和魏特夫（K. A. Wittfogel）的著作。

---

① 温雄飞：《南洋华侨通史·自序》，东方印书馆 1929 年版，第 2 页。
② 李长傅：《诃陵阇婆今地考》，《南洋研究》1930 年第 3 卷第 1 期；李长傅：《读〈阇婆非爪哇考〉》，《南洋研究》1930 年第 3 卷第 4 期。
③ 牛建强：《李长傅先生幼女李平采访记》（2004 年 10 月 6 日）。

留日期间也是他的理论升华期。或通过翻译成日文的西文著作间接吸收,或利用当地较好的西文资料条件去直接阅读,总之在掌握多重语言工具的基础上,他看到了一片更开阔的地带。这不仅使他快捷地获得了具体的研究信息,也使他的理论水平迅速得到提升。

三 深厚的理论素养

概念的运用通常成为区别描述和研究的重要特征,也是课题研究步入科学的初阶。李先生在最初的研究中即重视理论的意义。他在《南洋华侨史》中阐释自己不使用"殖民"一词的理由时说,"华侨在南洋之地位系殖民(Colonization)乎抑移民(Migration)乎?颇有研究之价值。按,殖民意义乃离去母国,至比较未开化之他国永远居住,从事经济活动,而保持母国政治关系之谓也。移民者,乃离去母国,移住他国而从事经济活动之谓也。我国史家多谓华侨殖民于南洋,然按之史实,实为移民"。这是他以第 13 版《大英百科全书》(*The Encyclopædia Britannica*)中的定义为依据的。基于此,他不称殖民史而是浑称华侨史。① 后来他基本上一直坚持这一看法。稍不可解的是,1937 年商务印书馆出版他的著作时,却用的是《中国殖民史》的名称。揣其用意,似乎也出于不得已。因为从梁启超到胡绍南,再到后来,普遍用的是"殖民"一词。人们是在非严格意义上使用该词的。所以,李先生才不得不迁就多数,特别是出版家。不过,他还是在该书"例言"的第 1 条中声明说:该书或名中国殖民史,或中国移殖民史。从中还是透露出了他难言的心迹。

从 1929 年秋至 1931 年初春为期一年半和 1935 年为期一年的两次日本之行,是李长傅先生理论水平提升的关键阶段。第一次留学回归后,他和其他人一起在上海成立了中华地学会。1932 年元月,创办《地学

---

① 李长傅:《南洋华侨史·概论》,第 2—3 页。

季刊》。这便成为李先生介绍自己理论创获的阵地:在第 1 卷第 1 期上发表了《中国地理区域论》,在同卷第 3 期上发表了《中国之地理区研究》,在同卷第 4 期上发表了《中国湖泊之研究》。

在 1935 年第二次赴日期间,他完成了如下一系列研究:在《中国经济》第 3 卷第 1 期上发表了《经济地理学之新阶段》,在《新亚细亚》第 9 卷第 1 期上发表了《地理学本质论》,在《地学季刊》第 2 卷第 1—2 期上发表了《地理学研究的新阶段》,在同卷第 3 期上发表了《科学的地理学之新转向》,在同卷第 4 期上发表了《转形期的地理学浅释》。该年又将有关论文结集成《转形期的地理学》一书单行。这些都是李先生自觉进行理论探索的收获。其中通过对德国著名地理学家魏特夫(Wittfogel)学说的研究,间接地接受了辩证唯物主义的认识论,并将之运用到自己认识问题的过程之中。关于华侨在南洋和其他跨大地域地区的生存问题,一般解释说中国人具有特别的气候适应性。和环境决定论相比,这种看法更具有主观的色彩。李先生通过认真的研究,认为南洋华侨多为闽、粤之人,往东北地区的移民多为河北、山东之人,他们在地域上是相邻的和接近的,中国人并不具有某种无限的适应性。① 这既戳穿了污蔑中国的"黄祸"说,又对奴役"猪仔"式的中国人提出了强烈的人道抗议。

1949 年 4 月,李长傅先生来到位于古城开封的河南大学地理系工作。受客观条件的限制,换个角度,也可以说是得到了另外课题研究的优势,他开始对开封历史地理展开系统研究。由于其拥有深厚的理论素养,切入点别具一格。他在表述自己的研究视角时说,"城市历史地理不同于地方经济史,也不同于建置沿革志,更不同于名胜古迹志"②,显示出独特的理论识见。

---

① 李长傅:《华侨研究之基础问题》,《南洋研究》1939 年第 8 卷第 1—2 期。
② 李长傅:《开封历史地理·序》,商务印书馆 1958 年版,第 1 页。

四 科学的研究方法

李先生在自己的大量研究中,贯穿和运用了非常科学的方法,突出地表现为以下三个方面。

(一) 古今通贯的研究理念

这种方法首先是学科的长时段研究的需要,通过前后的连贯,发现原始固有和继承发展间的关系,从而将问题放置到合理的位置之上加以思考,以避免偏颇和极端。同时,它又是学以致用的学术功能的要求。结合李先生的研究对象而言,既要关注南洋华侨的现状,又要研讨其历史;而研究华侨历史的最终目的还是要服务于华侨社会改造,即改善其文化素质,提升其社会地位。这一目标在李先生研究华侨问题之初即非常明确。1926年3月,他即在研究南洋华侨的一篇文章中说,"夫研究历史,非仅欲知过去之事实已也。其目的有四:曰明变,曰探原,曰求例,曰知来(据李泰棻氏语)。故欲解决现在、将来之中国、南洋问题,非明了其过去的历史不可"①。在1929年6月出版的《南洋华侨史·概论》的最后一节中也说,"中国革命(即国民革命——引者注)之成功,南洋华侨其主要之功臣也。惜乎民国成立以来,祖国不自振作,实属愧对侨民。居留政府(即殖民政府——引者注)压迫日增,或颁苛例,或征重税,甚至加以惨杀,更挑拨土人对华之恶感,土人抵制华货、杀戮华侨之举动时有所闻。又,日人近年大唱南进之说,进步之猛,大有取我而代之势。回顾既往,推想将来,我国民政府与南洋侨胞宜如何自勉也"②。他从侨民对国民革命的作用和当时南洋华侨所面临的严峻形势分析入手,通过自己的研究,唤醒国民政府和南洋侨胞的觉悟,及时采取有效的应对之策,以改

---

① 李长傅:《中国殖民南洋小史》,《东方杂志》1926年第23卷第5号。
② 李长傅:《南洋华侨史·概论》,第13—14页。

变自己的恶劣处境。

另外,这也与南洋文化事业部的具体任务和宗旨不无关系。该部当时有六大任务:一是指导南洋华侨一切改进事宜及南洋各种问题的研讨;二是宣传祖国文化于南洋,谋与其他民族互相亲善;三是谋教育上之连[联]络,并指导华侨子弟回国读书;四是调查南洋一切状况;五是编审关于南洋的书籍、刊物及教材;六是办理本国与南洋的各种宣传事宜。① 各种事务莫不与现实的南洋华侨问题相关。所以,这种现实的目的也会强化他既往的认识,逐渐将它变成既是研究的方法,又是研究的目的,两者浑然一体。这样,现实关怀和问题意识就会很自然地贯穿他的学术活动之中。这种风格在他后期所进行的中国历史地理的研究中同样得到了显著的体现。如他在开封历史地理的研究中,将开封的整个历史分为发展期、衰落期和新生期,资料利用和写作下限一直到写作当年,即1958年。② 稍后,在1964年发表的《朱仙镇历史地理》一文的引子中明确指出,"兹据个人考察、调查,参证文献资料,论述其诞生的由来,兴盛的条件与特征,衰落的原因,现状及今后发展如次,以供研究城市历史地理、制订地方经济规划的参考"③。而他晚年所做的历史时期河南干旱问题的研究,更是他为现实经济建设和社会进步服务的意识的践行。如在1964年9月,他曾和萧廷奎、彭芳草等在《地理学报》第30卷第3期上发表题为《河南历史时期干旱的分析》的研究论文,探求规律,材料扎实,分析深入。

(二) 实地踏勘的研究方法

李先生非常注重亲自调查研究。上面列举的朱仙镇历史地理研究

---

① 应佳:《华侨·暨南大学·东南亚研究——为校庆90周年而作》,《东南亚研究》1996年第3期。
② 李长傅:《开封历史地理》第3章,第51页。
③ 李长傅:《朱仙镇历史地理》,《史学月刊》1964年第12期。

的文章,一部分资料即来源于调查和考察。踏勘可以获得直接感受,明了诸如地理位置、河流走向、地貌植被、民情风土等事项,使文献资料"活"起来,便于历史材料的理解,增强历史的实感,为"复原"历史找到想象的空间。再者,现实是历史的承续,多少都保存下来一些既往的东西。根据递进的理论,在一定程度上逆推和模拟出先前阶段的情状是完全可能的,更何况作为环境组成部分的一些因素,通常具有较大的惰性和稳定性。

虽然长期研究南洋问题,然而受各种条件的限制,李先生起初一直未能亲自到南洋地区考察。1937年夏,机会终于来临。李先生到南洋考察了3个月。在考察中,为领略当地的风情,他让土人带路。土人挥动着砍刀,朝森林的深处艰难行进。当地属于热带雨林气候,植物生长迅速。当他们沿着原路返回时,已找不到路的踪迹。茫茫绿色,渺无方向。侥幸的是,他们最后总算脱险。在这期间,可能是因风土不适,他多日持续高烧不止,最后还是借助土人的土法才把疾病治愈。① 尽管科学研究有时伴随着危险,但为了探索真理,生命有时也抛却一边,来不及做过多的考虑。

在20世纪50年代末,著名历史地理学家黄盛璋出于"以科研任务带动学科建设"的需要,先后两次到开封拜访李长傅先生,希望听取他的意见。当黄氏询问属于中国部分的南海海疆和西域的葱岭以东部分哪个先行研究的问题时,李先生直言不讳地说先从新疆的研究开始。接着他详细陈述了南海研究的条件限制,其中就提到不能实地考察和一些历史地名不易落实的问题。新疆则不同,可以直接去进行考察。他现身说法,以自己的开封历史地理研究为例说,"如果不在开封,就没有好的研究条件,不能进行实地考察,就写不出像《开封历史地理》那样的专作"②。

---

① 牛建强:《李长傅先生幼女李平采访记》(2004年10月6日)。
② 黄盛璋:《序》,《南洋史地与华侨华人研究——李长傅先生论文选集》,暨南大学出版社2001年版,第3页。

可见,在选择重大研究的突破口时,他还是把能否对研究对象进行直接考察作为权衡研究顺序的砝码,不难看出他对调查和考察在研究工作中举足轻重的作用的深刻认识。

(三) 地理技术的运用表达

李先生1929年秋得东方舆地学社资助,到日本留学深造,1931年初春回国后即担任该社的编辑主任。所以,在具体的南洋史地和后来的中国历史地理的研究中,辅助使用绘制的地图以说明所论证之事物,成为其特别有效的手段。在后期关于开封和朱仙镇的城镇历史地理的研究中,他亲自设计和绘制的地图成为该研究非常突出的特点。这种方法的运用,使复杂的事物变得直观,更主要的是,它使研究真正具有了科学的意义。尽管现在的中国历史地理成了一门独立的学科,从附庸于历史学的尴尬状态中解放出来,但建立在时间和空间基础之上的历史学,欲真正实现由学科向科学的转化,恐怕还必须将之延揽进来。其中,很重要的便是制图学知识的掌握和技术的运用。

以上对贯穿于李长傅先生学术活动中的各种素养的概括,应是我们学人的宝贵财富。它不只是对一个合格的南洋问题和历史的研究者而言的,对于中国古代史、中外关系史、中国历史地理等方面的学者同样具有意义,对此外的其他学科的学者同样具有借鉴的价值。

论文初出一览

一、《战国时期魏都迁梁述论》,《开封教育学院学报》2003 年第 1 期。

二、《战国时期魏都迁梁年代考辨》,《史学月刊》2003 第 11 期。

三、《从中都(燕京)到南京(汴京):金王朝的最终覆亡》,《开封教育学院学报》2001 年第 4 期、2002 年第 1 期(连载)。

四、《于谦与明宣德、正统间的河南地方社会》,朱诚如、王天有主编:《明清论丛》总第 7 辑,紫禁城出版社 2006 年版。

五、《明人王祖嫡行实考述》,《史学月刊》2010 年第 9 期。

六、《居阁期间的高拱与河南地方政治》,《史学月刊》2009 年第 5 期。

七、《明万历二十年代初河南的自然灾伤与政府救济》,《史学月刊》2006 年第 1 期。

八、《明代黄河下游的河道治理与河神信仰》,《史学月刊》2011 年第 9 期。

九、《明代开封城市生活的若干侧面:源自诗章的构拟》,《中州学刊》2004 年第 6 期。

十、《开封历史文化资源调查与开发利用》(原题:《开封文化旅游资源调查及其开发利用》),《开封教育学院学报》2002年第4期。

十一、《历史时期豫南泌阳文化的初步认识》(原题:《关于豫南泌阳古代文化的初步认识》),《江苏行政学院学报》2007年第3期。

十二、《李长傅先生学术活动的基石》,《暨南学报》2005年第4期。

后　记

中国幅员辽阔，地域广大，无论南北，还是东西，都存在着气候、地貌、土壤、干湿等自然条件的分殊，随之塑造出不同地域的生产、交换和生活方式，表现出经济经营模式、社会组织形态、文化习惯构成等方面的差异。即便是我们通常认为的大体具有更多统一性的省区，仔细探究之后也会发现，因其内部山地、丘陵和平原的多样，依然存在着诸多差异。即是说，区域差异无所不在。基于这种认知，学术研究既需要宏观情形的把控，更需要个别地域乃至更小尺度区域的探究。

具体地域研究的追求，是宏观研究向微观研究迁移的逻辑取径。宏观研究是轮廓式的和粗线条的，便于总体情况的把握，但当和具体地域的细微实际接触时，常表现出诸多的粗疏和抵牾。这就要求两者互为因果，不断互动，相互借助，各自深化，方能达到稍微圆满的结果。具体地域社会的内涵是丰富的，其研究需从多个方面和不同层次展开，也需兼顾历时演变的因素，这样才能呈现出具体地域的立体情状和特征。

就河南地域而言，从新石器时代晚期起，以河洛文化为代表的中原文化逐渐奠定了它的核心地位。之后在由酋邦进入国家后，该地区演变为国家的政治核心区域。在随后的轴心时代,这里又成为各种元典思想的发源之地。在经历了中世的漫长演变后,到了唐宋时期,该地域重又回归到都城所在的时代,为区域社会进步积聚力量。到了明清时期,从表面上看,该地域似乎走向衰微,但因诸多特殊因素的存在,其内部具体性状和机制依然含混不清。黄河从河南中部横贯,成为中下游的构成部分,在给两岸带来福祉的同时,更多的时候则是泛溢冲决的灾难和堤防维护的付出。明代河南境内,作为贵族组成部分的藩王广布,王孙繁衍,到了明中期后,庞大的宗禄支出成为地方财政的沉重负担。中原地区因区位居中,成为四战之地,不断的战争摧残和人口死徙,使宗族迭代发展的进程中断,因而宗族组织在地域社会运作中表现出游离性和松散性,而地缘组织和民间力量则成为实际的主角。这些因素的耦合聚变,使得明清河南地域充满变数和具有特色,许多问题值得深入探求。因此,关于河南地域的研究不只是出于具体地域关注的考量,更是因为该区域和邻接区域特别是和政治核心区之间的密切关联。

  30年前,本人曾对明代人口流动和从社会风尚角度对明代社会做过类型性的分析,推出《明代人口流动与社会变迁》《明代中后期社会变迁研究》等著作,这些成果属于宏观研究的范畴。由于乡梓关系和上述原因,本人对上述问题的解答充满兴趣。所以,从这个角度讲,书中所展开的某些论题则是之前所做宏观研究的延伸和补充。

  本书的地域研究成果,除使用实录、正史等通常所谓的官方材料外,还运用了文集等文献中非传统的书信、歌诗等广域史料。某些课题兼顾了中央阁臣、地方大员之间的互动,也分析了利用科举同年关系推进地方事务落实的具体史实。无论是在多重类型材料的综合运用上,还是在历史运动中多元因素复杂作用的分析上,皆做了一些必要尝试。本书成果只是自己某个阶段学习的总结,也是目前正在开展的明清河南地域社会研究的基础。

在论文合集和材料校核的过程中,我的研究生姬明明、王永锋、秦元元、王大帅、张少娜、刘红炜、赵碧云等同学多付辛劳。在编辑和出版的过程中,江苏人民出版社社长王保顶先生鼎力相助。本人深为感佩,在此一并致谢。

牛建强
2021 年 8 月 12 日